古案遗墨

史书法案新语

李君◎著

知识产权出版社
全国百佳图书出版单位

图书在版编目（CIP）数据

古案遗墨：史书法案新语 / 李君著. -- 北京：知识产权出版社，2016.4
ISBN 978-7-5130-3247-6

Ⅰ.①古… Ⅱ.①李… Ⅲ.①法制史 - 中国 - 古代 Ⅳ.①D929.2

中国版本图书馆CIP数据核字（2014）第301385号

内容提要

作者从古代正史中析出很多古代法官断案的故事，并从现代法律专家的角度对这些故事进行了细致的解说。通过这些故事，我们能够以小见大，窥见中国古代虽有瑕疵却也庞大严密的律法系统。本书语言诙谐幽默，叙事生动流畅，不仅对法律界相关人士有所启发，对于普通读者来说，也不失为一份妙趣横生、饱含智慧的优质读物。

责任编辑：卢媛媛　于晓菲

古案遗墨——史书法案新语
GUAN YIMO——SHISHU FAAN XINYU

李君　著

出版发行：知识产权出版社有限责任公司	网　址：http://www.ipph.cn
电　话：010-82004826	http://www.laichushu.com
社　址：北京市海淀区西外太平庄55号	邮　编：100081
责编电话：010-82000860转8597	责编邮箱：31964590@qq.com
发行电话：010-82000860转8101/8029	发行传真：010-82000893/82003279
印　刷：三河市国英印务有限公司	经　销：各大网上书店、新华书店及相关专业书店
开　本：720mm×1000mm　1/16	印　张：21.5
版　次：2016年4月第1版	印　次：2016年4月第1次印刷
字　数：311千字	定　价：56.00元

ISBN 978-7-5130-3247-6

出版权专有　侵权必究
如有印装质量问题，本社负责调换。

前言：遗墨之外……

历史是一条长河，人类的活动则如同镌刻于河底的印记，最终都会被流逝的岁月磨光抹平，而有些东西却永远不会消失，就如同散落在纸上的墨迹，纸愈黄，痕迹愈清晰。

也许是一个人，一件事；也许是一个典故，一宗法案；还也许是一个原则，一种精神……

历史留给我们的印象，便正是这些星星点点的遗墨。

有一次，在一个很普通的法律沙龙上，大家脸红脖子粗地争论着废除死刑的传统与现代、历史与趋势的时候，轮到我发言了，我慢吞吞地讲了一个"唐太宗释放死囚"的故事：

公元632年，唐帝国皇帝太宗李世民照例复核当年判处死刑立即执行的案件，突然心生怜悯，将390名罪犯全部释放回家，并要求他们来年秋天再回来执行死刑。第二年，这些罪犯果然全部如期自觉回到朝堂之上受死，竟无一人逃亡。（原文：辛未，帝亲录系囚，见应死者，闵之，纵使归家，期以来秋来就死。乃敕天下死囚，皆纵遣，使至期来诣京师。岁所纵天下死囚凡三百九十人，无人督帅，皆如期自诣朝堂，无一人亡匿者；上皆赦之。）

其实故事当时讲得还比较长，本书中也会详细讲。但我要

说的是：当我讲完这个故事时，看到的是一片的瞠目结舌。

这本来只是史书里记载的一个简单的故事，而我没有想到的是它有这样的效果。

很多人并不知道，当我们无休止地在英美法系和大陆法系中寻找好的和坏的制度时，有多少人知道，在中华文明几千年的历史中，也孕育着一个更加辉煌灿烂的法治体系，那就是中华法系。

尽管没有完整的理论体系，没有高深的理念支撑，但在一个个鲜活的法案中，依然融入着东方特色的正义。当打开这些无声的案卷时，就如同听到一个和善威严的智者，娓娓道来那些通天贯地的道理。

韩麒麟拒绝杀人，是因为他心中有个"刑罚之要在于明当"的原则。

沈庆之治钱乱国，是因为他不懂"司法是一门善良公正的技术"。

唐太宗"打假"，差点打掉了法治的诚信；子产铸鼎，铸起的是法律公开之"鼎"；买得防卫杀人案，考验的是古代判官的智慧；吴履化解群怨，传播的是和为贵的公序良俗；张蕴古案，让死刑更加慎重；杨汪案，是在重申：即使在大兴仁义的时代，复仇英雄主义也为法所不容。

在中国古代法案中，还有一个极其重要的元素，那就是清官，但在一个"行政与司法合一"的体制下，清正的法官显得凤毛麟角，而他们如同漆黑夜晚的一盏油灯，带给人们一丝希望，让人们在欢呼兴奋之余，不惜笔墨地渲染着他们的个人正义。

这些如雷贯耳的名字：赵绰、李日知、徐有功、狄仁杰、张齐贤、张咏、冯恩、包公、海瑞……这些振聋发聩的话语："日知不离刑曹，此囚终无死法！""刑措不用，天下幸甚。""岂我独死，诸人永不死邪！""如得尚方斩马剑加于君颈，虽死如归。"凡此种种，无不展示了古代优秀法官刚直不阿、为民请命、严格执法的精神，这是能穿透历史，即使在今天也需要我们坚守秉持的东西。

在我们的心目中，大堂之上，威声四起，红蓝大棒，站立两旁，这种"坐堂问案"是古代审案的最熟知的方式，但是大家也许只知道杀威棒之下的"如实招来"，又有多少人知道古代法官的审判智慧和推理？

从古代中医转换而来的古代审案的"望闻问切"，是审案中的自由心证

规则的原型；王羲之的"湖壶河活"，是近代司法解释与风俗习惯的运用；海瑞审案，有着福尔摩斯的推理和内心确信；袁滋断金，成为第一个有记载的"侦查实验"……

一件件古案翻过，散碎墨迹之外，渗透的是传统观念，显现的是现代文明。

我本无意于用新语来解析这些本就十分优美的文字，更无意于讲述这些文字蕴含的道理，却更愿意和大家分享这些散碎故事背后的点点滴滴。

也许正如开头说的，这些散落的墨迹并不能给您带来什么，但希望您在摩挲这些墨迹之余，有自己的思考。

这，才是我的初衷和收获。

李君

序

李君（李军）同学是佛山中院的笔杆子。通常，说谁是单位的"笔杆子"，一般是就其擅长为单位"写材料"，特别是各类公文（报告、报道、总结、规划）而言。但我说李军是笔杆子，除了这一点之外，还有另两层涵义：一是因为他有相当的理论功底，工作之余还兼作法学研究，出版了六本专著，发表近百篇论文；二是因为他擅长书画诗赋，也有相当功力，不只是"票友"水平，据说获过多项全国奖。作为兼具法学与文学双重才情的青年法官，多年前他已在岭南小有名气，外省好多同行都闻其名。2010年佛山中院建院六十周年时编印过三本院庆系列专书，其中《行思集》收有李军的民商法论文，《心语集》收有李军的诗歌、散文、杂文，《雅萃集》收有李军的书法、绘画、摄影作品（近20幅，占全书几分之一）。一人业余兼跨三界，这才情，这通博，让我很讶异。因为我从一个将书画诗视为脸面或文化的大山沟里出来，打小就一直很佩服长书法、擅绘画、能写诗的人。会一种才艺就已经很不错了，李军却"三中（种）全会"，真叫我这个研究中国传统文化却"三种不会"的人好生羡慕！

我认识李军及其才情，大约要追溯至十五年前。从人大博士毕业到中南政法任教之初，各大学校园网始兴BBS论坛，师

生们谈论学术、表达建言、展示才情、通报消息，好不热闹！当时中南的BBS论坛叫"浓情中南"，异常火爆，人气特旺，以至于校园内见面点头不再问"吃饭了吗""上哪儿去"，而是问："上浓情了没?"除在校师生外，毕业多年的校友也纷纷回来发言秀艺。大约2002年前后，我发现老有一个网名叫"流云"或"流云无痕"的校友在"浓情中南"上发表自己的读史心得，特别是用现代法学理论和概念去解读古代著名案例，语言生动幽默，点评独到精辟，形式别出心裁。作为一名法律史教师，我经常在课堂上"古史新解""古案今评"，碰到这种"正合我意"的文字，自然就经常向学生们推荐，也经常在网上留下评论和建议。记得有一次我就建议"流云"将这些文章收成一集付梓出版，因为当时我和贺卫方、梁治平、龙宗智、许章润、刘星、徐国栋、舒国滢、郝铁川等十余友人正共同组编一个"法窗夜话"随笔丛书，希望将这一本也加入其中。不知何故，这一建议未获正式回应。后来，博客、微博兴起，BBS衰落，我再也没见到"流云"的美文了。至于"流云"是谁，也就因为忙碌无暇究问了。2011年12月8-9日，我应邀到佛山中院做学术讲座并出席"法院文化高峰论坛"，其间有位青年法官主动带我和童之伟兄游园观景、闲聊时事，状似知交故旧，并称我们为"母校老师"，我略微有些诧异，忍不住一问究竟。"您不记得啦？几年前您还在浓情中南上点评过我的文章，要我结集出版呢!"我这才知道，当年"浓情中南"上的"流云"，真名叫李军，是佛山中院的审判员兼审管办副主任，二十世纪九十年代末毕业于中南政法学院，后来又在武大获得了法律硕士学位。

自此，网上的"流云"变成了校友李军，我们算是正式认识了，联系就更多了。我经常从博客、微博、微信上读到李军的学术论文，欣赏到他的书法、国画、摄影作品。但是，我还是没有忘记那些精彩生动的"古案今评"杂文随笔结集出版的事，常常催促。2012年9月16-18日间，李军来浙江大学出席学术会议，我邀请他来杭师大做名为《善良风俗习惯在司法审判中的运用》的学术讲座，其间他带来了已经结集打印装订的《古案遗墨：史书法案新语》稿本，要我帮着把关修改并推荐出版。因为琐事缠身无暇通读，我只大致"扫瞄"了全书，匆忙向他提了一些修改意见，包括书名建议，并建议他与法律出版社或中国法制出版社商谈出版。此后三年过去，没有动静，直到上个月李军电话告知这本书在知识产权出版社三审通过，即将正式出版，要我为该书作序推荐，这才使我多年挂牵的一件事有了着落。闻此消息，我当然很欣慰。

我不厌其烦地说道这本书"孕育"多年的经历，是想说它来之不易。作为一名中级法院骨干法官，每天昏天黑地办大量案件，还负责审判管理工作，要在此间仍然心无旁骛地继续以生动恣肆、充满文史才情的语言完成"古案今评"工作，委实不易。同时，在当今草木皆兵的新闻舆论尺度下，过去网上报上畅通无阻的轻松文字，如今处处触讳犯忌，所以拖了三年才获得出版，可想而知作者和编辑做了多少苦心孤诣的"脱敏"工作了！这也是我如今特别珍惜这类著述，特别愿意向青年学生推荐的原因。

这本书的全部文字，作者把它分为四个部分。第一部分是关于古人法律思想的散谈随笔。这十九篇文章，从古人的言谈中解读法律思想，特别是解读其思想特色、成就、局限以及古今之差异，从苻坚、刘颂，到李世民、宋璟，再到于成龙……他把古人在特定案件或事件面前的只言片语所包含的法律理念特别"点"了出来，并做现代法学分析，很让我们有"吹沙取金"之效。第二部分是关于历代重大法律事件或案件的评说，从子产铸鼎布法、商鞅作法自毙、唐太宗赠绢抓赃，到苏轼"乌台诗案"、岑春煊肃政"屠官"……他把每个案件事件在历史上的地位及其法制意义做了很好的阐释。比如唐太宗派人给城门吏送绢行贿以抓获赃吏，就按后世"诱惑侦查"理论加以分析，很让人拨云见日。第三部分是历代法律人物品评，从隋唐的赵绰、徐有功、狄仁杰，到宋明的张齐贤、冯恩、包拯、海瑞，他把这些历史人物的法律人面相、风骨、特性、贡献做了很精彩的品评。第四部分是关于古人的司法断案或解纷艺术部分，他用生动的语言描述了古代官员们巧妙取证、明察秋毫、片言折狱、原心论罪的司法艺术。

在所有四个部分中，李军的文字有一个典型特征，那就是"现代译说"。一方面，用现代词语概念类比解释古代同类事物，如官职、文书、程序、关系等等。那些让人云里雾里、不明所以的古代名词术语，经他用现代概念一解释就清清楚楚了。比如"大理丞""秋官员外郎"之类职务，你可能不明就里；但翻译成"最高法院审判员""司法部司长"，你就一下子明白了。另一方面，用现代法学的理论学说诠释或点评古人思想和古代司法程序，例如把古代的"逮系诏狱"解释为今日"双规"，把设局抓贪解释为

"诱惑侦查",把案件情节重演解释为"侦查实验",把"三复奏"解释为"死刑复核",把"批词息讼"解释为"庭外调解",的确让我们一下子看清了"古今义同""何者未变"……这些都是很可贵的尝试。虽然有些地方,古今概念对译比较随意,不太准确,但作为一本非学术理论著作的通俗性趣味性法学读物,我觉得不可求全责备。

我相信这本书的价值,相信它一定会为青年学子特别是对中国传统文化有兴趣的青年学子所喜爱。读了这样的书,你对很多历史人物事件会有新的感悟,对古代中国的很多法律制度会有新的感悟,还会增加茶余饭后轻松愉悦的趣味谈资,甚至你在看古装电视剧时就更容易对剧中涉及法律之事评头论足、指正失误了。我常常跟我的学生们半开玩笑地说:若一时间对严肃的理论书籍、国学书籍实在读不下去,又想要在朋友们面前装点学问、装点渊博,最好的途径就是读黄仁宇、唐德刚等海外华人谈论"大历史"的书;若这类书还是读不下去,那么就去读易中天、袁腾飞、雾满拦江他们"趣说历史"的书;如果这样的书仍然读不下去,那就退学算了!李军的书,就是最后这一类,甚至对于根本不爱读书青年学子也会有"危途挽救"的效益——须知,在"上下交征利"的今日,国学或历史文化是很需要这般深入浅出的培植兴趣式、大众普及式的挽救努力的。

这就是李军这本书的价值或贡献之所在,也是我乐于作序推荐这本书的原因。是为序。

范忠信
2015年7月26日于
余杭古镇凤凰山下参赞居

注:范忠信系中国法律史学会执行会长,中国法学会法理学研究会理事,1999年和2002年连续两届获全国"杰出中青年法学家"提名奖。现为杭州师范大学法学院特聘教授,西南政法大学博士生导师,法治中国化研究中心主任。

目　录

第一篇　法治理念　1
- 韩麒麟杀人:刑罚之要在于明当　3
- 沈庆之治钱:司法该问谁?　7
- 拓跋焘治腐:没有保障的制度必然生出"怪胎"　11
- 司马炎赦免罪犯:"苍蝇"和"老虎"　15
- 姜子牙除异己:杀人的非法律逻辑　18
- 苻坚治国:"法治绿洲"存在的几个条件　20
- 刘颂上疏:任意解释法律是对法律权威的亵渎　23
- 马援冤死:神圣的法律与法律的神圣　25
- 黄浮除暴:如何防止执法者破坏法律?　29
- 唐太宗打假:"小信、大信与冤狱"　32
- 康买得防卫杀人案:"原心定罪"的前提　35
- 宋璟截访和打假:不当的法律方法导致不良的社会效果　39
- 牛人张全义的"牛理论":先诉者为胜,一个影响中国千年的诉讼观念　43
- 石敬瑭杀马刳肠:这就是我们需要的公正代价吗?　48
- 吴履化解群怨:"东方经验"调解的具体运用　51
- 于成龙治川滇:治乱世用重典　55

- ●于成龙治黄州:"以盗省讼""宽严并治" 59
- ●于成龙治官:廉洁不是为了看上去很美! 62
- ●李元素查案:坚持公正,你准备好勇气和谋略了吗? 65

第二篇　法治事件 71

- ■子产铸鼎:法律的公开及公众期待 73
- ■唐太宗的"诱引取证"与裴矩的"王顾左右而言他" 75
- ■张蕴古案:唐朝"五奏"复核死刑的来历 78
- ■唐太宗释放死囚:一场游戏一场帝国梦 81
- ■唐太宗录囚:人命与天命 83
- ■唐太宗南郊谢罪:亦戏亦实难分辨 87
- ■商鞅:法家巨子的谋反之死 92
- ■苏轼"乌台诗案":完美主义者的悲剧人生 93
- ■唐玄宗的"人事便条":治理吏治腐败中的君与臣 101
- ■杨汪案:"咎陶作士,法在必行"与复仇英雄主义 104
- ■王可久案平反:揭法律伤疤的艰难历程 109
- ■李鉴案的传奇命运:官大一级压死人 114
- ■薛瑄案的离奇变故:明朝太监的司法权力 119
- ■满仓儿的悲惨命运:司法之外的争斗 123
- ■岑春煊屠官:晚清夭折的"廉政风暴" 128

第三篇　法治人物 131

- ◆赵绰与举报人:救仇人正话反说 133
- ◆赵绰与红裤头:为法律冒死进谏 134
- ◆赵绰与恶钱:为小民感动上天 136
- ◆李日知执法:"日知不离刑曹,此囚终无死法!" 137
- ◆徐有功斗酷吏:"刑措不用,天下幸甚。" 141
- ◆徐有功执法不畏死:"岂我独死,诸人永不死邪!" 147
- ◆狄仁杰谏高宗:"羞见释之、辛毗于地下。" 152
- ◆狄仁杰与张光辅:"如得尚方斩马剑加于君颈,虽死如归。" 155
- ◆狄仁杰与来俊臣:"承反何也?" 159

- ◆张齐贤办案:要想公道,打个颠倒　　　　　　　　　165
- ◆张咏"水滴石穿":以酷治恶的法律逻辑　　　　　　170
- ◆四铁御史冯恩:一颗彗星引发的血案　　　　　　　174
- ◆包公弹官:"黄河清"背后孤独的正义　　　　　　　182
- ◆包公断案:不徇私情的"阎罗青天"　　　　　　　　188
- ◆海瑞罢官一:"笔架山"的智慧　　　　　　　　　　191
- ◆海瑞罢官二:"被"升官的背后　　　　　　　　　　195
- ◆海瑞罢官三:一死一升两奏章　　　　　　　　　　198
- ◆海瑞罢官四:土地不是随便动得的　　　　　　　　202

第四篇　法治艺术　　　　　　　　　　　　　　209

- ◎望闻问切:古代审案中的自由心证　　　　　　　　211
- ◎王羲之断酒:司法解释与风俗习惯　　　　　　　　229
- ◎张敞宴盗:社会能容忍的结果正义　　　　　　　　237
- ◎请君入瓮:古代司法惯用的破案之道　　　　　　　243
- ◎魏复智斩恶霸:这样的正义直教人无可奈何　　　　246
- ◎智案背后:隐之不去的诱供　　　　　　　　　　　252
- ◎米芾办案:要的就是那个文化劲儿　　　　　　　　272
- ◎程戡看孝服:审判中的观察很重要!　　　　　　　275
- ◎证据与口供:太过巧合必有蹊跷　　　　　　　　　277
- ◎审案艺术:多元的技巧与计策　　　　　　　　　　284
- ◎海瑞断案:推理和内心确信是关键　　　　　　　　288
- ◎袁滋智断汉金案:"侦查实验"的一次尝试　　　　　295
- ◎刘成丢状纸:这样办案有点冷!　　　　　　　　　298
- ◎武亿丢官:秉公执法斗恶卒　　　　　　　　　　　302
- ◎陈襄"摸钟辨盗"与胡长孺"掌麦当芽":流传千古的测谎术　305
- ◎观音奴办案:"神灵在上"的析狱心理艺术　　　　314
- ◎武行德明察"栽赃骗赏"案:看来"钩子"很早就有了!　317

后　记　　　　　　　　　　　　　　　　　　　　321

第一篇 法治理念

●韩麒麟杀人：刑罚之要在于明当

"佛山小悦悦"的事件引起全国甚至全世界的关注，事实上，就事件本身而言，并没有什么看点和谈资，一辆车轧倒了小悦悦，七分钟后，又有一辆车再次碾轧了她。自从现代社会有了这种四个轮子的交通工具以来，被它夺取生命的人数就多得惊人。因此，这件事本身没有惊人之处，而能让全球围观的是，在两车陆续碾压间隔的七分钟里，走过小悦悦身边的18个人，竟无一人施救。

于是"冷血""冷漠"成为该事件的代名词，继而是社会讨论，这18个人是否应当承担法律责任。然而当人们翻遍中国法律后才发现，竟然没有对他们治罪的任何"法律依据"。

于是大家惊呼："太不可思议了！应当追究他们的见死不救罪！"网民这样说，老百姓这样说，连所谓的"法律专家"也这样说。

我当时被省政法委邀请作为实务界刑法专家的代表，谈了自己三点看法：其一，这是道德问题，应当交给道德去解决，所谓"上帝的归上帝，凯撒的归凯撒"；其二，设立"见死不救罪"没有依据，条件也不成熟；其三，先行行为义务及特殊义务人群的见死不救已经设立了犯罪，没有必要再设立。

一石激起千层浪，于是媒体、网友要求我去解释为什么不能对他们施以刑罚，我说"刑罚在于明当，不在于严酷"，这句话来

自于《资治通鉴》中的一个故事。

公元483年，北魏齐州刺史韩麒麟，处理政务时推崇仁政，待人宽大仁和，很少动用刑罚处罚群众，老百姓倒也过得自由自在，安居乐业。

但他的一个下属却不这样认为，这个叫刘普庆的从事认为，这样做官就没有什么权威，无法显示自己显赫的权力，说白了，就是感觉没有什么特权，老百姓也不把当官的当回事。

这个刘从事估计经常到别的州去交流、参观、考察学习，和人家那些州的从事相比，自认为窝囊了许多，看看人家的衣食住行，俨然比自己高几个档次，这个倒是次要的，关键是在老百姓面前摆摆谱，威风一番，那种成就感，都能让刘从事很是羡慕嫉妒恨一阵子的。

也是，你想想：一州之长都没有什么特权，那下面的就更不爽了。有句老话："兵熊熊一个，将熊熊一窝。"跟着这样的长官混，没混头，也没意思。

这样的想法自然得到州府很多人的赞同，于是都请刘从事瞅个空给刺史好好说道说道。毕竟是个从事，和刺史经常在一起，能说上话。

但这毕竟不是随便说的，要等机会。

正好有一天，刘普庆找到一个良机，也是一个案件：

两个农民因一只羊的归属发生口角，其中一个农民无意中用驱羊铲误伤另一个农民，结果因为失血过多，那个农民被抬回家不久就死了。

搁现在，就是过失致人死亡，充其量也只是故意伤害致人死亡，一般也不致判死。但县令一看，"杀人偿命"，人都死了，还说什么？于是不问青红皂白，判死。

案件逐级上报，到了州府刺史这里。

韩麒麟交给大家商议，也就是现在的讨论案子，大家都认为事出有因，且系误伤，可不判死刑，流放即可。

韩麒麟一看，大家都了解自己的主张，心情不错，看看天色已晚，遂邀大家一起在州府饮酒。

刘普庆自然也在席上，酒过三巡，刘普庆借着酒胆，以给刺史大人敬酒为名，顺势劝道：

"刺史大人，您仁义宽厚，已为全州人所敬仰。但身为国家镇守一方的长官，却从来不肯杀人，您将用什么来显示威严呢？您做这个官也忒没意思了，应当大动刑罚，树立威望！"

这话说得也不是没有现实道理，人常说"有权不用枉做官"，不动点刑罚，如何树立威望，如何让老百姓知道你有特权？你没见现在有个别官员，官不大，口气不小。个别官员满脑子都是特权思想，整天争权夺利，没有的特权都想用，有点特权的都会挖空心思用到极致，却美其名曰："用足用好！"

如果这样来看，韩刺史的权力的确没用好，刑罚是你的正当权力啊，你为啥不用啊？

韩麒麟却不这样认为，他语重心长地对刘普庆说：

"国家刑罚是用来制止犯罪的，有仁爱之心的人，只有在迫不得已的时候才使用刑罚。现在，百姓没有触犯法令，我凭什么杀人呢？如果滥用，不是滥杀无辜吗？因此，用刑罚要做到明确适当才行啊，只有那样，老百姓才能服气，才能树立起真正的威望来，你说是不是？"

看到刘普庆在不解地挠着腮帮子，他半开玩笑借着酒力突然说道：

"刘普庆，按你说的，倘若必须问斩杀人才能够树立声威，那就由你做起吧，反正杀人也不需要什么理由，要不要啊，呵呵？"

以其人之道还治其人之身，刘普庆顿时羞愧难当，吓得一屁股坐在地上，酒劲顿散，半天说不出话来……

刘普庆自然没有挨刀，但这位韩刺史却简单地道出了刑罚的本质，即：

一、刑罚是不得已才启用的手段；

二、没有犯罪，不得刑罚；

三、刑罚应当明确，才能服众，树立威信。

此事过了11年，即公元494年正月二十九日，北魏孝文帝到了洛阳西宫。中书侍郎韩显宗向孝文帝写了一个书面建议，其中一个重要内容就是

关于刑罚的，原文是这样的：

"刑罚之要，在于明当，不在于重。苟不失有罪，虽捶挞之薄，人莫敢犯；若容可侥幸，虽参夷之严，不足惩禁。今内外之官，欲邀当时之名，争以深刻为无私，迭相敦厉，遂成风俗。陛下居九重之内，视人如赤子；百司分万务之任，遇下如仇。是则尧、舜止一人，而桀、纣以千百；和气不至，盖由于此。谓宜敕示百僚，以惠元元之命。"

什么意思呢？

他是说，刑罚的关键（基本精神），在于明确而公正，而不在于严酷。如果执法严明，不使有罪者漏网，即使处罚得很轻，人们也不敢再犯；如果执法不严明，给有罪者留有侥幸逃脱的余地，虽然有夷杀三族的严厉刑法，也不足以完全震慑犯罪行为。当今朝廷内外的官员，都想获得时下的名声，争着以严酷表示无私，于是互相比赛，不得不严上再严，遂成为一时之风气。陛下您住在深宫之内，看待人民就像自己的儿子，而百官分担着处理各种具体事务的职责，对待百姓则如仇敌。如尧、舜者只有陛下一人，而如桀、纣者则以成百上千计，官民不和，原因正在于此。所以，我认为陛下应该诏示内外官员注意，以有利于百姓的生息。

刑罚之要，在于明当！

在一千五百多年前，有这样的见识，的确难能可贵，仔细想来，韩显宗说的理论与韩麒麟的实践不仅很有道理，更难能可贵的是这位韩大人还阐述了刑罚在执行中的一些原则。

其一，刑罚明确则人民好遵守。

这个道理好懂，人民知道什么该做，什么不该做，什么行为应该受到处罚，什么行为是不会被处罚的，那么就会自觉地执行法律，遵守法令，维护法律的尊严。一个谁也看不明白，谁也不知道立法意图的法律，能指望有人遵守吗？这只能助长对法律的胡乱解释和曲意践踏。因此，刑罚应当明确。

其二，刑罚公正则能树立权威。

刑罚面前人人平等，无刑罚外的应受处罚者，无漏网之侥幸者，则法律真正是"法网恢恢，疏而不漏"，那样，法律的威严自然而然就会树立。试想，一个人践踏法律后，竟然得不到处罚，或得不到应有的处罚，他怎么会畏惧法律？他只会嘲笑法律；而一个不该受处罚或受不当处罚的人，他怎么会敬仰法律？他只会憎恨法律。那么法律权威自然无法树立，因此，刑罚贵在适当、贵在公正。

其三，刑罚不在于严酷，而在于保护民生。

从来酷政都不会造就盛世，更不会造就和谐，宽和的刑罚适合人民休养生息，会使人民群众产生希望，更能使社会安定。高压治国、重典治国只能造成更多的动乱。往往权威是从仁和的政治和刑罚中得来的，而不是杀人的血腥。

刑罚之要，在于明当，的确是十分重要的一个法律原则。这在封建社会尚且都能做到如此，在当今难道不能比此做得更好？

但事实上，说起来容易，做起来就难呐！

●沈庆之治钱：司法该问谁？

在《资治通鉴》中记载了这样一件事：

公元465年，南宋国，这里的南宋是五代十国中刘氏的南宋，非赵构躲逃于杭州所建立的南宋。

太尉沈庆之向南宋刘皇帝上了一道奏折，建议：

允许民间私自铸造钱币。

这个建议本来就很诡异，但更加诡异的是：南宋皇帝竟然批准了，并开始实施。

货币的多少是一个国家的经济杠杆，谁都能造钱，那还不是天下大乱了？这简直就是两个脑子进水的君臣。

事实上，也只有在这种高度集权的专制国家，两个经济白痴才能导演这样一出怪诞戏。

太奇怪了！于是我一直怀疑《资治通鉴》司马老先生记错了，为此，

我来来回回查找了很多历史资料，虽然最终弄明白了确有其事，但还是觉得它很怪异，主要是两条：

一是哪有国家允许民间造币，而且皇帝还批准了，假如说现在国家允许公民自己造钱，你说这个事情怪异不？而且更离谱的是，这个沈庆之在十年间两次奏请，最初是456年就提出过一次，被当时的府主簿、建康刺史颜峻反驳（说明还是有明白人的），皇帝没有允许。

二是这个事件的背景不清楚，不是九年前就已经解决了吗？怎么还出台这个政策？有点不可思议。

因此，结果从实施起就有了预期，这个预期和最后的结果也惊人的一致。

事实上，要从这件事的背景来看，还真有点意思。

公元453年，南宋皇帝刘骏登基后发行的四株钱既薄又小，还有破损，民间伪造盛行，各地方查禁不力，很多官员被迫辞职或被查办，而伪造之势有增无减。

这可以理解，你想想看，如果一种货币，既好伪造，又没有什么防伪标记，那么自然是伪造者趋之若鹜，伪币漫天飞。

于是朝廷在公元455年下令，新铸的既轻、又薄又小的四株钱，停止使用，一时民怨四起。

就是在这种情况下，身为太尉的沈庆之第一次建议：

一、允许民间铸造货币；二、郡县设钱币局，自愿铸币者，纳入各钱币局；三、统一制币模具，不得掺假；四、允许新四株钱继续流通使用；五、铸币收税30%。

当时的建康刺史颜峻马上就跳起来，说这万万不可，一旦允许不同货币流通，允许民间私自造币，那么盗铸货币，伪造货币，就更加猖獗，且永远不能禁止。

当时皇上没有批准，但九年后，沈庆之又把这个建议翻出来了，重抄了一遍，皇上居然批准了，原因估计：一是皇上换了，新皇帝刘子业于公元454年登基，这新皇帝估计根本就不知道或忘记了九年前有这么个事了，如今刚刚入主宫，老人家忙啊，后宫都照顾不过来，嫔妃的排行封赏如何安排，已经折腾得焦头烂额，哪管得了这事，于是就批准道："你看着办吧！"二是颜峻已经作古，给沈庆之一个机会。反正这个建议给批准了。

这事我们放在现在理解一下，就是说发行了一种货币，发现容易伪造，而且很快发现了伪造的货币，这时政府肯定是先停止这批货币的流通，然后应该一方面查处伪造货币的窝点，另一方面通知持有这批货币的人到货币管理部门去兑换就可以了。这样，既防止了伪币的流通，也解决了持有真币人的利益问题。即使现在，出现这样的事情，恐怕也只能采取这样的办法了，拿假币的不敢去兑换，假币自然就会销声匿迹，当然这是到伪币已经给社会造成无法收拾的地步时才采用的招数，也是不得已而为之，但我们要是按沈庆之的建议，那就是：既然这样，干脆允许伪造货币的，直接造得了，只不过你要到钱币局登记，要纳税，然后市场上真假货币同时使用。如果真这样，还不把这些伪造货币者乐死了。

反正我是调动了我所有的脑细胞，发挥了力所能及的想象能力，但最终还是没有想明白为什么一个堂堂的财务大臣，一个戎马一生、战功无数的精英，竟然出了这样一个令人费解的金融政策。

货币虽然只是一个交易符号，但代表着国家和社会的财富价值，它与一个国家的经济息息相关，是一个国家的经济命脉，它一旦混乱，整个经济必然出现危机。当年影响整个东南亚的金融危机，前几年席卷整个世界的金融风暴，都是与货币及货币政策有关。

因此，很难想象一千五百年前，南宋这场私人造币的闹剧是如何登场的，但这个政策退场却只能是一个结果，也是可以想象的后果：伪币漫天飞，钱不值钱，经济崩溃，市场混乱，社会动荡。

关于当时这场"金融危机"的详细情况，由于史料等原因，我们这里就不赘述了，我们主要来看看导演这场闹剧的沈庆之这个人。

据史书记载，沈庆之是一员武将，而且还是一员名将，当年为南宋东

挡西杀，抵御外敌，镇压叛乱，特别是平定了刘诞叛乱后，凭着这样的功绩，满身的勋章，沈将军江湖地位大涨，于是一步一步青云直上，直至坐上了三公级的宝座。

沈庆之是军事专家，这一点毋庸置疑，但他在经济上却显然是个"白板"，据说他连大字都不识一斗，但白板是别人背后说的，他自己还是自我感觉良好，自认为"一通百通"，自己在军事上老打胜仗，在经济上一定也是行家里手，结果乱发议论，妄论经济，出了乱子。

当然，这也不全怪沈庆之，事实上，总有那么一些人喜欢阿谀奉承，净拣好听的说：

"哎呀！沈大人可是通才啊，对什么都很精通、深刻！"

"沈大人啊，你的每个建议都那么的英明神武！"

……

这好听的听多了，人也就飘飘然，觉得自己真的是无所不能了。

捧人亦为害人啊！

要说，沈庆之也不是个糊涂人，当年和北魏打仗时，沈庆之就有句名言："治国就像治家，耕田应问农奴，纺织应问婢女。"

说得很精辟，也很到位。

的确，术业有专攻，隔行如隔山，任何专业问题，都应该请教专业的人员，这个道理大家都懂。

耕田问农奴，纺织问婢女。如果，耕田问婢女，纺织问农奴，其结果会是贻笑大方，这个后果大家都明白。但在现实中，却仍有些事情似乎没有这么简单，似乎也没有那么明白，沈庆之自己就充当了一个讲耕田的婢女、论纺织的农奴。历史就是这样，很严肃也很幽默，让许多人出尽了丑态和洋相。

军事应该问沈庆之，耕田该问农奴，纺织该问婢女！沈庆之自己说得好，但没有做好，一世英名毁于一策。

那么在当今社会中，有一个很现实的问题，那就是：司法该问谁？

司法是一门专业，这门专业就是法律专业，这个类似"农奴""婢女"的专业人士群体应该是法律人。但是法律不像理工农医那样，有很多专业道道，好像大家只要识字的都看得懂，大家只要有点智商的都学得会，于是，法律的专业性就一直不被人看好。

司法也是一门技术。有格言云：司法是一门善良公正技术。

问谁事小，关键是问错了，决策错了，司法也会和经济一样，是会"崩溃"的。经济崩溃了，可以从头再来，财富可以一点点积累，但司法一旦崩溃，影响的可能是一代人，甚至几代人的法律理念！

●拓跋焘治腐：没有保障的制度必然生出"怪胎"

据《资治通鉴》记载：公元437年，北魏帝拓跋焘因为地方政府官员，特别是郡县长，多数贪污腐化，非常恼火，总想找个法子整治整治。

看来，这个贪污腐化是历朝历代、各个政府都头痛的问题，历史上专门提到了郡县长，说明正职的腐败尤为严重。这实际上也正常，正职有权，说了算，说了算的人搞起"权钱交易"来就更方便容易些，你没见过很多在发生冲突或需要表态的场合，都会有这样一句话：

"让说话算数的人出来！"

说了算，当然也就能办成事，能办成事而不用再求别人，因此权力就在这里是个终点，至少是打了一个结，那么在这个结点之前的事情，他都能摆平，于是他想怎么交易就怎么交易，想怎么腐败就怎么腐败了。

这是腐败的第一个条件，而第二个条件就是缺乏监督，"没有监督的权力必然产生腐败，绝对的权力必然产生绝对的腐败"。中国古代一个地方的正职，可谓是政、军、司法大权独揽，侦查、起诉、审判集于一身，这样绝对的权力集中，不产生腐败，那就只能产生跳蚤了！

这里有人就要问了，那古代岂不是没有对权力监督的机制了吗？

可以肯定地回答，有！而且很厉害。大家知道有个叫御史台的机构，只受皇帝管理，权力大了去了，对官员可以随时弹劾，还有"见官加一级"的制度保障。大家想想武则天时，大用御史酷吏，搞得满朝恐慌；而

当年有名的包拯之所以有名，不是因为在开封府审案子，而是在御史台做监察御史，黑脸弹劾百官，使那些贪官污吏心惊胆寒。另外，上下级的监督当时也比较厉害，既有皇帝随时派往各地的钦差，也有各地固定的巡抚。

应该说，这样的监督机制也还是有点用的，比如唐贞观、开元年间，明洪武时期，就是靠着这些监督者，这些巡抚、御史们，让偌大的中国政治清明、经济发展、社会和谐、贪腐几近绝迹。不过这里得有个条件，那就是这个监督机制也要得到保障，也要运转正常才行。

北魏王朝是不重视御史的，这个以北方少数民族为基础建立起来的国家更相信自己手中的弯刀。

弯刀只能伤害肉体，显然不能治愈腐败，但他们在戎马征战之中总结的"消灭肉体就消灭一切"的经验告诉他们，治腐当用暴力。于是在公元437年的5月15日，北魏帝下达命令：

让官吏或老百姓检举郡县长贪赃枉法行为，并对贪腐行为施以重处。

那时的重处一般都是砍头、灭门、灭族，肉体消灭了，自然家财也就完了。

发动群众，这是个好主意。群众的眼睛是雪亮的，让老百姓举报监督，自然也是现代监督理念之一了。但往往好经还需要好好念才行，北魏让群众监督这个好经，就没念出好声气来。

一开始，各郡县长还惶恐不安，你想啊，原来就几个御史、几个巡抚、几个钦差，一年也不定能轮到本郡县，现在倒好，到处都有"御史""巡抚"，那还让人活不活了？那可是上千双眼睛啊！真是惶惶不可终日，太辛苦了！

本来就已经够这些郡县长受的了，而一些阴险狡诈的官吏，像副职啊，一些巡抚、钦差、御史及下级啊，他们为了获得更大的权力和利益，于是和地痞勾结，专门抓住郡县长的过失，甚至以色诱、捉奸等方式，以此作为把柄要挟勒索，遂成为地方一霸，也就是一股黑恶势力。

渐渐的，这些郡县长也摸出点门道，于是和这些"霸主"、黑恶势力结交，互相勾结，贪赃枉法，鱼肉百姓。

事实上，摸到门道破解此事不难，凡这些事都是一个利益问题，只要给他们利益，大家都得好处，谁还会破坏这种"合作"呢？所谓的郡县长们，无非是把原来的既得利益多盘剥几份，分给这些监督他的人，于是大家相安无事，落个你好我好大家好！反倒是苦了老百姓，不但无法正常行使监督权，告状无门，还要受这些新兴的"霸主"盘剥，一时间，贪腐更甚，司法更黑，社会更混乱。

应该说，起初拓跋焘的想法是好的，思路也是比较正确的，想以此治腐，为老百姓做点事，本身没有错。但是，由于没有结合实际，没有切实可行的治本之策，只是一味地从表面上采取运动式反腐，结果，反腐非但没有成功，反而形成了官匪勾结的新的腐败"怪胎"，这个"怪胎"按照现在来看，就应该是"保护伞"和"黑势力"。

为什么会产生这样的"怪胎"？

《资治通鉴》没有说，柏杨先生在批注时，认为这是严刑峻法的缘故，就是说刑法过重，把官和吏都给镇住了，于是大家另谋出路，像刺猬和豪猪取暖一样，保持着一定的距离，各自取得自己的利益。

我认为，除了严刑峻法之外，还有一个更重要的原因，也是北魏吏治上一个很怪的现象：那就是在北魏，所有的官员都没有俸禄！我想，这恐怕才是问题的关键！

官员没有工资，还要为国家工作，还要求廉洁，这简直就是千古奇谈！

当然后来北魏政府也认识到了这个问题，开始给郡长以上的官员发工资。但在开始，这样的吏治也能运行，的确难为这些官员了。我们不得不佩服这些官员到底为什么而工作，是信仰？是宗教？还是什么？

首先，信仰和宗教填不饱肚子。

连耶稣都曾告诉过门徒，传道的人有接受俸禄的权利！

信仰显然不能保障人的肚子，人是有欲望的。"既要马儿跑，又要马儿吃得少"，到哪里找这样的事？那么这样做的结果是要么官员们本身都是富豪，不需要那点俸禄，要么就只有贪污了。毕竟人要吃饭，柴米油盐

酱醋茶，哪个不是要银子的？

前一个可能性很小，一个没有赚头的买卖，对于富豪来说，有什么吸引力？曾经就有一个理论，说所谓的"裸官""富二代"都很廉洁。所谓"裸官"与"富二代"，就是其家庭或家族很富，无需指望这些官的那点俸禄。但后来发现，这些所谓的"裸官"和"富二代"更加疯狂，要么是权力欲极强，胡作非为，为自己的财富增加提供权力支持，要么贪腐更甚，一个富家子弟，舒服惯了的，如何能让他再甘守清贫，而往往还有一个冠冕堂皇的借口："人家有的是钱，不在乎那点工资和贿赂！"

那么就只有后一种可能了，只能是"靠山吃山，靠水吃水"，靠着当官，自然就吃权力了，权力寻租就理所当然，贪赃枉法就在情理之中。

其次，治理腐败需要保障。

古代官员不能饿着肚子工作，权力也不能眼睁睁烂在手中，生活没有保障。权力本身没有价值，往往还是一种责任和义务，但权力也可以成为一种获取资源利益的武器，这些人一旦发现可以把手中的权力换成金钱、美女而没有任何监督时，社会腐败便一发而不可收。

再次，没有人身保障的治腐促成了"怪胎"的形成。

严刑峻法的惩罚一方面让官员害怕，另一方面也逼迫这些官员另谋生路。当他们发现横竖都是死路的时候，铤而走险往往是他们的选择，因而他们会自然和一些抓住他们把柄的人混在一起，一起贪赃，一起枉法，沆瀣一气，一荣俱荣。只要不受惩罚，大家哥儿们弟兄，"怪胎"自然就会产生。如今"打黑"所打击的"保护伞"和"黑恶势力"，通常都是"保护伞"已经让这些黑恶势力捏住了"尾巴"，抓住了"七寸"，那么他们互相勾结，就不足为奇了。

当然，当时的政府没有看到这一点，只顾一味反腐而对官员没有任何保障，结果被社会黑恶势力所利用，和这些已经腐化的官员勾结就成了必然。而今天的官员有俸禄，政府反腐力度也很大，但有一些地方也出现了"怪胎"，这恐怕也值得我们深思！

应该说，没有经济保障是"腐败怪胎"产生的前提，但不是说，有了

经济保障就没有了这样的"怪胎",只是说,要惩治腐败:

一要靠制度保障;

二要有经济保障;

三要有群众的参与;

四还要有立体式的"御史""巡抚"监督,真正让腐败无处可藏。

这恐怕才是治腐的良方!

●司马炎赦免罪犯:"苍蝇"和"老虎"

《资治通鉴》卷七十九记载了一件事:

公元267年的春天,正月十八,当时的晋王朝首任皇帝司马炎立自己的儿子司马衷为皇太子。

封太子也就是选接班人,在古代是一件大事,一旦这个接班人选定,那么今后十几二十年都将是这位储君的天下,因此,一般来说,封太子后要大赦天下,其原因大概是为其添福积德,全国欢庆,罪犯的罪恶也就可以得到宽恕,以表示皇帝和太子的仁爱之心。

这是历朝历代的规矩,但这是晋王朝的第一个太子,大臣们拿不准,于是就在立了太子后,询问司马老爷子是否有大赦。

司马炎这个人有点怪。事实上,晋朝司马家族的人都有点怪,从司马炎开始,晋帝国就没有一个正常点儿的皇帝。

这司马炎也是与众不同,本来,只要皇上那儿有个什么大喜事,都要大赦天下,这是惯例,本无需问,但人家这么一问,他倒得瑟了,人家都这样,我偏不,于是不赦免罪犯。

可是,你不赦免罪犯,可得有点道理啊,不然诏书上说:"自古以来,凡新立太子都要赦免,我晋皇帝认为不妥,就不赦免了。"那不是不讲道理吗?这司马炎不是傻子,憋了一天,还是很显"智慧"地下诏道:

"自近代以来,每次封立皇太子,就必然有赦免罪犯的诏书,似乎已成惯例。但如今社会正进入正轨,天下归心,国运昌顺,因此应当分别善

恶，以示公平。如果对于恶的行为，让老百姓再心存侥幸，盼望大赦而宽恕罪恶，勉强地把恩惠施与罪犯，这是我不同意的！"

司马炎下诏，不赦免罪犯，其理由是为了公平，他认为如果因为赦免就让老百姓对罪恶存在侥幸心理，那么还是不赦免为好。

这个理由似乎有几分道理，因为毕竟这样的赦免，对罪犯的心理改造毫无意义，反而会使他们认为这是运气，使人们对犯罪赦免的侥幸更加感觉不公平。

如果历史只记载了这一段，我们对司马炎还是肃然起敬的，毕竟他有自己独特的思想。

但历史就是历史，它常常对一些口是心非、言行不一的人，毫不客气地送上一记响亮的耳光，这个耳光就是下面紧跟着的一个事件记载。

也在这年春天，晋朝京城司隶校尉、山西长治人李憙举报原立进县令刘友、前任尚书山涛、中山王司马睦、尚书仆射武陔抢占国家土地。那个时候，管理土地也是京城司隶校尉的管辖职责。

李憙请求免去山涛、司马睦等人官职，而武陔已去世，李憙请求贬黜其死去的封号。

李憙指控的这些人中，有芝麻官，如县令刘友，有高级干部，如尚书山涛、尚书仆射武陔这样重量级的官员，还有皇亲国戚司马懿的侄子，也就是现任皇帝司马炎的堂叔中山王司马睦。

由于涉及众多高官贵族，如果抢占国土属实，司马炎还一碗水真难端平，这简直是给司马炎先生出了一个难题。

本来这事司马炎装装糊涂就过去了，因为历史上也从没看到他处理过几个像样的事情，但他偏偏以为自己英明神武，一定能搞定，于是竟下令先查查看。

结果更糟：这查办的人竟然是个认真的家伙，一查不打紧，竟还是证据确凿，也就是说这个指控还属实，这下可难倒了司马炎先生。

几个月前刚说过要公平对待罪犯，法律面前人人平等，不可随便赦免，现在就要考验他了。

不过，司马炎先生显然没有想那么多，而是很快就作了一个让人大跌眼镜的判决：

一、县令刘友剥夺百姓财产，用来行贿，要严加查处，以惩邪佞；

二、尚书山涛等人，有错已改，且未再犯，免于追究；

三、举报人李熹忠心耿耿，一心为公，不畏权贵，实为国之栋梁，予以嘉奖。

最后，司马炎还不忘自作聪明地给了一个"判后语"：

"东汉光武帝刘秀先生说过：'皇亲国戚可要收敛些啊！'在此昭告文武大臣，你们可要谨慎行事，像这次的宽宥恩典，以后不是每次都有的啊！"

这可是一个直白的不公平判决，就连一向对这位本家皇帝毕恭毕敬的司马光先生也坐不住了，他认为：

治理国家最根本的基础，就是刑罚和奖赏，赏罚不明，就无法治理国家！晋武帝司马炎在这件事的处理上赦免了山涛而褒奖了李熹，刑罚不当，奖赏不明，真可谓是刑、赏两失啊。让我们分析一下，假如李熹所指控的事实成立，那么山涛就不能赦免；假如他指控失实，没有那回事，那么李熹就不应当得到褒奖。更为可怕的是，褒奖了李熹，让他举报，而又不因其举报进行处罚，这样，使他和上下结怨。下级刘友，其家族之人一定因其被杀而对李熹怀恨在心；上级山涛、司马睦，一定会找机会把那双最小最难穿的鞋子放在他的面前，唉！真不知道李熹的日子今后该怎么过啊！

四个人同罪，只杀了刘友，对山涛等人居然不追究，明显是"拣软柿子捏"，只打"苍蝇"，不打"老虎"，不敢处理权贵，而只滥杀卑贱，比不处理任何人还要坏，这难道就是司马炎先生口口声声说的刑罚上的公平吗！

最后，司马光老先生不忘感慨："创业之初，就没有打下治理国家的基础，以后想代代相传承，恐怕就难了！"

实际上，司马光老先生不知道，在封建地主面前，公平就是根据地主

的内心确信来赏罚，说得再直白点，就是皇上或掌权者的好恶，这里是绝对谈不到什么人格和民主的，更没有什么公平公正可言。

往往对赏与罚，这些人实在是搞不清楚，所以经常恩威把握不准，"英明神武"的司马炎在山涛等人不同的处理和赦免上，就好生让司马光先生一通批评。

事实上，公平就是当主人要分给若干个人一堆食物时，能做到不偏不倚，基本相当；而正义则是对这堆食物该不该分，谁多谁少的问题。按说在公平中，是没有"老虎"和"苍蝇"之分的，只有平等的主体，但当这块政治的肥肉（利益）可任意被舔舐的时候，"老虎"和"苍蝇"就会因肥肉而吸引，政治上就产生了公平的问题。当主人驱赶这些趋之若鹜的家伙时，打"苍蝇"和打"老虎"就成了问题，"苍蝇"可以随便打，而且只需要挥舞一下拍子即可，但对待"老虎"时，除了考虑其本身的分量以外，还要考虑"老虎"身后的势力、身下的体系。因此，在封建专制社会里，对"苍蝇"和"老虎"来说，公平简直就是天方夜谭。

这样的政治里，柏杨先生说得好，在专制社会里，公平是不存在的，其结果往往是"官性兴旺，人性泯灭。"我要加一句就是，事实上，这样的所谓"公平"还会造成"奴性十足，兽性大发"。

●姜子牙除异己：杀人的非法律逻辑

原来看《封神榜》，对姜子牙可谓敬佩有加，随便就可以调动天兵天将，随便就可以呼风唤雨，而他本人也是和蔼可亲，慈眉善目，深得民心。

当时就想，这样的人治理天下，一定是国泰民安，人民幸福无比。

不过，后来读史，竟发现这样一件有关姜子牙老先生的事，让人遗憾。我们先讲讲这个故事：

在公元前12世纪，周武王伐纣成功后，分封诸侯，姜子牙作为第一大功臣，自然拥有了占据丰腴之地的齐鲁大地，于是被封为齐国第一任国君，也就是春秋战国那个齐国。

姜子牙到了他的封国，开始治理齐国。

尽管我们说姜子牙能力非凡，但毕竟是外来户，人生地不熟，需要当地人的支持，特别需要当地有能力有威望的人帮忙。

姜子牙自然明白这个道理，于是遍访泰山之下，渤海之滨。凡发现名仕，必寻之为己所用，而很多人才也是慕姜子牙之名，纷纷投奔，一时间，齐国人才济济，国力渐盛。

尽管在齐国大家对姜子牙山呼"千岁"，但也有"犟人"，这两个倔强的名士还是两兄弟——狂裔、华士。在得知姜子牙到处网罗人才的时候，他们二人却不以为然，商议道："我们自由惯了，既不侍奉天子（周天子），也不侍奉国君（姜子牙），耕田而食，掘井而饮，不要求别人的什么，不追求美好的名声，不接受君王俸禄，不去做官，而只靠劳力维生。"

按说，他们退隐山林，对政府和人民没有什么妨碍，不会伤害国家，大家应相安无事。

假如姜子牙先生要想表现一下礼贤下士，学学当年周公，那就好言好语，备好金银礼品去请一下就可以了，大可不必把他们当坏人。

但姜子牙不这么认为，在请了几次见没有效果后，竟突然变脸，毫不手软地以不忠之罪名，命令砍了这兄弟俩。

就这样把这两兄弟给杀了，狠吧？

呜呼！这天下还有公理吗？按说，人家不求你什么，也不和你对抗，不惹你，不犯事，你凭什么杀人家！？

但姜老先生是有他自己的逻辑，他认为，这是一个隐患，是一种不忠，不忠就该杀，具体说来，就是以下三点：

其一，不侍奉天子、国君，就是不会做臣子，该杀！

为什么呢？姜老先生的逻辑是：不做臣子，就不会尊重国君，不尊重国君，就没有忠心，没有忠心就可能会反叛，反叛就该杀！

其二，耕田而食，掘井而饮，对人毫无所求，该杀！

就是说，他们自给自足了，不求人，不和其他老百姓发生纠纷，那么

国家法令就管不了他们，赏罚皆对他们无用，那政令如何推行，政府法令都推行不到他们身上，那他们还不反了？

其三，官位不能诱惑，刑罚不能震慑，该杀！

君王控制人民，不是用官职爵位，就是用刑罚处罚，这些都不能使他们屈服，实际是这些他们都瞧不上眼，那么君王在他们心目中也就失去了应有的重要地位，这样他们根本就不会在乎君王，因此只有杀了他们，别人才不敢同样看待君王。

但我就不明白了，君王为什么一定要让他们屈服呢？为什么一定要别人做你的臣民？难道只有侍奉别人才能保安宁，只有作奴才才能保脑袋吗？至于不服政令，窃以为，政令的畅通是靠政令发布者自己的言行，是靠政令本身的正义性，其身正，其令正，令则行，仅靠赏罚来推行政令，足以显示政令发布者的无能。

怪不得三千年后，梁启超先生说："一言以蔽之，自为奴隶根性所束缚，而复以煽动后人之奴隶根性而已。"是为感叹。

也就是说，要么被他人奴隶，要么去奴隶他人，即使逃避，也依然会被诛杀！

如此真可怕！

●苻坚治国："法治绿洲"存在的几个条件

公元359年，在《资治通鉴》卷一百中有其一段前秦帝国天王苻坚关于对"法治"的感慨，现摘录如下：

秦王坚自河东还，以骁骑将军邓羌为御史中丞。八月，以咸阳内史王猛为侍中、中书令，领京兆尹。特进、光禄大夫强德，太后之弟也，酗酒、豪横、掠人财货、子女，为百姓患。猛下车收德，奏未及报，已陈尸于市，坚驰使赦之，不及。与邓羌同志，疾恶纠案，无所顾忌，数旬之间，权豪、贵戚，杀戮、刑免者二十馀人，朝廷震栗，奸猾屏气，路不拾遗。坚叹曰："吾始今知天下之有法也！"

这段文字的大概意思是说，王猛被任命为侍中、中书令、京兆甲等一系列京都第一长官后，在没有得到苻坚批示的情况下，斩杀皇亲国戚恶霸强德，并与分管监察的御史中丞邓羌同心协力，痛铲邪恶。政府上下，奸人恶棍，连呼吸都不敢，治安良好，路不拾遗。苻坚见此，叹息道："我到今天才知道治理天下还是要靠法治啊！"

从文中我们可以看出：王猛和邓羌所治理下的长安，是一个安定的社会，没有贼盗，没有恶棍，国家一片宁静。

那么这个效果是怎么产生的呢？还要说说王猛这个人。

在《资治通鉴》中，对王猛的评价也是与其管理国家相关：

"猛为相，坚端拱于上，百官总己于下，军国内外之事，无不由之。"

是说，王猛做宰相，苻坚无须做什么事，只用坐在上面，文武百官统属下面，军队及国家内政外交事务，没有经由他手的。

你还别说，这还真有点像后面我们要讲的唐太宗。如此看来，作为一国之君，一个单位的一把手，如果事无巨细，全部由其操办，那绝对不是一个好的领导：一是说明属下能力不行；二是说明自己用人不善，所谓"兵熊熊一个，将熊熊一窝"。像秦始皇、雍正大帝，自认为自己励精图治、殚精竭虑，嬴政老人家一天看几百斤竹简，胤禛先生一夜审批百十件奏章，鸡毛蒜皮，什么事都管，结果把自己累死了不说，底下的人则闲得发疯，这帮人一闲，就有了争权夺利、勾心斗角的时间，无事生非、尔虞我诈，结果把个好端端的国家弄得乌烟瘴气、鸡犬不宁。

所谓大治，庄子云："若烹小鲜！"只要底下人有能力，信得过，给底下人权力，由底下人干得了，自己落得清闲想大事，干大事，这样，下面的人才能得以发挥，干得才起劲，工作自然也就好很多，社会自然发展迅速。

苻坚执政初期是如此，因而历史上就有了王猛先生；唐太宗初期也是如此，于是我们今天也记住了魏征、房玄龄。而细想一下，在这样的君臣治理下，天下还真的很太平，很和谐，也很给力。

好了，我们回过头还是说王猛这个人。

在这段话后面，《资治通鉴》接着说道："猛刚明清肃，善恶著白，放黜尸素，显拔幽滞，劝课农桑，练习军旅，官必当才，刑必当罪。由是国富兵强，战无不克，秦国大治。"

就是说：王猛刚正贤明，清廉严肃，褒贬分明，放逐罢免无能平庸者，提拔重用有才而不得志者，劝勉农耕桑蚕，训练军队，任用官职都符合他们的才能，刑罚一定依据罪恶，因此国富兵强，战无不胜，秦国得到了大发展。

连柏杨先生看到这里，也感慨：从史书上看，王猛是一个成功的政治家，在三百多年的分裂时代中，中国像一块血腥的沙漠，到处狂风滚石，禽兽奔腾，人们互相吞食，只有王猛治理下的前秦帝国，是沙漠中唯一的绿洲。

最后，他还指出，这个绿洲的出现，不是王猛一个人的功绩，而是法治的力量，而且，还要有像苻坚这样的领导，像前秦这样的人民群众，为法治铲除了行进道路上的障碍。

这些点评，可谓一针见血，笔者也认为，前秦社会治理之成功，"法治绿洲"之出现，主要基于以下几点：

其一，重视法治，发展经济。

王猛无论在管理上，还是在执法上，都坚守规则。对每个官员都授予各自的职权，同时对职权都加以限制，对每项惩罚都做到证据确实。所以，每个官员都能愉快地接受职务，处罚都能得到人们的认可，赏罚分明而公平，何愁政不治、国不兴，当然，这样的法治还必须因势利导，审时度势，如在战场上则适用另一法则——"适者生存"。与此同时，他鼓励耕织，加强军备，这才使国家繁荣富强，人民安居乐业。

其二，吏治廉明，人才辈出。

王猛在用人方面，讲求不拘一格用人才。同时，实行平庸者下，能者上的制度，确保了前秦帝国的人才储备和社会建设需求，这是吏治上的制度化、廉明化。严惩黑恶势力，扶持和鼓励善举和道德模范，加上他自己

"刚明清肃，善恶著白"，能以身作则，社会腐败何处能以安身？社会又怎能不和谐？

其三，领导信任，政通人和。

在前秦，苻坚很少插手王猛的规章制度，尽管苻坚本人也是一个管理能力很强之人，但他从不干预王猛的管理，好让王猛全面实施自己的法治计划。这样的事情，在现代社会都很难做到，而在1600多年前的封建社会则显得更加难能可贵。因此，王猛之所以能成功，与苻坚这样的"明主"是分不开的。

然而，封建社会毕竟不是法治社会，王猛苻坚故去后，这块"绿洲"很快就沙漠化了！

●刘颂上疏：任意解释法律是对法律权威的亵渎

在《资治通鉴》卷八十四中记载着这样一件事。

公元299年8月，三公尚书刘颂上疏曰：

"自近世以来，法渐多门，令甚不一，吏不知所守，下不知所避，奸伪者因以售其情，居上者难以检其下，事同议异，狱犴不平。夫君臣之分，各有所司。法欲必奉，故令主者守文；理有穷塞，故使大臣释滞；事有时宜，故人主权断。主者守文，若释之执犯跸之平也；大臣释滞，若公孙弘断郭解之狱也；人主权断，若汉祖戮丁公之为也。天下万事，自非此类，不得出意妄议，皆以律令从事；然后法信于下，人听不惑，吏不容奸，可以言政矣。"

刘颂是当时的三公尚书。这个上疏的背景是：在晋王朝时期，由于刑法条文有限，涉及面广，且一般为原则性规定，于是在处理具体案件时，常常要组织会议进行讨论，然后制定法令、法规及司法解释，但由于各级各部门都可以对法律进行解释，所以法令规章十分繁多，造成执行困难，操作不便，由于解释者考虑的角度不同，所代表的利益群体不同，解释常

常相互矛盾，往往会造成轻重不均的判决，也就是"同案不同判"现象十分严重。

于是刘颂就上书认为，法令解释互相冲突矛盾，法官无所适从，人民无法全面了解，无法遵守法律（吏不知所守，下不知所避），事情相同，往往判决不同，司法诉讼，不能公平（事同议异，狱犴不平）。这主要是法律的任意被解释的缘故。他提出：法官执行法律，只有涉及圣驾，就像当年张释之执行犯跸的案件；大臣执行法律，无法解释，像当年公孙弘审理郭解的案件；国君自己亲自裁决案件，就像当年汉祖戮丁公亲自办理案件这三种情况（主者守文；大臣释滞；人主权断），才可以会议制度讨论，其他都不应该随便发表议论，都应当依照法律行事，这样法律才能树立起权威，人民才不再困惑，官员才不能玩弄法律。

在专制社会，能有这样的主张，真是切中要害，怪不得能记入史册。

法律不应当任意解释，是法律保持权威的一个基本条件。

法律因确定而权威，这是一句真理！朝令夕改，修来补去，甚至以解释来修改或制定法律，都是对法律权威的亵渎。

道理很简单！法律不可能对每一个个体的案件都规定得十分具体，因此，在具体处理案件的时候，难免涉及法官、上级对某一个法律问题有不同看法，假如都有解释权，那么，法律就会变成任人打扮的小丑，与此同时，由于对法律解释的不一致，也会使法律后果变得神秘莫测而不确定。

一个不确定的后果，如何能得到老百姓的认可，因此也无法指望老百姓去遵守。

当然，法律并不是不能解释，但要有度，早在1700多年前，刘颂就提出法律必须实施，所以要求法官严格执行，而执行有违背常理之处，要求大臣解释疑难；而疑难有政治的或社会的因素，才由国君做最后裁决（法欲必奉，故令主者守文；理有穷塞，故使大臣释滞；事有时宜，故人主权断）。虽然里面的"法官""大臣"和"国君"，具有明显的历史局限性，但我以为，这种主张，对现在仍应有一定的借鉴意义。

遗憾的是，尽管当时的皇帝曾下诏，不允许超出法律范围解释和批驳案件，但收效甚微。

●马援冤死：神圣的法律与法律的神圣

马援者，何人也？你可能一下子想不起来，但我要说一个成语，你一定知道，那就是"马革裹尸"，这里的主人公就是他。

马援字文渊，今陕西扶风县茂陵人，东汉初年名将。其先祖赵奢为战国时赵之名将，因其子中有个赵括，这可是一个比他父亲出名的家伙，可惜是丑名，"纸上谈兵"之后，可能他的子孙怕在人们面前抬不起头，就以赵奢被赵惠文王所赐的名号"马服君"为依据，以"马"为姓了。

这个人打仗很有一套，指挥的著名战役就有两场：

一是建武十一年，即公元35年，马援任陇西太守，相当于现在的甘肃全境主管。

这年夏天，先零羌部落，一股匈奴势力攻击临洮，马援发步骑三千迎击，竟以少胜多，仅战俘投降就有八千余人。

如果历史没有记错的话，在东汉时期，与匈奴作战取得这样的战果还是非常可观的。

马援没有把这些战俘整编，因为人数太多，一旦出现内乱，其结果不可收拾，而是将他们散于天水、陇西、扶风三郡，以与汉族融合。

随后，马援又与马成进攻浩亹羌，大败之。战役中，马援受伤，光武帝以玺书慰劳。

应该说这几场战争为东汉初西部安定、人民安居乐业作出了巨大的贡献。

二是在建武十五年，即公元39年，交趾，就是现在的广西到越南北部一带，这里原来的地区专员苏定依法处决了当地一个颇有威望的族长诗索。第二年二月，诗索之妻徵侧及妹徵贰起兵反抗，攻占了交趾郡城。

按说，两个女子领着族人造反，倒也没什么，关键是这一闹，在附近的少数民族部落氏族如九真（在交趾以南）、日南（九真以南，最南

端在越南中部的顺化市一带)、合浦（今广东西南部及广西东南部）等纷纷响应，竟攻下岭南以外六十余城，而徵侧也自立为王，公然脱离中央管辖。

光武帝刘秀得知大惊，立即拜马援为伏波将军，以扶乐侯刘隆为副将，督楼船将军段志等征讨二徵。

大军行至合浦，段志病故，马援自行统率全军沿着海边行进，遇山开道千余里。终于在建武十八年，也就是二徵造反的第三年春，马援与二徵部队正面交锋，正规军遇到了"土匪"，其结果可想而知，二徵的部队迅速如鸟兽散，马援的部队斩叛军首级数千，俘虏降者万余人。

二徵逃走，马援追二徵直至禁溪，并斩杀二人。

与此同时，马援的军队在南征途中，所到之处，不但不侵扰百姓，反而设置郡县，建设城郭，修筑水利，开垦农田，为老百姓做了许多好事。他还参照汉朝的法律制定了《越律》，使交趾人有了可遵循的法律，治标也治本，交趾叛乱得以平息，当地经济得以发展。

马援返京，大受奖赏，受封为新息侯，食邑三千户。友人孟冀相贺，马援说："功薄赏厚，何能长久乎？男儿当死于边野，以马革裹尸还葬耳，何能卧床上在儿女手中邪？"这就是"马革裹尸"的典故。

我们说马援是这样一个能征惯战，又有头脑的将军，那么何至于冤死呢？事实上马援是死于瘟疫，而我们要说的，是他死后蒙冤的事。

建武二十四年，也就是公元48年，武陵五溪（今湖南张家界）一带的蛮夷作乱，62岁高龄的马援请缨出征。第二年春天，汉军在临乡打了一个胜仗，斩获两千余人，余众溃走。大军继续前进，到达下隽（今湖南沅陵县）。下隽至匪巢有两条路，从充县走（今湖南桑植县）路途遥远但道路平坦，走壶头山路近但山高水急，道路难行。马援认为走充县耗日费粮，于是率众进击壶头，然而匪众早有防备，守住关隘，一夫当关，万夫莫开。

在双方僵持中，汉军军队染上了瘟疫，马援也未能幸免，一时军心摇动。副将耿舒在战术上与马援有分歧，于是给其兄耿弇写了一封信，大发牢骚，认为马援是故意而为。当时，身为建威大将军的耿弇遂将信件转给光武帝刘秀，刘秀便派自己的亲信兼女婿、虎贲中郎梁松去调查协调。梁松到时，马援已因瘟疫死亡。

然而梁松与马援积怨甚深，余恨难平，于是乘机构陷，说马援一贯自以为是，主观冒进，导致部队伤亡损失。

先前马援南征交趾时，常服用一种叫薏苡的植物的果实，据说能够清心寡欲、祛避瘴气。

南方薏苡果实肥大，马援打算带回来作为种子在北方种植。于是班师回京的时候，装了满满一车。京城很多权贵都看到了，以为是南方的奇珍异宝，但由于当时马援正蒙恩宠，因此无人上奏皇帝。一看到马援失势，曾为马援副将的马武、侯昱等人纷纷落井下石，上表证实车中所藏皆是明珠文犀。

光武帝见表更加愤怒，立即下令，追回了马援的新息侯印绶。

马援的妻子儿女惶恐不安，不敢把马援埋葬在祖坟，只将其用草席裹尸埋在城西了。可怜一代名将下场凄凉。

一直到三十年后的建初三年，即公元78年，汉章帝刘炟时，马援才正式获得平反，谥忠成侯，这是后话。

柏杨先生在他批注的《资治通鉴》关于马援身死被冤的章节中，慨然感言："法律是神圣的，一旦被权势或金钱污染，法律就不再神圣。"柏杨先生认为在古代司法官普遍堕落，司法无边黑暗的前提下，狱吏任意玩弄法律，使法律为当权者，为有钱人服务，他说："任何一场像样的冤狱，在判决书上都看不出是一场冤狱，仅凭判决书，即令皋陶看了，都不得不承认铁证如山，罪有应得。"正可谓笔尖如刀，对法律运用之精致。

我并不认为这句话对封建专制社会有针对性，因为我们知道，在封建社会，法律是君王的口谕，是绝对代表地主阶级意志的。这样的法律，皇上想改就改，想什么时候改就什么时候改，想让它是什么样就是什么样，在这样的情况下，法律就像皇帝手中的橡皮泥，任由揉捏，完全没有了尊

严，唯一的作用就是"驭民"，就是统治的工具，它从来就没有约束过皇上和权贵，只是偶尔有皇上以遵守法律来惺惺作态一下而已。试想，这样的法律连尊严都没有，哪里还有什么神圣可言！另外，法律的神圣还在于它的公平、正义，为大家所遵从，破坏它的神圣，就是破坏它的正义、平等和至高无上，然而在封建王朝，法律的正义是受限的，正义只是君主高兴时"正合朕意"而已；平等也是受限的，偶尔有个别倒霉的王子犯法，才会和庶民同罪；至于至高无上，那只是"万岁"的金口玉言，法律的至高无上简直是天方夜谭。因此，即使权势和金钱不污染它，它也仍是一潭浑臭的死水，根本不具备神圣的品质。

正义是法律的基本价值追求！把历史故事和当代中国依法治国，建设社会主义法治国家结合起来，把历史智慧和当代法律文明结合起来，这也是本书的选题初衷。

柏杨先生在批《资治通鉴》时，针对诸葛亮在治国中不随意赦免，感慨地说出这样一段话：

"法律是有尊严的，但法律不是万能的，如果执行法律会引起更大伤害，就必须停止执行，不能用法律停止执行时，就应当用政治阻止执行，法律因为神圣不可侵犯，但法律之上，还有更高的权威，就是正义——人民的良知和良心，在这个关键时刻，赦免则是一种必要的政治救赎。"

多年以来，我们所知道的就是法律至上，法律之上别无任何权威，我们似乎把这个冷冰冰面孔的法律奉为神灵，然而我们常常发现，由于法律的原则性和滞后性，法律不折不扣地被执行往往使社会变得很不和谐，会给我们的人民和公众带来更大的伤害，我们似乎无须指责法律的无情和无知，我们应当扪心自问：我们法律人是否过于无情和无知？

正义是法律的前提，亚里士多德说过，法律首先是良法，它必须得到人民的普遍遵从。良法就是它的正义性，忘却法律的正义性，就是忘记了法律的根本，就成为法律的奴隶。

法律之上还有正义的权威，我们不否认，法律的严格执行是社会稳定和公平的基础要求，但当法律遭遇正义时，当法律的条文与社会正义发生冲突时，我们应当何去何从？柏杨先生告诉我们："法律之上，还有更高的权威，就是正义！"

正义是人民的普遍利益，社会的普遍利益，是法官良知和社会良知的最佳契合，是社会和谐的需要。

●黄浮除暴：如何防止执法者破坏法律？

东汉汉桓帝时，有一个执法官叫黄浮，他是东汉汝南阳安，即今确山县东北人。

当年，太监总管徐璜为了让汉桓帝能掌握政权，联络太监们，帮助桓帝消灭了外戚梁翼，于是得到了桓帝重用，并被封为侯爷。

太监总管得到重用，太监们自然依仗有功，横行霸道，强抢民女，有恃无恐；还收养同宗或异姓子弟为义子，承袭爵位俸禄，扩大自己的势力，而这些人义子一旦与太监"老爹"联系上，就成了名副其实的纨绔子弟，仗势欺人，无恶不作，百姓对他们恨之入骨。

这个徐璜就有个侄儿叫徐宣，本是个浪荡公子，却靠叔父的关系做了县令。在他当任时，不但不为百姓造福，还色胆包天，淫乱无度。只要看到谁家的女子有几分姿色，他便不择手段地弄到手。

前汝南太守李嵩，家在下邳县。他有一女，长得美丽，徐宣起了歹心，先是派人说亲，李家知道这个徐县长是个纨绔子弟，书香门第的李家自然一口回绝。

但这个徐宣并未甘心，一直耿耿于怀，但怎奈李嵩人家大小也曾是一个太守，虽然退休，各种资源还在，其女也是原太守千金，而自己仅仅是个县长。

真可谓"无巧不成书"，不久，李太守去世，而徐宣又轮岗到了下邳县，做了下邳县长。于是他上任的头一件事，竟是派人闯入李家，强行把李嵩之女抢进县衙，逼其嫁他为妾。

李女知道徐是个流氓，于是死不相从。

徐宣见达不到目的，竟指使人剥光李女的衣服，把她绑在树上作为箭靶，他一面饮酒，一面射箭作戏，可怜的李女就这样被徐宣惨无人道地活活射死。

李家得知此事，向新任太守喊冤告状，而新任太守害怕徐宣势大，迟迟不敢追查。

这年，黄浮任东海郡相，管辖下邳县。李家听说黄浮为人刚正，执法不阿，遂将状子送到他那里。

这黄浮看了状子，立马派人把徐宣传到东海郡，亲自审讯，徐宣仗着有靠山，抵赖不认。

黄浮立即把徐家老幼一并捉拿归案，全部拷打逼问，证实情况属实。

案情核实以后，黄浮下令把徐宣推出斩首。黄浮左右的官吏说：

"徐宣背后有靠山，杀不得呀！"

"黄大人，这徐宣再怎样，先斩后奏可不妥啊！"

……

徐宣也破口大骂："你敢动我一下，我叔父决不会饶你。"

黄浮毫不畏惧，说：

"徐宣作恶多端，是害群之马，国家之祸，如今杀了他，我就是明天坐狱杀头，死也瞑目。"

话毕，列榜数罪，亲自监斩了徐宣。

百姓见黄浮为民除了一害，奔走相告，称道黄浮是为民申冤做主的好官。

徐宣被斩后，徐璜为了替侄儿报仇，见了汉桓帝，跪在地上哭道："黄浮接受贿赂，先斩后奏，害死徐宣，请皇上给我做主。"

桓帝一听，不问青红皂白，就下令剃掉黄浮头发，给他戴上铁枷，罚作劳役。

这个故事就讲完了，按说，这是一个清官除暴的故事，黄浮是值得称道的，但仅就其执行法律方面，的确有值得商榷的地方。

我们说徐宣十恶不赦，草菅人命，应当处斩，但执行法律的黄浮其实也有破坏法律的地方。

首先，当他询问徐县长没有查到问题的时候，把徐家老幼一并捉拿归案，全部拷问，这可是刑讯逼供啊，这且不论，那个年头，刑讯逼供多了去了。另外一个却是他真正获罪的缘由，那就是"先斩后奏"，事实上，那些动不动就"把某某推出午门斩首"，只是在戏曲中才能看得到，在历史上，处死刑可不是这么草率的。从历史记载来看，除宋代以外，我国古代各朝法律都规定对于判处死刑的案件，无论立即执行，抑或缓期执行，必须报请中央司法机关复核，然后由最高统治者进行核准，如唐律规定："诸死罪囚，不待复奏报下而决者，流二千里。"明律规定："凡死罪囚，不待复奏回报而辄处决者，杖八十。"其责任较唐律有所减轻。清嘉庆十年（公元1805年）规定："失出五案、失入一案者，予以处分。"可见，擅自处死一个因犯，即使证据确凿，也不能"先斩后奏"。因此，我们说，黄浮也破坏了法律，汉桓帝对其处刑是合适的。

柏杨先生在批注《资治通鉴》时发出感慨：破坏法律比不遵守法律危害尤甚，而破坏法律的人，大部分就是执行法律的人！

他的理由是：普通小民，碰一下法律试试，非死即伤。只有手握权柄的大家伙，才能摧毁法治，才能摧毁人民对法律的信心。我认为，柏杨先生说了重要的一部分，还有四点也十分重要：

第一点，执行法律的人，最了解法律的漏洞，知道法律的哪些规定是可以破坏的，知道从哪个环节可以破坏法律而且不会被追究。一个无权执行法律的人，想破坏法律，那只有蛮干。事实上，那也不是破坏法律，而是对抗法律，践踏法律。

第二点，执行法律的人，有足够的力量破坏法律，因为他们往往拥有对法律进行修改和解释的特权。也就是说，他们对法律可以按照自己的观点，以最符合自己利益的方式进行解释和修改，并且具有与法律同等的效力，以这样的方式来破坏既定的法律，也是他们的优势。

第三点，执行法律的人可以变通法律，使法律为自己所用。中国语言

博大精深，对法律的理解也是很丰富，丰富中既蕴涵着智慧，也孕育着许多可供执法者利用的歪理狡辩，因此他们可以毫不费劲地破坏法律。

第四点，也是十分重要的一点，那就是执行法律的人都有执行法律的特权，而这些特权是可以和利益进行交换的，甚至无须交换而直接可以用来为某种利益服务。因此，这样的特权往往带来的就是利益。

因为法律存在漏洞，因为法律总会被修改和解释，甚至被重造，因此法律才会被破坏。那么如何防止执法者去做这些事？首先要严格限权，严格控制司法解释权和自由裁量权的运用，防止滥用；其次，要坚持程序正义，这应该是防止法律被破坏的关键，如用"黑打"的方式去"打黑"，其对法律的破坏比不执行法律的危害尤烈。

●唐太宗打假："小信、大信与冤狱"

这是一个关于"伪造档案和文凭"的故事，发生在唐帝国公元627年期间，在《资治通鉴》卷第一百九十二有记载。

首先，咱得从这个故事的两个主人公说起：那一年，唐太宗李世民听说一个兵部郎中叫戴胄的，为人忠贞清廉，办事公道正直，遂升他做大理寺少卿。

看来，那个时候，选拔干部好像就是这个标准——忠清公直，但这里实际包含四个方面：忠、清、公、直。

理由很简单：

忠心耿耿，皇帝喜欢；

廉洁奉公，皇帝放心；

公平公道，能办事，皇帝省心；

直来直去，没有那么多花花肠子，皇帝清心。

因此，有时不得不佩服前人在词语上的精到，仅仅四个字，该说的都说了！

不过，戴胄从兵部到大理寺任职，太宗皇帝似乎不怎么在乎他有没有法律教育的背景，有没有法律学历。

看来，似乎在李世民心目中，能打仗就可以做法官，反正在那个时候，这两项工作的性质都差不多：打仗是杀了你再说你该杀；审判是先说你该杀再杀你！

好在从后面的史料来看，戴胄还是认真读了《唐律》的，对法律还是比较熟悉的，更重要的是还懂法理。

咱接着说，因为即位不久，当时是贞观元年，李世民发现很多候选任命的人员有很多伪造资历，冒充世家高干的现象。

这里要说一下，我国古代直到清朝，都有这种"选人"现象。有的是考的，有的是用钱捐的。当上面有空缺时，就直接从这些人中选任，选任时一般要看这个人的资荫，关于这个资荫，说通俗点，就是他原来在哪里任职，级别如何，是处级还是科级，上面有没有靠山，老师是谁，祖上有无高官等。

要说，那时用干部，还真的很透明，这些都要公开公示的。

不过，这对于那些整天坐在朝堂上，不闻人间疾苦的吏部官员来说，往往只是听"选人"一面之词，根本不去考证，而对于在唐初期，长期到处南征北战、见多识广的太宗来说，就发现了端倪——资历有造假现象。

于是，太宗放下话来：有学历资历造假者，自己自首！

说实话，太宗也是怀疑，也没必要一个一个去查，就发布限期自首令，对自首者，概不追究刑事责任，当然，"选人"做不了了。

但如果不自首而被查出来，那就要处死。

当然，没有人去自首，大家都存在侥幸心理，以为自己的资历材料造得很逼真，做得天衣无缝，反正那时也没有网上查询系统，更没有微博举报，于是，发布了几个月，竟没人响应，这让李世民先生很窝火。

不过，不久就让太宗皇帝给逮住了一个，注意，是一个"无名之辈"（历史中没有记载他的名字）。没说的，太宗肯定要拿他开刀！你想啊，他老人家正烦着呢。"你以为我说话是白说啊，不算数吗？"

这次估计太宗吸取了"诱引取证"的教训（后面会讲这个故事），没

有去炫耀，而是直接干脆交给大理寺去处置。

案件到了大理寺，戴胄当然知道太宗之前的"敦促自首令"，也当然知道太宗的意图，但还是跑去给太宗说："这个家伙按照我们的律法，应该判处流放刑！"

太宗当然知道法律规定，心想，本来我派你到大理寺任职，就是看中你不懂法，而且在部队上比较听话，执行命令不打折扣，谁知你还真的去学法，还用法律规定来顶撞我。于是勃然大怒：

"你是不是想依法办事，而让我失去信用？"

这话听起来简单，但非常狠，意思是说，我知道法律规定，可我已经发布了限期自首令，向天下人宣布要处死不自首的欺诈者，你这样做，是要陷我于不义之地吗？

戴胄立即回答道：

"陛下的命令，起因往往是一时的喜怒，是小的信用，而法律规定是一个国家对天下的大的信用。当时你对那些欺诈者很气愤，所有打算杀他们，这也没错，现在发现不能诛杀，而让法院依法办事，这是忍小的愤怒而保存大信的做法啊！"

这段话很有意思，很耐人琢磨：

首先，戴胄说皇帝的命令和法律是小信和大信的关系，这就告诉太宗皇帝，肯定小信应当服从大信了。接着，戴胄不失时机地拍了太宗的马屁，说当时恨那些欺诈的人，要处死不诚信者，这没有错啊！但后来没有直接处死他，而是交给法院来处理，就是要按法律办事啊，这正说明陛下英明神武，具备忍个人愤怒而保存国家大信用的伟大精神啊！

这段话，可谓拍得太宗屁股那个舒服啊，太宗何许人也，能听不出来？

于是龙颜大悦，转身就下了"台阶"：

"你能这样司法，我还有什么忧虑呢？"

于是，那个造假学历的人命保住了，但流放到哪里也没有记载。总之，这个事后，太宗树了个依法办事的好招牌，戴胄也落了个会说话的名声。

从此，戴胄多次以这种形式"冒犯"太宗而去依法办事，每次的建议都滔滔不绝，太宗每次都被狠狠地"舒服"了一把，当然都接受了他的建议。因此，有这样的君臣，加上唐初本来案子就不多，在那段时间，国家也没有什么冤案。

事实上，小信与大信的比较本不高深，却展示了戴胄的睿智，也体现了太宗的善于纳谏。

但我还是感到了一丝悲哀，连唐太宗这样在历史上以清明著称的皇帝，也喜欢马屁式的进谏，那么其他专制制度下的法官们，既要维护法律的尊严消灭冤案，还要面对一些智商不太高的皇帝老儿和小儿们，真不知道他们该需要如何对答？

●康买得防卫杀人案："原心定罪"的前提

关于原心定罪，说起来很简单，就是依照行为动机是否符合春秋之义审判案件，这是从汉朝开始的，当时就只是认为古代法官办案很随心所欲，可以不按法律，而是直接按其本心春秋之义来处置案件。

在汉代"罢黜百家，独尊儒术"的时候，法家所谓的那些法律，就肯定得靠边站了。但后来，慢慢的，各朝各代都开始重视法律，特别自隋唐起，法律被抬到了一个比较高的位置。这就让人险些忘记了"原心定罪"这档子事。

老百姓可以忘记，执法者却不能忘记，唐朝时期还真有这样一个"原心定罪"的案子。

这个故事记载在《旧唐书》中。

公元821年，长庆元年，唐穆宗李恒时代，出了一件这样的案子。

京城长安下辖云阳县有个叫张莅的人，欠禁军养马户康宪的若干钱米，很久不还，而康宪就是一个养马的，也不是很有钱，于是带着十四岁的儿子康买得去讨债。

赶巧这位张莅刚喝了酒，赶巧在大街上和康氏父子相遇，一见债主上

门,就借着酒劲耍横,没等老康发话,就一句:要钱没有,要命一条!

老康一看,怎么,你欠债不还还赖皮?正想论理,又一看张苤人高马大,又醉醺醺的,估计今天讨要也不会有什么结果,康宪就准备离开。

没想到张苤竟来了劲,抓住老康一拉,老康没有防备,被拉了个趔趄。张苤上前勒住老康的脖子,因其喝了酒,不知轻重,再加上本来就有些力气,当时勒得老康两眼圆睁,满脸通红,气出不上来,话说不出来,直翻白眼。

这时,十四岁的康买得正在旁边,看得焦急:

这么勒下去,老爹非死不可啊!

康买得有心上去拉架,可一看,自己的大腿还没张苤的手臂粗,上去也是白搭。

康买得有心喊旁边的人帮忙,但围观的人都笑呵呵的,似乎看一场游戏角斗,还齐喊加油呢!

小买得喊张三叔,张三叔说那是老张和你家老爹开玩笑呢;小买得拉李四伯,李四伯说他们闹呢,不至于要你老爹的命吧,你老爹都没喊啊。

看来,大家都把这事看成是一场游戏,只有小买得知道老爹性命堪忧,一时急得团团转。

看着老爹痛苦的样子,生死就在一瞬间,小买得也来不及多想了,不能就这样让自己的老爹死在这个无赖手里。小买得顺手抄起一个家伙,大喝一声,使出吃奶的劲,照着张苤的脑袋就砸了下去。

只听"啪"的一声,张苤应声倒地,当时就不动了。

老康从张苤椽一般的胳膊中爬了出来,坐在地上直喘气。

小买得这才看清手中的家伙,是一种叫做"锸"的木制农具,那是铲土用的,大体相当于现在的铁锨。

小买得丢下木锸,去扶老爹。

父子两人细看倒在地上的张苤,只见其头破血流,口中只有出的气,没有进的气,赶忙把他送回家,并说欠的钱米都不要了。

康氏父子亦回家,以为张苤养几天就好了,谁料张苤熬了三天竟一命呜呼!

老康宪闻听此事,流着眼泪对儿子说:"小子啊,你这可是死罪啊!"

小买得挠挠后脑勺,心想:"我救父亲,打坏蛋,还能有罪,还是什么死罪?"扑闪着大眼睛,迷迷糊糊。

可不是,这要是搁在现在,康买得既是"未成年人",又是典型的"正当防卫",别说处死刑,就是判不判刑,尚为两可,说不准还是少年英雄,"十佳少年"呢!

但按照当时的法律,只有十岁以下幼弱、八十以上老耄、笃疾憨愚之类方可赦免。而小买得已经十四岁了,行凶事实清楚,证据充分,按《唐律》应处死刑,只是可以"上请"减罚,就是要上报皇帝请求减刑。

鉴于案件特殊,康家父子态度一直很好,此案就层层报到刑部员外郎孙革那里。孙革审理完后,思来想去,拟就了一份判决书,并报到穆宗那里。

在论述了案件事实后,他在判决书中说:"康买得打死人是事实,按照法律规定,当父亲被人殴打时,儿子上前营救,打伤他人的,可比照一般斗殴罪减三等量刑;致死他人的,则应按一般杀人罪处死刑。但康买得救父于危难之时,是至情至孝之举,不能算是一种暴凶行为;康买得之所以致死他人,是出于救父的本意,这显然也不是一种行凶行为。而就是这样一个年仅十四岁的少年,却明白父子至亲的伦常大义,不顾后果,舍身相救,要不是为圣贤大义所教化,一个小孩怎么能如此?《礼记·王制》讲到,凡是诉讼的根本,必须以父子伦常亲情为原则,综合考虑各种特殊情况来判别。《春秋》的断狱标准是看行为人的本心和动机,古圣先王认为,各种刑罚也不是没有变通余地的。如今康买得幸遇盛世熏陶,小小年纪就懂孝道,却不幸触犯刑律,只有圣上仁慈,宽恕他,臣依照职权定罪量刑,理应分清善恶,请皇上定夺。"

在此判决书中,孙革说了四层意思,丝丝相连,环环相扣:

第一,本案事实清楚,但法律规定本身有问题。他指出,按法律规定,为救父伤人,可以比照一般情形减三等;但是如果死了人,就不能减

刑，这不符合公平合理原则。当然，鉴于他面对的是皇上，因此他点到为止。不过，他言外之意已经告诉皇上，小买得至少应该减刑。

第二，对康买得的行为不能定性为"暴""凶"。他指出，康买得的行为是至情至孝之举，不是暴力；康买得是出于救父的本意，也不是行凶。既非暴力，也非行凶，如果定死罪，似乎不太合适。

第三，康买得深明大义是社会教化的结果。他指出，一个年仅十四岁的少年，却明白至亲大义，舍身相救，是圣贤大义的教化。当然在后面，他不忘拍皇帝的马屁说，这是当今皇上圣贤，社会鼎盛的效果，让皇上在为自己的文治武功沾沾自喜的同时，也觉得康买得实在可爱，应从宽发落。

第四，引经据典说明可以从轻处罚。孙革说："《王制》称五刑之理，必原父子之亲以权之，慎测浅深之量以别之。《春秋》之义，原心定罪。周书所训，诸罚有权。"就是说，《礼记》规定父子伦常亲情可作为办案原则，具体案件具体分析，《春秋》的标准是"原心定罪"，古圣先王都认为刑罚可以变通。那么可推理出：本朝法律也可变通适用。

有此四点，皇上还能说什么呢？

果然，诏书下达："小买得尚在童年就知道为子的道理，虽然杀了人应当判处死刑，但其为解救父亲，值得同情，如判康买得死刑，就会失去'原心定罪'的古训，那就交给法院吧，减死刑一等处罚。"

小买得的死刑免了，但这颇费了孙革大人一番脑筋。

看来，古人用"原心定罪"判案的确不是一件简单的事情，至少这个案件需要符合以下几个条件：

其一，事实清楚，证据确凿充分，按当时法律，应当处罚；

其二，按法律规定的处罚等级，显然还嫌过重；

其三，行为人的动机符合春秋之义，伦常道德；

其四，适用原心定罪要层层呈报皇帝审批；

其五，审判的法官是一个负责任的好官，不但愿意对行为人负责，还愿意层层呈报。

乍一看前四个条件，感觉像现行《刑法》第六十三条第二款规定："犯罪分子虽然不具有本法规定的减轻处罚情节，但是根据案件的特殊情况，经最高人民法院核准，也可以在法定刑以下判处刑罚。"

事实上，在古代，符合前三个条件的很多。但第五个看似不搭界，实际最为重要，这恐怕就是史书记载这类案件较少的缘故吧！

说完这个故事，我们应该庆幸的是：小买得遇到了孙革，于是他保住了自己的命。

●宋璟截访和打假：不当的法律方法导致不良的社会效果

唐玄宗开元年间，宋璟前后为相四年，在这期间，他不畏权贵、力革前弊、奉公守法、不徇私情，成为一代名相。但有几件事差点毁了宋璟一世英名。

第一件事涉及截访事件。

开元八年，公元720年，宋璟负责处理老百姓申诉问题。

看来，那个时候，老百姓上访申诉也是一个社会问题。

估计李隆基给宋璟下了任务，也有一定期限，必须把进京上访的数字给降下来，老宋是个急脾气，而且工作雷厉风行，从不含糊。

看看皇上规定的时间快到期了，老宋把一些该办的申诉都搞定了，但还有一些申诉，把老宋给难住了。

原因很简单：涉诉。

这几乎和现在一模一样，这些在地方判决有罪的人，一直呆在京城长安上访个不停，有缠诉的，有静坐的，严重影响了机关工作的正常秩序。

老宋按照程序，让相关部门先是查来查去，结果发现地方判的是对的，于是就给这些人解释，但这些人都是见过世面的，怎么劝解也无效，老宋很郁闷，看着这些人就烦。

这些人天天在那里嚷嚷要见最高领导——唐玄宗，把宋璟急得直上火。火一上来，就会急中生"智"，也不管这个"智"到底智不智！

不管智不智了，老宋一生气，就想把这些人交给御史台处理。

于是吩咐一个监察御史李瑾度说：

"这些人，太让人厌恶了，你们把他们都抓起来，认真审查，做做工作。如果服判息诉，态度好，保证不再上访者，就把他放了；如果还要上访缠诉，就继续关押，等到他保证不上访为止！"

由于宋璟"截访"的强硬政策，上访数字的确降了下来，甚至达到了"零上访"。

但民间怨气很重，都说老宋"强奸民意""高压政策"之类。

民间怨气归怨气。由于民意传达不上去，唐玄宗看到的就是数字的变化：嘿嘿，老宋的确厉害，把上访的都整没了，比原来我定的指标还好，啊，天下太平！

不过，老百姓反映民意自有老百姓的办法。

那时正好一个地方大旱，民间流传，有魃出现。

这里要解释一下，由于科技不发达，古人经常把一些自然灾害归结为妖魔鬼怪作乱，如天旱求龙王降雨，水涝请玄武大帝止水等，这个旱灾也是一样。根据《山海经·大荒北经》，当年蚩尤和黄帝轩辕作战，蚩尤请风伯雨神，发动狂风暴雨，轩辕一看，也不示弱，就请来仙女魃迎战，这个魃主要是让风止、让雨停的神仙，结果天下大旱，风伯雨神被打败，黄帝遂击斩蚩尤。但这个魃却因在人间呆得久了，没法回天上，就只好被黄帝留在人间掌管冤狱之事，如果哪里有冤情，她就会在这些地方溜达溜达，于是这些地方就无风无雨，出现旱灾，以示惩罚。

有一天，唐玄宗在看戏。

有演员在台上扮演魃走来走去。另一个演员就问演魃的演员："你为什么出来了？"

那个演魃的演员说："是因为宋大人的处理而来！"

那人又问："所为何故？"

为什么呢？我们的宋大人不是把天下治理太平安祥吗？

那个演魃的演员边看着玄宗，边回答：

"哎！我也不想出来，只是现在宋大人把上访的人都关起来不让申诉，造成三百余人有冤无处伸，怨气已达九霄，我不得不来啊！"

要说，这样说宋璟的确有点冤枉，这些人该不该关另当别论，但至少根据宋璟查的情况，这些人没有被冤枉的，有点怨气有可能，想得到更多利益也有可能。唐玄宗知道这个传说，也当然知道老百姓说的这个宋大人指的是谁，心里也觉得民意不可违，至少不该关这些人，只是这样就处理宋璟，似乎理由不够。玄宗深深记住了这个事，后来发生了一件事，虽然此事和老宋关系不大，却把老宋给免了，就有这个方面的原因。

我们接着看后面这个故事吧。

同一年，长江、淮河一带，也就是如今安徽、江浙一带假币流通。

那时的假币造起来也容易，没有那么多防伪标志，就是收集一些破铜烂铁，自己刻个模子，融化后倒进模子，出来的就是钱。

估计真假钱也就是刻的模子质量和精细程度不同罢了。

既然工艺简单，真假难辨，成本也不高，回报又那么直接而丰厚，那么造假者自然就会趋之若鹜了，于是假币泛滥成灾。

宋璟是一个眼里不揉沙子的人，尽管前不久因对待上访问题刚刚被玄宗喊去诫勉谈话，这老兄也当场表示以后注意，回到家中，也信誓旦旦以后不再管那些事，得过且过算了，不然，出力不讨好，郁闷。但这老兄是个性情中人，说归说，一看到与国家社稷有关的事，还是忍不住了，于是他与一个叫苏颋的官员一起上疏：

建议严厉打击制造假币活动。

与此同时，宋璟立即命令监察御史萧隐之做特派员先行到江浙一带调查，收集假币证据。

按说唐玄宗还没有批准，宋璟只是派人去了解情况、收集证据就行了，回来汇报。

谁知萧隐之也是个急性子，也可能很少下去，一看情况很严重，于是立即进行处理，并在民间收集假币，结果在当地造成很大影响，一时怨声载道。

这一点，我一直不太明白，既然是去治理假币，对老百姓来说，应该是大快人心，为何"怨嗟盈路"？

是怎样的调查行为造成老百姓的不满呢？仔细查查《唐书》和《资治通鉴》，结果大失所望，只有在《资治通鉴》中有一个词——"严急烦扰"，除此之外，并无记载。

虽然我们不知道当时的情形，但方法不当是肯定的，估计如当年秦始皇怕老百姓制造武器而禁铁禁铜一般。

唐玄宗为平息事件，就把这个萧隐之给贬了。

小人物就是可怜，办错事说贬就贬了，还不知道贬往何处。

之后的一天，玄宗看到宋璟还在朝堂转悠，想起这个事，心想：

老宋不是这个事的"始作俑者"吗？怎么没他什么事？上次打压上访人员的事，我还没怎么处理他呢，这次得让他负点领导责任，要不然，过些日子，还不定捅出什么娄子来。

遂免去宋璟的职务，只做侍中，也就是顾问。

顾问顾问，顾得上就问一下，也就是休息了！

苏颋也未能幸免，降为礼部尚书。

这三个人一免，假币又开始盛行起来。

开元盛世就开始走下坡路了。

这样看来，好事一定要办好，办好事方法也一定要得当，宋璟先生一生以正直为本，成为一代名相，但因为两件好心办错的事，让自己提前"退了休"。

直到开元十年，梁山聚众暴动被镇压，政府抓了很多人，一些人无法定罪量刑，捉人容易放人难，一时难以结案。

这时，唐玄宗又想起老宋来，让其审查处理。

老宋临危受命，以"只治罪为首数人，余皆释放"的方法平息了事件，轻描淡写地处理了这起暴动，则正是前面教训的总结。

所谓吃一堑长一智，后来的老宋尽管"梅开二度"，但显然已经是心态苍凉，终日奉行黄老之说，无意作为。当然，也就无什么功绩记入史册，不过官却做得大了、稳了。直到公元733年，正式以文贞公爵位退休，住在东都洛阳。

四年后，就是公元737年阴历11月19日，宋璟人生定格于75岁，驾鹤西去了。

●牛人张全义的"牛理论"：先诉者为胜，一个影响中国千年的诉讼观念

中国人怕讼，这是出了名的！

连算卦的时候，都把打官司认为是一种灾祸，如官司之灾、口舌之祸等，几乎与血光之灾等同。

事实上，中国人怕打官司，主要是怕做被告！

记得自己刚做法官时，审判一起邻里纠纷，两个农民为门前一条路发生纠纷。开庭那天，被告站在法庭上，就是不往被告席上坐，我很奇怪，就问原因。

被告很愤怒地说："我凭什么做被告，他做原告？让我做被告，就是不公道！"

我顿觉诧异，当然还是细心地解释了原告和被告的意思，并说这和判决结果没有关系，更谈不上什么公道不公道。

满以为这下被告该不闹了。谁知，被告一听，更是大吵大嚷："那我也要告他，我要做原告，让他做被告，反正我不做被告，其他怎么都行！"

面对这样的要求，我只好反复解释，但最终还是没有把那个老农劝到被告席上，而只好把原告被告牌子都给撤了了事。

不过，这么一折腾，案件居然调解了。

事后，我一直在想，是一种什么样的理念，让他那么怕做被告？

是根深蒂固的刑事审判的"被告人"思想作祟吗？由于长期在民事案件刑事审的模式下，直至今日，还有一些人把刑事被告与民事被告混为一谈。

是那种长期以来"中庸之道"、不辩不争的理念作怪吗？老百姓不愿

意打官司，不愿意与人相争，坚持忍让的中庸观念，一定程度还影响到现今的人们。

在一千多年前，有一个叫张全义的官员，他创造的一个"法律理念"虽然荒唐，但似乎却影响了中国诉讼近千年。

张全义，字国维，今河南范县人。

这可是个"牛人"！

说他"牛"，一是说他的发家史。

张全义祖祖辈辈都是农民，年轻时曾在县衙门服役，由于为人软弱，常被"县长"侮辱。不过，从后面的事情看，这个家伙不是真正的软弱，而是表面软弱老实，内心十分精明乖戾。

唐末黄巢发动农民起义，张全义一看有机可乘，竟然参加了农民军，而且表现优异。当黄巢攻入长安后，任命张全义为吏部尚书，充水运使。

官做得这么大了，按说张全义应该对黄巢忠心耿耿，然而就在黄巢还没失败的时候，张全义便"翻身投唐，唐授泽州刺史"。

唐朝也没亏待他，给他个刺史做了。

再后来，张全义在五代乱世中，见风使舵，谁势力大就投靠谁，竟然历经三代侍奉过八个皇帝，官照当，而且还不断提升，一直到封王。从一个受人欺负的县吏，一直做到一个王爷，你们说是不是个"牛人"？

说他"牛"，二是说他的工作业绩。

应该说，张全义做事还是不错的，甚至是优异的，要不，只是能卑躬屈膝、摇尾乞怜，以及能忍受人们所不能忍受的耻辱，恐怕还不足以让这些所谓的开国皇帝们满意的。

应该说，任何一个皇帝，身边除了有只会奉承的昏庸之辈外，还是需要有人干活的，毕竟，城市需要人管理，敌人需要人铲除，后勤需要人保障，案子还需要人审的。

就像一个猎人，身边除了有一条摇尾点头的哈巴狗外，还要有几条凶狠健壮的猎犬甚至藏獒的。因为他很清楚没有猎犬藏獒，自己和哈巴狗连起码的安全都是没有保障的，他深深知道，哈巴狗捕猎是没有用的！

张全义却身兼这两方面的才能，既会献媚，又会做事，那简直就是官场"稀缺资源"，当然就讨皇帝喜欢。

关于他做事有力，还有个例子：

张全义做河南"洛阳尹"时间长达四十多年。

当初他刚上任的时候，虽然说这个府尹官不小，相当于副宰相，这要放在和平年代，绝对是肥差，但那时却是有名无实。洛阳因长年战乱之故，虽为都城，却一直在战火中泡着。张三来了，建个宫殿，建个街道；过几年，李四一把火就把这些都烧了，把张三给赶跑了，烧了就得重建；再过几年，张三或者张五又来了，再烧，再建……如此折腾来折腾去，谁还敢在那里待啊。等到大家都跑了，平静下来一瞧：洛阳一带人都跑没了，房子都烧没了，到处灰烬荒野，满目疮痍。

而这时，他能"管理"的只有随身带来的区区一百多个部属。面对这种情形，一般的官员早已逃之夭夭。可张全义却不在乎，一是他太喜欢当官了，为了当官，他曾把自己妻妾献给皇帝，可见做官对他的诱惑力有多大；二是他老人家出身农家，自称就是"种田佬"，什么世面没见过，这算什么。

于是他立即行动起来，想把人找回来，有人就好办了。

他先从部属中选出好使的十八人，任命为屯将，每人发一面旗帜、一张榜文，让他们分赴洛阳十八个县招抚农户流民来此定居生产。

好在那时乱兵都正忙着争夺富庶地区，而对"白骨蔽地，荆棘弥望"的洛阳一带不屑一顾，这就给洛阳恢复重建奠定了基础。

张全义带领回来定居的市民，披斩荆棘，开垦荒地。同时，又实行一些开明政策优待流亡的百姓，于是人烟稀少的洛阳一带又渐渐恢复了生气。

为了让百姓安居乐业，张全义制定法令，简化法律，规定"除杀人者死，余但加杖而已，无重刑"，而且不收租税，常年身受重税、战乱流离

之苦的难民听到洛阳有这等好事，自然"孔雀中原飞"，争相纷至沓来，不过两年工夫，每县增户，大的六七千，次的四千，下的两三千。

乱世要想立足，手里没点家伙是不行的。张全义又利用农闲时组织大伙训练武艺，加强自卫，经过这么一折腾，居然可得武艺者两万余人。有了这支不小的武装力量，又经过五年的细心治理，曾经乱草丛生的洛阳竟生机勃勃，"桑麻蔚然，野无旷土"，一派乱世桃源的气象。

百姓自然也"率皆归附"，张全义这才正式设县令、主簿，恢复了地方原有的正常行政管理。

经过张全义一番治理，洛阳地区三四十年，竟始终保持着秩序宁静、安居乐业，成为当时北方少有的乐土。

从这件事足见张全义的确"有才"之"牛"！

说他"牛"，三是说他的断案逻辑。

张全义在河南洛阳执政时，要处理大量案件。

张家长，李家短，王家丢个牛，赵家骂个人，都得他管。

张全义种田出身，觉得这事很烦很无聊。

这也难怪，没有一点法律知识，要办案那不觉得烦吗？

不过，他很有创造力，他说：

"不行，这个得先定个规矩，有理没理，一目了然！"

大家愕然，心里想，这老兄是不是有点老糊涂了，案件千差万别，涉及社会方方面面，哪有先定下输赢的道理。

这么想着，但没人敢说，这张老兄可不是个善茬，你别看他对皇帝百依百顺，老婆、女儿、儿媳妇都舍得给，但对下属可是心狠手辣。

《旧五代史》卷六十三《张全义传》就记载了这样两件事。

一件事是说河南有个"县长"叫罗贯，不小心得罪了张全义。不过，这个县不归张全义管理，而且罗"县长"人品较好，也没有什么把柄。但即使这样，张全义仗着他通过"厚赂"与刘皇后的"义父女"关系，在李存勖面前说罗贯的坏话，结果竟给这个罗"县长"捏造个罪名，把他给杀了，致使朝野上下，"冤枉之声，闻之远近"。

这已经够让这位老兄臭了，还有更丢人的事。

一次，张全义因常喝酒不醒，十分苦恼，因为这直接影响到他老人家的仕途。

你想，一个人想向上爬，就要和领导吃吃喝喝，或者代领导喝酒，但总是喝醉，又不醒，误事事小，领导不高兴，下次不带他去了，岂不鸡飞蛋打？

他听说有种石头，可以很快醒酒，于是就非常想得到它。一日，他听说自己的下属有一块这样的石头，喜出望外，就找到这位下属，直接索要。这位下属严词拒绝，并讥讽张全义当年参加黄巢起事又背叛黄巢的旧事。这一下子触到了老头子内心的痛处，于是，张全义一怒之下，亲自把这位下属给送上了西天。

索要财物不成，还把人家给剁了，可谓穷凶极恶，足见这个张全义的霸道！

因此，当他提出要定个办案原则的时候，大家都是面面相觑，无人敢言。

于是这位老兄说："实际这事很好办，我们就定下来，凡是以后打官司的，谁先告状，谁就有理，也就是说，不用审了，原告肯定胜诉！（凡百姓词讼，以先诉者为得理）"。

大家一听，一个个惊讶地张大了嘴巴。

张全义一看："怎么不行啊？能告状，肯定有冤情，被告肯定没有道理，这么简单的事情，你们还不明白？审来审去，多费事！而且，如果被告不服，也可以回过头再告原告！"

大家的嘴巴张得更大了，心想，这可开眼了，但想归想，没有人说，只有唯唯诺诺，任由这位张大人胡闹了！

此原则一开，洛阳的讼案，便乱七八糟。

因为审案不管是非曲直，不问青红皂白，一律认为先诉者就有理，后诉者就理亏，于是，被告先被拖去，一顿好打；过些日子，原先做原告的那位也被拉去了，也是好打。一时间，到处争先告状，人人惶惶不安，

"人多枉滥，为时所非"，到了这个份上，打官司自然是一种灾难了。

再加上，我国古代衙门问话，都是先打后问，或者先"大刑伺候"，因而，一旦被人告了，岂不是已经把自己放在了大堂的水火棍之下了吗？这和血光之灾有何区别？

张全义作古已逾千年，但那种视官司如灾祸的观念却世世代代地流传了下来。

●石敬瑭杀马刳肠：这就是我们需要的公正代价吗？

"办案要注重法律效果，审判要做到社会效果、法律效果和经济效益三个方面的统一！"

这是每个法官在开始办案前都要知道的办案原则。

但有时，我们常常会拿一些法律效果与公正进行比较。有的案件法律效果不好，正是为了公正的代价。

法律效果与公正对立吗？

这个问题有点大，但我们可以看一个一千年前不大的案例，来看看这个结果，是我们要的法律效果，还是公正的代价？

这个故事发生在五代后晋时期同光三年，也就是公元925年，石敬瑭在邺都，即现在的太原，担任了一年多的看守官员。这个看守，可不是看守所的看守，也不是门卫，而是对领导权力的一个描述，就是"把关"的，又称值班的，也就是那种说了算的领导。

当时太原城繁荣富庶号称天下之冠，晋商云集之地，经济很发达，然而经济发达的地方经济纠纷就多，加上当地民俗犷悍，争讼案件很多。

石敬瑭做看守长官之后，为了标榜自己勤于理事，要求老百姓每有诉讼都到政府来，直接告诉他，说是要由他一一阅览。

老百姓非常淳朴，于是告状者络绎不绝。一年下来，状子竟堆满了石敬瑭办公室好几张桌子，而没有一件能做出处理的。

石敬瑭毕竟没有当年秦始皇那么励精图治，而且审理案件可不是吹牛、摆龙门阵，也不是上阵杀人，拿起大刀向敌人的头上砍去，按脑袋多少论功劳，要讲理，要办实事。

但石敬瑭要做的事太多了，既要参加各种会议，各种剪彩，各种开工仪式，要举办各种酒会、招待会和见面会，还要下去视察、指导和调研，更重要的，石敬瑭每次都要讲话，哪有心思看案件，就是要看点什么，也是先看讲话稿，哪有时间理那堆让人一看就头皮发麻的东西。

于是，一个案子也没办下来。更要命的是，牢狱（应该相当于现在的看守所）里也是犯人滞积，人满为患，由于定案和遣送都要石敬瑭签字，而石敬瑭大人实在太忙，即使监狱看守每天派人"堵截"，也没签出几个，结果一年也没发遣几个。

于是乎，这件事就像现在某些作秀的事件一样，草草收场，搞得这位石大人灰头土脸。

人们议论起来，莫不摇头叹息，或作为茶余饭后的笑谈。

石敬瑭也听到了一些风声，于是改变办案方法，采取军人处理问题的方式办案，现场处理，逮住一个办一个，结果办出了一些颇有争议的案件，杀马剐肠就是其中一件。

太原有一个开小吃店的妇女跑到政府告状称，她晒在店门口的一些粟谷全被驻地部队士兵的马吃光了，要求赔偿。

这在当时可是大事，处理不好，直接影响到当地军民关系，而且，这个部队正好是石大人的麾下。

石敬瑭为了表示亲民，立即把看马的士兵喊来，问："可有此事？"

这位士兵矢口否认，而这位妇女既没有人证，也没有看到和当场抓住那匹吃谷的马。

没有证据，按说，就依照举证不能的原则，不赔偿就可以了。

既然这样判案，那位妇女估计也没有什么可闹的，毕竟她也拿不出什么证据。或者石敬瑭想真正亲民的话，可以拨一点琐碎银两补偿给妇女，也可以赢得些许好名声。

然而武夫就是武夫，悍将就是悍将！

石敬瑭一拍脑门，说："你们各执一词，又都空口无凭，没法判断孰是孰非。我看，这么办吧，可以把那匹马杀了，剖开肠子，看看到底有没有粟谷。"

大家一听，似乎有点道理，但总觉得怪怪的，为了一点粟米，杀死一匹军马，值得吗？

况且这么做，有个最严重的瑕疵，那就是根本不知道是哪匹马吃的，要杀，不是要杀几匹？不可能把马厩里的马全杀了吧？如果只杀一匹，岂不是有撞大运的成分？妇女就有点想打退堂鼓，毕竟只是一点粟米，哪能杀军爷一匹战马？况且也不知道是哪匹马啊，知道的话，还发愁没有证据吗？想想，这位妇女就连连摆手，说：

"算了，算了，我不告了！"

养马的士兵，怎么和马没有感情？一听说要杀马，也连连跪地求情，说："我愿意赔偿一点。军马养了这么多年，感情好着呢！"

如果按士兵说的这样解决了，也会成为一段佳话。

但石大人显然是个莽夫，他一看，更来劲了：

"不行，必须杀！而且，我的话还没说完，杀马剖肠之后，如果有粟谷，那么就杀士兵，如果没有，就砍妇人脑袋。"

这个案子审到这个份上，就完全变味了，那妇人和士兵，当时膝盖一沉，双双跪倒。

几斗粟谷，竟然系上了两颗人头，一副甚至几副马肠！

战马一声凄鸣，倒在了血泊中。

士兵和那个妇女早已吓昏在了杀马现场。

马肠被剖开了，石市长一看，并无粟谷，他回头看看瘫软在地的妇女，很得意地说了声："拖出去，砍了！"

这个可怜的妇女顷刻间身首异处。此事后，"境内肃然，莫敢以欺事言者"。

这是记载在《旧五代史·晋书·高祖本纪一》中的故事，多少年来一直作为石敬瑭明断是非、不被欺骗的典型事迹来标榜。甚至还有人认为，这是一个维护公正的案件。

仅为了几斗粟，又是杀马，又是杀人，这样的公正，代价是不是太大了？马何其无辜？村妇何其无奈！这样不计法律后果的审案，与滥杀何异？

事实上，这样的办案方式，除了带来一点淫威之下的安静以外，无论从公正还是从法律效果上，都毫无可取之处！

●吴履化解群怨："东方经验"调解的具体运用

如今，法院办理民商事案件都要进行调解。有些地方更甚，还制定了调解率、调解数等考核标准。

我国的民事诉讼原则也从"应当进行调解"，变为"能调则调"，再到现在的"尽量调解"，这个被称为"东方经验"的调解，似乎一直在不断起伏中前行。

那么，这个被称为"东方经验"的解决纠纷方式在古代有没有市场呢？特别是在民事案件刑事审，民事案件也是"大刑伺候"的公堂之上，也有调解吗？

还别说，真有！而且在一个案件里还发挥得淋漓尽致。

那是明初时期，吴履为南康县丞——你别看这个官不算什么大官，但在古代，那可是县里的"二把手"啊。

县里有个叫王琼辉的老百姓，为人粗豪直憨，对当地富豪罗玉成横行乡里很看不惯，顶撞过罗家，罗家岂能愿意。

一日，罗的家人就在王琼辉的家门前欺负人，王琼辉见状，也不客气，就把这个家伙抓进自家院子鞭打、侮辱了一顿。

罗玉成的侄子罗玉汝一听，这不是公开挑衅吗？这不是在太岁头上动土吗？于是集合两三百族人，大呼一声："到王家要人去！"

一时打架的和看热闹的近一千人，浩浩荡荡开进王家。

一阵乱打乱砸之后，罗的家人不但被夺走，还把王琼辉也一起抓了出

来，绑在一棵大树上，用棍棒乱打一顿，直到奄奄一息，才将他放掉。

看着罗家人扬长而去，王琼辉家岂肯罢休！

但王琼辉看过罗家那阵势，知道人家有钱有势，硬来是要吃亏的。于是，兄弟五人到县里告状，在公堂上断指出血，发誓要去报复，与罗玉成全家死在一起。

当时南康县"县长"不在，吴履作为县里的二把手，自然要出来解决这个问题。如果此案一立，将牵连成百上千人，小小县衙恐怕将很难控制局势。如果坐视不理，那么势必造成王罗两家新的更大的械斗，血案在所难免，后果更不堪设想。

左右为难，这吴履就想到了"东方经验"，准备调解了结此案。

于是先召来王琼辉，问："只有罗氏一家人来包围你们家吗？"

"有一千多人，不都是罗家的。"王琼辉回答。

吴履又问："那一千多人都骂你、打你了吗？"

王回答："那倒不是，只有几个人罢了，大多数都是起哄看热闹的。"

吴履再问："你因为恨这几个人就连累一千多人，还要血洗罗家吗？况且众怒难犯，倘若罗家人也都不怕死，一怒之下把你全家都赶尽杀绝，虽然我可以把他们都抓来伏法，但对你又有什么好处呢？"

这话虽然不多，但颇为厉害：

首先，吴履知道王琼辉这个人比较直爽，于是指出，你如果去打架，那就是连累无辜，从而在良心上让王琼辉先不好意思。

接着，他又指出，如果去和罗家拼命，其后果是罗家族大人众，一旦也不要命了，那王家可要灭族了，这正说到王琼辉的痛处，他就是觉得打不过，才到县里告状的。因此，这一点，让王琼辉感到问题严重。

最后，吴履再次说明，如果把命都拼完了，即使最后县里把罗家人都抓来正法了，对于王家来说，也没有什么意义，于事无补。

这一环套一环的话，让王琼辉顿觉醒悟。

吴履看事情有转机，立即接着说："这事，你听我的，我会公正处理，为你解恨的！"

王琼辉这边早已把头点得像啄米之鸡了，频频向吴履叩头，哪有不听从他意见的道理？

吴履这边稳住王琼辉，让他们兄弟几个先到后堂歇息。随后，马上安排人把富豪罗玉成传到大堂。

罗玉成被带到大堂，抬头一看，原来不是县老爷，是吴县丞，熟人啊，于是嬉皮笑脸地就凑了上来："吴大人，什么事这么急啊？"

吴履脸色一变，大喝一声："大胆罗玉成，你聚众闹事，私设公堂，殴打他人，可知罪？"

罗玉成一向和县衙的人打交道多了，还没见过吴大人这般架势，也吓坏了，一时语塞，"啊，啊"了半天，也没说出一整句话，只是口说"冤枉，冤枉"。

吴履这边接着训斥道："罗玉成，你一贯横行霸道，但都是小打小闹，如今聚众千人闹事，可是大罪啊！另外，你纵容家人私设公堂，打伤他人，也是重罪，两罪并罚的后果，你可知晓？"

吴履的这番话是有技巧的。首先，他先说罗玉成有大罪、重罪，让罗玉成不得不听他的处理意见；其次，他提到罗玉成是纵容家人，好给罗一个台阶和找替罪羊的伏笔；最后，他并没说怎么处理，因为一旦说了，再更改是不合适的，也不利于"调解"。

罗玉成何等聪明，稍微稳一下神，就明白了吴大人的意思，慌忙顺着台阶下："吴大人，草民冤枉啊！聚众千人，草民实属不知，况且本府家人仅数人，如何能聚集千人，应是看热闹的居多，请大人明察。至于私设公堂，殴打乡民，实为家人所为，草民不知啊！但草民管教不严，理应受罚，望吴大人明镜高悬，公正处置，草民愿意接受。"

看看，富豪一下子变成了"草民"，吴履一下子变成了"大人"，这罗玉成真够能屈能伸的。不过，这罗玉成不愧是个聪明绝顶之人，你看他讲的这番话，也是条理清楚，合情合理。其一，他先将聚众闹事的事撇清，因为在那个时候，聚众千人，重的可能定到谋反，这可是不赦之罪，罗玉成当然知道。因此，他先说不知，然后说这事可能性不大，事实上也是给

吴履一个台阶下；其二，他将私设公堂，殴打乡民推为家人所为，自己不知；其三，他愿意承担管教不严之责，但他知道这个管教之责也处理不到哪儿去，于是避重就轻，愿意接受处理。

吴履一听，正和他意，于是缓和一下语气，说道：

"罗员外，聚众闹事本官就不追究了。但是这殴打乡民还是要惩处的，家人犯法，理应责罚。至于员外你呢，就向被打的乡民赔个不是吧。就这样，我还得做做人家的工作，要人家放弃上告才是！"

罗玉成一听，连连称是："全凭大人吩咐。"

吴履一听，一拍大腿：

"好！你且上前来！"

于是，吴履把罗玉成叫到跟前，如此这番一说，罗玉成边听边点头："大人想得周全，就依大人处置。"

吩咐完毕，吴履一方面差人把用棍棒打王琼辉的那四个罗家人抓来。另一方面，他亲自到后堂和王琼辉他们聊天，约莫着那四个打人的家丁已经带到，就和王琼辉兄弟几个一起上得大堂来。

一到大堂，吴履见几个罗家家丁已经被押在堂前，不容分说，一声令下，当着王琼辉的面，把抓来的四个家丁各打几十大板，直打得他们皮开肉绽，哭爹喊娘，血流到脚后跟。

看到这里，王家兄弟几个那叫一个爽啊。

吴履见王琼辉兄弟解了恨，就趁热打铁，巩固成果，又命罗玉成向王琼辉下跪认罪。罗玉成早前已被吴履说服，这时自然很配合，于是上前作揖下跪。王琼辉还真有点不好意思，连连道："算了，算了……"

就这样，一起群体性纠纷终于"化干戈为玉帛"，一场即将发生的血案化解了，这不能不说是吴履调解艺术的效果。现如今，群体性纠纷也常出现，而吴履在这起案件中所表现出的大智大勇和语言艺术，虽然过去几百年了，但仍值得我们借鉴和学习。

●于成龙治川滇：治乱世用重典

说清朝的执法官，就不能不说于成龙，在人们的印象中，"三年清知府，十万雪花银"似乎是清朝官僚腐败普遍、猖獗的一个写照。

可就有那么一个人被后世称为"清代第一廉吏""第一能吏"，这人就是于成龙。

于成龙，字北溟，号于山，清山西永宁州人，生于明万历四十五年，即1617年，卒于清康熙二十三年，即1684年，终年67岁，谥"清端"，赠太子太保。

史书中简短的这么数十字，却说明了于成龙为官的不平凡。在清顺治十八年，也就是1661年，于成龙开始出来做官，至1684年卒于兵部尚书职，在20余年的宦海生涯中，历任知县、知州、知府、道员、按察使、布政使、巡抚和总督、加兵部尚书、大学士等职。一个汉人，一步一个脚印，能在清初做到如此，的确有过人之处。从历史记载来看，于成龙三次被举"卓异"，就是业绩考评"特别优秀"，用现在的话说，就是三次被评为"全国劳模"或"优秀公务员"，特别是他以卓著的政绩和廉洁苦苦的一生，深得百姓爱戴和康熙帝赞誉，并以"天下廉吏第一"蜚声朝野。

这里我们首先说他的"能"。

于成龙小的时候，虽然在农村生活，跟随父母耕田种地，但是他家还是颇为殷实的，他本人上过私塾，也接受了较为正规的儒家教育。

顺治十八年，清军入关不久，汉人多为抵触，清朝为了笼络汉人，以汉治汉，于是广招天下明朝时期的后备官员和退隐的官员。

年届44岁的于成龙，是属于后备干部，也在征召之列，于是他不顾亲朋的阻拦，离妻别子，接受清廷委任，从山西到遥远的边荒之地广西罗城为县令，开始他的官宦生涯。

这也可见当时清政府对汉族官员还是挺宽容的，你想想，44岁了，还无一官半职，就是搁现在也没啥希望了，还会任命你去做县令？不过，话

又说回来了，那时只要有能力，年龄似乎从来都不是障碍。

广西罗城在清朝统治下还不到两年，由于局势未稳，前两任知县一死一逃，这是清朝刚刚统治时期西南及内地各地的普遍现象。

于成龙到罗城时，遍地荒草，城内只有居民六家，茅屋数间，县衙也只是三间破茅草房。周边的山野里，还有几路土匪经常火拼，殃及无辜，他只得寄居于县城一个破败的关帝庙中。

这样的环境，稍微有点智商的县长都会逃之夭夭，就连于成龙带来的五名仆从不久也分别或逃走或被附近的土匪杀死，只剩下于成龙一人硬是坚持了下来。

人就是这样，不仅看你要追求的目标是什么，是否实际，还要看你是否坚持。坚持朝着自己的目标走，那目标就会离你越来越近。于成龙做官前，立下的誓言就是"绝不以温饱为志，誓勿昧无理良心"，那么他就不是以金钱、美食、舒适的享乐为目标，那他就可以生存，而且他坚持了，因此他最终达到了自己的目标。

坚持这两个字说起来容易，但做起来却很难，特别是在那个环境下，于成龙面对的是罗城的百废待举。

首先，于成龙采取"治乱世，用重典"的方法，安定社会，恢复生产。他先在全城乡建立保甲，就是地方民兵组织，严惩缉获案犯，打击犯罪，大张声势地"严禁盗贼"。如此，县城的社会治安稳定下来，老百姓安定下来。

有了境内的安定，按说他的任务就完成了，但是他发现，临近的县里有很多土匪，他们常常窜至本县抢掳男女为奴，干些抢劫、绑架、拐骗之类的坏事，老百姓还是不得安宁。于是接着他又组织乡民练兵，在全县搞联防，并大力宣传，今天办个誓师大会，明天组织个抓贼演习，并放出狠话：准备讨伐经常扰害他们的"柳城西乡贼"。

于成龙这么一折腾，还真把这周边的强盗给吓着了。在强大的声势下，首先西乡"渠魁府首乞恩讲和，抢掳男女尽行退还"，又是谈判讲和，又是释放绑架人质回家。其他贼盗一看，这个最大的黑社会集团都服了，咱们就别犯那个傻了，也和于大人讲和吧。就这样，"邻盗"再不敢犯境，于成龙"兵不血刃"解决了社会治安问题。

在消除内忧外患的同时，于成龙还十分注意招募流民以恢复生产。他常常深入田间访问农事，奖勤劝惰。农闲时他还带领百姓修民宅、建学校、筑城墙，对迁入新居的农家，还亲为题写楹联，以示鼓励。在深得民心之后，他又以刚柔并用的斗争策略，解决了民族宗教问题，使当地一些一向桀骜不驯、较大的宗族势力、地方豪强"皆奉法唯谨"，一时政令畅通，县政欣欣向荣。

仅仅三年，于成龙就使罗城摆脱混乱，得到治理，出现了百姓安居乐业的新气象。

这件事正应了一句老话："天下无难事，只怕有心人"。

我们前面说过，由于清初全国都是罗城这样的情况，因此，于成龙的突出业绩就格外夺目，身为广西布政使的金光祖自然十分欣赏，很快把罗城树为全区治理县政的榜样，号召大家向于成龙学习。

康熙三年，即1664年春，金光祖升本省巡抚，做上了军政正职，就地方施政征询于成龙的意见。

于成龙也不含糊，针对广西地方施政的各方面，系统阐述了自己的五条意见，主要内容有：一是澄清地方吏治，全民奉法唯谨；二是"弭盗"与"慎刑"，即治理盗贼，慎用刑罚，宽严结合；三是推行"抚"字催科，收税不要强制，同时加强教育质量，提高全民素质；四是减轻百姓负担，疏盐行、除灾耗、清杂派；五是改善民族关系等。

这五条建议很大程度上符合当时的社会环境和民众的利益，成为广西全省（区）县政的工作纲领。

康熙六年，就在于成龙做官的第六个年头，即公元1667年，于成龙第一次被两广总督芦光祖举荐为广西唯一"卓异"，就是全区优秀领导干部，并破格提拔，升任四川合州知州。

当于成龙离开广西罗城去四川合川赴任时，他连路费都没有，但却出现了百姓"遮道呼号：'公今去，我侪无天矣！'追送数十里，哭而还"。

按现在的形容，那就是全县老百姓夹道欢送数十里，并高呼："于大人今天一走，我们再也看不到青天了！"然后哭着回家的感人情景。

这个场面的确感人，但这种场面又恰恰说明了当时官场的黑暗，于成龙只是做了一个"县长"应该做的事情，被老百姓呼作"青天"也不为过，但说他一走，就"无天矣"，这不禁让人不寒而栗。

明末清初时四川遭战乱最久，人口锐减程度也是全国最厉害的。

所谓"兴，百姓苦；亡，百姓苦"，战火之后，受罪的总是老百姓。于成龙赴任的合州下属三个县，但只有百余人，其情景和当年的罗城有一比。正赋14两，这样的"市长"，有什么当头，这点银子，自然不够衙门的各种开销，因此搜刮民脂民膏就必然了，而老百姓又少，这些摊派就繁重不支。

目睹地方荒败，于成龙确定以招抚百姓为急务。的确，没有老百姓，你再能干也是白搭，于是他首先精兵简政，严禁官吏勒索百姓，又免去规定的随从，以家仆随身。

接着他分析合州土地极度荒芜的原因，认为老百姓无法安身的根本问题是"原主认业"。

所谓"原主认业"，就是土地一旦确定主人，就只有世袭，别人不能占用。这种做法虽然解决了土地名分问题，但却造成许多离开家园的人不再管理土地，而其他人又无法取得，这在一定程度加剧了土地的荒芜，也让流民无法安居乐业。于成龙经过调查，制定了新的土地政策，在当时叫"禁止原主认业"，现代意义就是"先占原则"，即规定了"凡一占即为己业，后亦不得争论"，也就是"先占原始取得"的原则。

这一政策一公布，立即得到四处游民的响应，大家纷纷来到合川，开荒种地，建房置业，一时间，"新集者既知田业可恃为己有而无复征发仓卒之忧，远近悦赴，旬日之间户以千计。"合川到处都是垦荒者的身影，人气十足。与此同时，于成龙也没闲着，立即颁布命令，要求各县注意为新附百姓解决定居与垦荒中的具体困难，并亲自为他们区划田舍，登记注册，借贷牛种，申明三年后起科，也就是说免税三年。

尽管奖励垦荒是清初的基本国策，但于成龙实行的"先占原始取得规定"，早于清廷明确规定15年。因此这样的政策在当时立即引起轰动，加之他对具体问题的妥善解决，不到两年，合州人口骤增，田地开辟良多。

有了人，于成龙自然就可以把当年在广西罗城的经验照搬过来，于是合川的治理也逐渐走上正轨，有条不紊了。

由于招民垦荒政绩显著，两年后，即康熙八年，公元1669年，于成龙又被擢升到当时的经济发达地区湖广黄州府任同知。

●于成龙治黄州："以盗省讼""宽严并治"

康熙八年，即公元1669年，于成龙去往黄州府，即今湖北黄冈市，当同知任四年，任知府四年，合计八年。

在这八年里，他主要抓了和法律有关的三件事。

第一件是建立"数据库"打击盗贼。"盗"是清初一大社会问题，不过这里要说明的是：这个"盗"，不仅仅是指盗窃、小偷，还包括大盗，就是抢劫、绑架、杀人、拐卖人口等黑恶犯罪集团。

盗贼的存在，本来就骚扰百姓，而在黄州府岐亭镇一带，甚至出现白天劫路伤命的恶性事件，严重影响了地方安定和居民正常生活。

于成龙上任之初，即以郡丞身份坐镇岐亭治盗。他为了摸清盗情和每一件重大盗案，微服私访，多扮作田夫、旅客或乞丐，到村落、田野调查，从而对当地盗情了如指掌。另外，他还特意在衣内放置一个小布袋，专放盗贼名单。当然，其中也标注着各贼的犯罪特征，于是，"自剧贼，偷儿踪迹无不毕具，探袋中勾捕无不得"。用的时候，如探囊取物一般，就能很快找到贼人名字。

这一举动，在现代人眼中，实际上就是建立一个犯罪分子的"数据库"，如同现在采集数据一样。一旦发案，就可以按照其犯罪的特点按图索骥找到数据库中的犯罪分子和集团。有了这样一个简易的数据库，估计破案率应该很高，而且这些盗贼在于成龙那里挂了号，以后也不敢再造

次，社会治安自然就会好多了。

应该说，这是一个比较科学的侦查理念，但却没有被继承下来，后来的办案，又回到了刑讯逼供的理念上来，而我们在340年后，才知道去这样做。

第二件是"宽严并济"办理诉讼案件。于成龙在词讼、断狱方面也以"包公"式人物著称。他铁面无私，头脑敏锐而细心，善于从一些常人忽视的细节上发现问题的症结；曾排解过许多地方上发生的重大疑案、悬案，使错案得到平反，从而被百姓呼为"于青天"，甚至民间还流传着"鬼有冤枉也来申"的歌谣。

不过，他对待案犯，主张慎刑，以教为主，采取"宽严并治"和"以盗治盗"的方法，取得突出效果。

关于于成龙在破案、察盗方面的许多事迹，在清人野史、笔记和民间文艺中均得到反映，甚至神化。像清代文学家蒲松龄在《聊斋》的《于中丞》一节中，就叙述了有关他的两个故事。

由于于成龙在黄州府同知任上的突出政绩，深为湖广巡抚张朝珍器重，再次被举"卓异"。

于成龙举"卓异"后，被调主持武昌府，即"武汉市政府代理市长"，就在他即将转正，准备升任武昌知府，做市长的时候，"三藩之乱"爆发了。

在吴三桂凌厉的攻势下，贵州、湖南望风披靡，同时吴三桂派许多湖北籍部将，特封官"札书"回籍策反，制造暴乱。

康熙十三年，即1674年五月，武昌下属的麻城县发现"伪札"，就是假任命状，麻城知县即以"通贼"罪名大肆滥捕，搞得人人自危。接受了"副将伪礼札"的该县曹家河人刘君孚父子乘机联络东山一带山寨发动暴乱，这倒真有点"官逼民反"的味道，本来刘君孚父子没有反叛的意思。

由于于成龙在当地很有影响，被请出来收拾局面。他查清事件原委后认为，很多暴民是被胁迫或被蒙蔽而参加的，无须用兵剿灭，应以"招抚"为方针，采取"釜底抽薪"的方式进行平叛。他首先发出安民告示，澄清事实，讲明原委，陈清道理，使绝大多数胁从百姓归家，于是事态很快趋于缓和。接着，他又冒着生命危险只身进入首先发难的刘君孚山寨中说服刘君孚及300枪手（猎户）归顺。不动一兵，不放一枪，在十天之内，一场动乱顺利平息，在当时传为佳话。

当年八月，黄州发生暴乱，于成龙又调回黄州，任知府。当时，潜入的奸细乘黄州府空虚，联络当地豪绅纷纷起事，"高山大潮，烽火相望"，声势与范围大大超过麻城，暴乱目标直指黄州府。

面对险恶的形势，于成龙清醒地认识到黄州府的重要性，他力排众议，制订了决不放弃黄州、组织乡勇相机主动进剿的策略，紧急调集各乡乡勇数千人在东山黄土坳一带，与数量上占优势的暴乱分子展开激战。

危急关头，他身先士卒，置生死于度外。大伙一看，长官都冲在前面，那谁还敢落后，于是都奋勇向前。这些暴乱分子一看，这哪是乡勇，简直就是敢死队啊，于是一哄而散，战斗自然获得全胜，并当场擒获暴乱首领何士荣。随后，于成龙又乘胜追击，平定了其余叛乱，仅用二十余天就镇压了暴乱，于成龙受到湖广总督蔡毓荣的高度褒奖。

四年后，于成龙升湖广下江陆道道员，驻地湖北蕲州，今蕲春县。

于成龙在湖北期间，无论地位和环境都有很大改善，但他仍能保持异于常人的艰苦生活作风。在灾荒岁月，他还以糠代粮，节余口粮，用薪俸救济灾民。因之老百姓在歌谣中唱道：

"要得清廉分数足，唯学于公食糠粥。"

为广行劝施，让富户解囊，他更以身作则，甚至把仅剩的一匹供骑乘的骡子也"鬻之市，得十余两，施一日而尽"。

康熙十七年，即公元1678年，于成龙升福建按察使。在离开湖北时，于成龙依然一捆行囊，两袖清风，沿途以萝卜为干粮。

于成龙在福建上任伊始，就做了一件为民称颂的好事。

当时清廷为对付台湾郑氏的抗清势力，实行了"海禁"政策，就是禁止在海上打渔。而当地统治者不顾连年兵祸，民不聊生，动辄以"通海"罪名兴起大狱，使许多沿海渔民罹难。

于成龙在审阅案卷时，发现每案被拟极刑的就达数十人或上百人之多，甚至殃及妇女孺子，于是他坚决主张重审，对那些怕得罪清室而劝阻他的人说："皇天在上，人命至重，吾誓不能咸阿从事！"在他的力争和主持下，先后有千余名百姓免遭屠戮而获释，贫困不能归者还发给路费。

从于成龙赴任黄州、武昌来看，他每到一处，都是以维护治安、发展经济为主，应该说，这些的确是抓住了问题的"牛鼻子"，特别是对待麻城、黄州两起暴乱中不同的表现，更加说明他实事求是，具有超凡的治理能力，在当时被称为"第一能吏"，实为名至实归。

●于成龙治官：廉洁不是为了看上去很美！

说于成龙，就不能不说他的廉政。

于成龙以廉闻名于世，这绝对不是浪得虚名！

康熙十八年，也就是公元1679年夏，于成龙在福建按察使任上第三次举"卓异"后，升任省布政使时，福建巡抚吴光祚还专疏向朝廷举荐，称于成龙为"闽省廉能第一"。从此，于成龙再次得到清廷的赏识和破格使用。第二年，即康熙十九年春，康熙帝"特简"，专门发文，提升于成龙为畿辅直隶巡抚；第二年春，又在紫禁城召见于成龙，当面褒赞他为"今时清官第一"，并"制诗一章"表赐白银、御马以"嘉其廉能"。未逾两年，又让他出任为总制两江总督，相当于当年的华东局一把手。

在清朝时总督主要是督促官员办事，实行"吏治"，而身为"治官之官"，于成龙始终把整顿吏治放在工作的首位。他指出：

"国家之安危在于人心之得失，而人心之得失在于用人行政，识其顺逆之情！"

就是说，国家的安危取决于人心向背，而得人心在于用人，人用对了，就能顺人心，得民意，人用错了，就逆人心，悖民意啊！

接着他又指出：

"以一夫不获曰予之喜，以一吏不法曰予之咎，为保邦致政之本。"

在黄州时，他衣内的布袋便利了治盗，升巡抚后仆人请示将其去掉，他笑道：

"此袋昔贮盗，今以贮奸贪不省之官吏，未可去也！"

也就是说，他的治盗数据库，后来成了治官数据库。他新任直隶，即发出清查庸劣官员的檄文，责令各属将"不肖贪酷官员"，"昏庸衰志等辈"，"速行揭报，以凭正章参处"。

针对各属贿赂公行，请客送礼之风，他从利用中秋节向他行贿的官员开刀，严办行贿行为，惩一儆百，一时他所管辖的范围，官风得到很大改观。

他赴任江南，入境即"微行"访于民间，面对"州县各官病民积弊皆然而江南尤甚"的状况，不禁叹曰：

"噫！吏治败坏如倒狂澜，何止时乎？"

就是说，官场的贪腐有如洪水猛兽，何时能够停歇？

于是他立即从制度入手，颁布了《兴利除弊约》，其中开列了灾耗、私派、贿赂、衙蠹、旗人放债等15款积弊，责令所"自今伊始"，将所开"积弊尽行痛革"。

与此同时，他根据自己的体会，又制订了以"勤抚恤、慎刑法、绝贿赂、杜私派、严征收、崇节俭"为内容的《新民官自省六戒》作为地方官的行为准则。

方法上，他举优劾贪，宽严并济，时人说凡他所到之处，"官吏望风改操"。康熙帝也称其"宽严并济，人所难学"。

在治理贪腐官员的同时，于成龙对廉洁有为的人才积极选拔举荐，于成龙反对论资排辈，他对清廷死板的任官"考成"制提出异议，认为不利于吏治建设，造成"问其官则席不暇暖，问其职则整顿无心，势彼然也"，常常使"远大之辞，困于百里，深为可惜！"为此，他屡上疏推荐人才，形成了一股官场清流。

如直隶通州知府于成龙（史称小于成龙）、江苏布政使丁思孔等都是较有作为的清廉官吏，由于他的举荐而受到康熙帝的重用。

于成龙对科考和教育也十分关心，在文化发达的江南地区，官僚、势豪贿通学政，科考中舞弊之风盛行，贫苦士子虽皓首穷经却往往落榜，考场舞弊案件频发。

针对这种状况，于成龙规定：一旦发现弊行，"立刻正章入告，官则摘印，子衿黜革候者按律拟罪。其蠹胥、奸棍即刻毙之杖下"。

对教育的重视还表现他在各地办学上。他倡导地方绅仕以捐资的方式兴办"义学"，建学校，抓教育，即使是像罗城那样条件困难的地区，他也很快办起学堂，并鼓励瑶、壮子弟入学，受到了老百姓的普遍欢迎。

于成龙的官阶虽越升越高，生活却更加艰苦了。为遏制统治阶级的奢侈腐化，他带头实践"为民上者，务须躬先俭仆"。上北京，他"屑糠杂米为粥，与同仆共吃"，下江南，是"日食粗粝一盂，粥糜一匙，侑以青菜，终年不知肉味"。江南民众因而亲切地称他作"于青菜"。总督衙门的官吏在严格的约束下，"无从得蔬茗，则日采衙后槐叶啖之，树为之秃"。

堂堂一个省级机关，因无法弄到蔬菜，大家都去采摘机关大院后面的槐树叶子吃，天长日久，树都吃秃了。可见，其廉洁近乎到了"冷酷残忍"的地步。

于成龙天南地北，宦海20余年，只身天涯，不带家眷，只一个结发妻阔别20年后才得一见。他的清操苦节享誉当时，对己如此，对所管之地也是如此，于是就出现了许多滑稽的现象。

据载，当他出任两江总督的消息传出后，南京粗布价格骤然上涨，大家纷纷藏起丝绸绫罗，抢购粗布衣裳，可谓"金陵阖城尽换布衣"。而"即婚嫁无敢用音乐"，"士大夫减驱从，……至有惊恐喘卧不能出户者，……奸人猾胥各拿妻鸟兽窜"。全部都要装出很廉洁节俭的样子，可见他们对于成龙的惧怕。

于成龙去世后，房间里只看到"冷落菜羹……故衣破靴，外无长物"，其节俭清廉并非虚名。因其死于任上，南京"士民男女无少长，皆巷哭罢市。持香楮至者日数万人。下至菜庸负贩，色目、番僧也伏地哭",可见中下层人民对他的死是十分悲痛的。康熙帝破例亲为撰写碑文,对他廉洁刻苦一生进行表彰。

于成龙擅长书法,诗词亦工。他的著述、奏稿等先后由其门人和孙于准辑成《于山奏牍》7卷,附录1卷和《于清端公政书》8卷行世。此外,于成龙任职直隶和两江期间,曾组织编写了《畿辅通志》46卷、《江南通志》54卷,对整理和保存当地政治、经济、文化资料做出了贡献。

于成龙的廉洁是一种对工作的极端认真,对人民群众的极端负责,他没有自己的利益,只有他出仕时的誓言:"绝不以温饱为志,誓勿昧无理良心"。因此,于成龙是一个精神理想者。不过,他通过努力实现了自己的理想。因此,他的廉洁,他的勤政,并不是为了好看,也不是清谈,而是实实在在地做事。

●李元素查案:坚持公正,你准备好勇气和谋略了吗?

每到一年一度大学生毕业的季节,我就有和很多法学专业的大学生就毕业后如何工作进行交谈的机会。

我是崇尚实践的,对现在完全脱离现实的所谓的"黑暗教育"和"愤青教育"都不敢苟同,但大学生那种视现实"漆黑一团"和"愤世嫉俗"的感觉,在谈话中还是显露无遗。

很自然,我们就谈到了"公正"的命题。

对于"公正",可能是大家都喜欢谈,但很少有人能把它说明白。对于一个法学专业学生来说,依法办事,坚持法治,恐怕是"公正"的应有之义。

话好说,但如何能做到呢?

也就是说,如何能做到公正执法?

对于这个,似乎大家也都有准备,说心存仁德者有之,说法律至上者有之,说不畏强权者有之……

这些我都同意,但我还是要问他们:"你们准备好勇气和谋略了吗?"

他们大感，问："有必要吗？"

我没有正面回答，给他们讲了一个发生在唐朝的坚持"公正"的故事。

唐德宗时，东都，也就是"洛阳的市长"杜亚和"洛阳军区兼警备司令部司令"令狐运有个人恩怨。

这里要讲一下，当时的东都洛阳是全国第二大城市。

这两个人不合的主要原因很简单，就是谁都不愿有个"掣肘"者，更不愿有个和自己分"蛋糕"的。

哎！都是监督和利益这两个东西惹的祸。

按说，两者不合，各做各的，倒也没什么大碍，但杜亚对令狐将军却十分忌恨，视其为眼中钉肉中刺，唯拔之除之而后快。

机会总是眷恋有准备者，虽然这话放在这里不太合适，但还是让杜亚给逮住了一个机会。

这一天，杜亚接到"公安局长"和"财政局长"的报告，说洛阳市城北发生一起重大抢劫案，准备上缴国库的几车绢被拦路抢劫一空。

这还了得，怪罪下来，乌纱帽肯定是保不住的，甚至小命也难保。

杜亚急忙在案发当天召开应急案件分析会。

前面我们讲的那个令狐司令当然要参加，通知发下去，军区那边回信：

"令狐司令今天上午就出去了，还没回来！"

再问，那边回答：

"今天一早，令狐将军就带着十个随从去洛阳北郊拉练、射击（打猎）了。"

在哪里？

"洛阳北郊！"

什么时候？

"今天！"

杜亚脑子转得很快：真是踏破铁鞋无觅处，得来全不费工夫！令狐运,别怪我,只怪你运气差,自己撞到枪口上了!

这么一想,随后下令:

"令狐运以打猎为名,在洛阳北郊活动,有作案时间,有作案条件,且其知道准备上缴国库的绢车的行走路线,有作案动机。因此,难逃干系,有重大嫌疑,现决定对令狐运等十一人停职审查,先行关押。由政府官员穆员、张弘靖审讯。"

众人一听,面面相觑:怎么会呢?令狐大人大小也是一个干部,要风得风,要雨得雨,抢劫那几车破绢干什么?况且,也要人家回来辩解两句吧,这样就定了,也太草率了!

不过,最后还不是一把手说了算?况且,杜亚大人都这样定了,令狐运的脑袋关我们这些小官什么事呢?

因此,大家还是有说有笑地散去了!

不过,这个穆员、张弘靖却是认真的人。经过审查,他们没发现令狐运与此案有什么关系,本来就没什么关系。最主要的是,根本没有查到那批贡绢的下落。

没有证据,不能定案,于是向杜大人汇报销案。

杜亚一听,心想:

简直是两头猪,人都抓了,难道要放?况且放了,他能饶得了我?

"算了,你们该干嘛干嘛去吧,我知道了!"

说完这个话,杜亚立即改派自己的心腹武金去审查。

武金心领神会,知道不能从令狐运处下手,就对他的十个随从刑讯逼供。

你还别说,这些人开始还有点军人风范,但结果打死了一人,这一下成了突破口。

一方面是其他九人和令狐运看到了,知道刑讯逼供也可以打死人的,心中恐惧;另一方面,武金如今已没有了退路,刑讯逼供会更加丧心病狂。

双重压力下,另外九人和令狐运最终也被屈打成招。

证据到手，立即呈报死刑判决到京城，杜大人和武金自然去酒楼喝酒去了！

这边朝廷接到判决，也很慎重，立即派杨宁复查此案。

杨宁也很认真，经过下去反复调查，他发现令狐运的所谓"罪状"明显证据不足，不能定罪，于是写了报告，准备报告皇上。

还没等杨宁赶到长安报告，杜大人得知后十分生气，怎么了，要翻案啊，没门！

立即快马赶到京城，举报杨宁贪赃枉法，欺君罔上。

结果杨宁还没有到朝廷，在半路上就被圣旨给免了，直接回家种地去了。那份关于令狐运无罪的报告当然也就没送上去，即使送上去，唐德宗也不信啊。

史料里没有记载，杨宁贪的什么赃，枉的什么法，如何欺君罔上。但有一点，杨宁这人肯定手脚不干净，或是在洛阳让杜大人给下了套。总之，肯定是杨宁有什么事被杜亚抓住了把柄，要不，唐德宗也不可能这么干脆就治了他的罪！

看来，有些东西好吃难吐。要坚持公正，首先要有抵御一切诱惑的勇气，单靠一腔热血，连自己都搭了进去，杨宁就是这样一个例子。

杨宁案一公布，杜大人更是肆无忌惮，再次补充证据，补救程序，硬是把令狐运案做得像是个绝不可能翻过来的铁案。

也挺难为这位杜大人了，陷害一个人，看来也不是一件容易的事啊！

不过这样一来，唐德宗对此案已是深信不疑，于是准备核准令狐运死刑，而当朝宰相觉得此案疑点很大，请唐德宗再次派人核查。

唐德宗一想，好歹要杀一个"部级干部"，查查也好，于是再派御史李元素、刑部员外郎崔从质、大理司直卢士瞻等前去核查。

这次杜亚也很重视，没有让他们下去查，而是亲自向他们介绍案情。

李元素他们也就将计就计，偷偷去查，这应该是一个中央官员与地方势力斗智斗勇的故事，当时的场面应当十分精彩。

毕竟李元素他们不是来被忽悠的，毕竟假的就是假的，这三位经过长时间调查，查实这是一起冤案。于是一合计，李元素他们直接就把这起冤案的所有在押人犯统统放了。

这招比较绝，先放后奏，给这个杜大人一个措手不及，也避免犯与杨宁同样的错误。

果然，杜亚得知后大惊，又故伎重演。不过，这次他没有向朝廷弹劾李元素他们欺君罔上，而是添油加醋地描写李元素等人如何一意孤行，刚愎自用，放走罪犯，并指出李元素等人完全没有把皇帝老人家当回事。

而且奏报也比李元素走得快，所以当李元素回朝复命的时候，唐德宗正怒气冲冲地思考如何处置他，而李元素还蒙在鼓里！

李元素回京，立即前往宫廷，向唐德宗汇报核查情况，才说到一半，唐德宗已经不耐烦了，说："出去吧！"

李元素一愣，似乎没听清唐德宗的话，他以为唐德宗认为他汇报完了，就说："微臣还没有汇报完呢！"

唐德宗这时大喝一声："出去！"

这次，李元素听清楚了，也听明白了，他更明白发生了什么事。他心想，看来杜亚又走到前面了，得智取不可硬来！

他镇定地顿了顿，正色地说："微臣去核查此案，是职务行为，查完案件就应该汇报，这是工作的职责所在！况且，我知道冤情而不能把话说完，是没有履行职责的表现，哪有脸来再见陛下您老人家呢？"

唐德宗一听，看来不听还不行啊，这样认真履行职责的良吏，似乎应该褒奖，再怎么也要听完汇报吧。这么想着，也觉得自己似乎过分点，于是面色有所缓和。

李元素敏锐地看到这一变化，于是上前详细分析了令狐运案件的证据情况，说明证据不足，而且说明之所以放人，一是有刑讯逼供，二是可以表现皇帝的仁爱之心，说得有理有力有据。

唐德宗心花怒放，感慨地说："要不是你，谁能辨清此案呢！"

于是令狐大人免去了死罪，但由于他还犯有擅自捕人的罪行，被流放

到归州。那个逢迎长官意志的武金则承担了制造冤案的责任，被流放到建州。始作俑者杜亚却没啥事，继续做他的官。

　　一年多以后，那起抢劫案真正的罪犯被人抓获，从而证明了李元素他们复查的正确性。

　　按理说，这起案件要弄清真相并不难，要坚持公正也不难。难的是在杜亚干扰，两次举报弹劾办案人，皇帝发怒并且两次命令"出去"的情况下，李元素既智又勇，终于维护了公正。

　　假如李元素没有据理力争；假如李元素真的就听杜亚汇报，而不去暗查暗访，先斩后奏，那么他就是第二个杨宁！如此看来，要坚持公正，除了尊重法律的理念，还要大智大勇，二者缺一不可！

　　这是一千二百多年前的事了，但即使在今天，公正仍然需要呵护和坚持，而呵护和坚持更需要勇气和谋略，需要社会的磨砺和积淀！

第二篇　法治事件

子产铸鼎：法律的公开及公众期待

在《资治通鉴》中记载了这样一件事。

公元519年，北魏官员缺额已经很少，但应选的人却很多，吏部尚书李韶依照法令选择录用，遭到很多埋怨。

这是一种暗箱操作，领导说了算的方式，即几个领导认为这个人是有才干的，聚在一起商量一下，就任用了。

但这在当时，这事引起了大家的不满。

于是朝廷便另外任命殿中尚书崔亮为吏部尚书。崔亮奏请制定了新的录用标准——以资历长短为录用的唯一条件，即制度规定不管应选者是贤是愚，只以其待选的时间为依据，时间长者优选录用。

这恐怕就是论资排辈的最早记载了，尽管现在来看这仍有些问题，但当时，在制度公开方面还是有进步了。最起码有了这个阳光的政策，让人们有了盼头，知道自己的位置和奋斗的目标。崔亮当时就把自己的这一变革和从前子产铸造青铜刑书来挽救时弊相提并论。

虽然，论资排辈的确造就了一批庸才，成就了一批"不求有功，但求无过"的浑浑噩噩的官场"混混"，但是，论资排辈也有诸多好处。

其一，在中国古代的官场，经验法则有着很大的市场，即

所谓的官油子，而官场上的确需要这样的人；其二，论资排辈给官场的升迁制定了一个法则和规则，就像在食堂打饭，有个排队的制度，总比大家都去挤着争着抢着好些。其三，有个制度，对于这个制度所规范的人来说，就有了一个合理的期待，可以有效维护一种官场上的稳定；另外，论资排辈制度的公开堵住了暗箱操作的后路，使官场的潜规则变成了一个公开的规则。

试想，如果你对排名比你靠前的人不服，完全可以要求"晒"业绩，"晒"资历，可以拿出来"PK"一把，这恐怕就是后来官员政绩产生的依据了。

总之，这个制度至少让老百姓看到了现任官员的资本、能力和社会阅历，总比不知道从哪里就冒出来一个官员要好得多，也对制度和法律规定的实施有着较强的推动作用。由此可见，法律的公开和可预期性是法律实施最为重要的一个环节，一个制度的公开，是对所有人的公平，也是对所有人的尊重，正如当年郑子产铸刑鼎一样。

公元前536年，郑国大夫姬产（子产）把刑法铸到鼎上。有人反对说："禁止人民诉讼，用大义预防，用政治阻止，用礼仪勉励，用信守示范，用仁爱行事，政府官员教化人民，用严厉的处刑使人们畏惧，从而约束自己。而现在把法律铸到鼎上，人民知道了法律，对政府官员不再畏惧，各自引证对自己有利的条文，不是难以治理了吗？"对于反对的声音，子产没有正面回答，只是说："我之所以这样做，是为了拯救人民。"

应该说，当时反对铸刑鼎的说法也有一定道理，他们强调的是法律的神秘和威严，从而用法律来治理人民和国家。但子产看得更深远，他看到的是法律的另一个功能，那就是它应当被自觉遵守。要让人民自觉遵守，首先就应当让人民熟知法律。试想，不熟悉的法律怎么可能被遵守？就如同一个人在盛夏之时，走到河边，并未看到"禁止游泳"的牌子，你怎么可以指望他能自觉遵守不游泳的规定？而让人民熟知法律只有一个渠道，那就是告诉老百姓法律是如何规定的。因此，法律应当是公开的。

另外，子产还强调了一点，那就是：

法律的公开是用来拯救人民的！

尽管这句话有点问题，但它至少说明了：法律是人民的武器，是人民保护自己的武器，也是抗争不平等的武器！更说明了：法律应当属于人民，所以它也应当回归于人民。

一部法律的公开，是一个社会治理观念的变革，在2500多年前，子产公开了法律，郑国走上了强盛之路。

■唐太宗的"诱引取证"与裴矩的"王顾左右而言他"

深夜，重读《资治通鉴》。

放了很久，似乎也忘了许多，看来，读书这事，也要坚持才行。

最近突然对小人书感兴趣，一到书店，就去看那些老版的连环画，看着似乎回到那些美好的童年时光。

前几日，看了几本《兴唐传》，就突然对唐朝有了兴致，于是想看看历史上是怎么记载的，遂又爬进书箱，捞起那套《资治通鉴》来琢磨。

不过，可能是出于法律的独特钟爱，对一些涉及法律的故事，就特别来劲，下面就选几个故事，我们一起看看1300多年前发生的一些事。

我们先看一个关于对待"诱引取证"的故事。

《资治通鉴》卷第一百九十二记有这样一件事：

公元626年，唐太宗李世民即位后，对官吏多有贪赃枉法的情况，十分忧虑。

但话又说回来了，那个时候没有取证的录像设备，也没有什么侦查手段，很多贪赃枉法的事，特别是贿赂犯罪，几乎就是"你知我知，天知地知"，问了，只要"打死我也不说"，就没事。况且，那时只要说了，构成受贿，罪就当死，与其那样死了，还不如咬紧牙关挺过去。当然，我这里不是赞扬那时官员的骨气、义气，而是说，在那时，一般很难抓到受贿犯罪的证据和把柄。

于是，唐太宗虽然有心治理，但也苦于老虎吃天——无以下口。

当然，这事也不能找大臣们商议，定几条"禁令"出来，在那个时候，法律还是很严酷的，尽管是在清明的唐朝。因此，禁令不用出，已经很吓人了。

关键这个事的前提是"下面的官吏多有贪赃枉法"。

这就有点麻烦。大臣在朝堂上一商量，要采取什么措施，那还不全国都知道了。就像现在，很多时候，搞一些大的行动，参与行动的人还没有接到命令，那些可能在行动中的对象早已知晓，做好了防范。

李世民多么"英明神武"啊，这可是《旧唐书》评价的！这点自然逃不过他的法眼。

于是在苦思冥想之后，想出了一条妙计。

说是妙计，实为阴招，他秘密吩咐左右侍从，试着向有关官员去行贿，借以获取证据，以刹此风。

按说，皇帝左右的人，很多官员是认识的，当然抓住的就不多，但也有倒霉的，一个司门令史就收了锦缎一匹。我想，一则可能手已经收惯了，"收惯的手，吃惯的口"，就算是皇帝身边的人，你敢送，我就当然敢收；二则可能的确不知道是皇帝身边的人，那时也没有电视什么的，没见过，吃拿卡要时没留神，就收了。

李世民当然很高兴，一则为自己的聪明招数的成功而沾沾自喜；二则可以借机杀一儆百，整顿吏治，况且现在人赃俱获，于是打算把这个司门令史杀掉。

按说，杀掉一个司门令史对于皇帝来说是小事一桩，把证据交给大理寺、长安府办理就可以了。

不过，这唐太宗要当众展示自己的战绩，表现一下自己妙计的显著成效，于是就在朝堂之上向几个干部炫耀一番。

正当各个干部唯唯诺诺，都担心下一个是不是自己或者手下，而李世民正陶醉其中之时，民部尚书裴矩走上前来，说：

"官员接受贿赂，按法律是应该处死，不过这是陛下您派人去行贿，他才接受的,您这是故意引诱别人犯罪啊,好像不符合孔子说的'用道德引导人,用礼教治理人'(道之以德,齐之以礼)的古训啊!"

说完,他看着李世民。

这里我们要说一下这个裴矩,此人品质有点问题,在隋朝时就是个两面三刀的家伙,司马光后面也说,他是个奸臣。

因此,此话实际是话里有话。首先,他没有给这个史料上没有名字的司门令史说情,他认为这个司门令史该死;其次,他劝告李世民不要再这样做了,否则,像他这个民部尚书,整天和钱财打交道,要么一拨上百万两银子,要么一收上千万两黄金,这里面的猫腻大着呢,万一哪天把持不住,也要上断头台;第三,他建议李世民按孔老夫子的话,开几个廉政教育会议,讲一些礼教道德,让大家自警、自省、自律就可以了,这样皇帝也轻松,底下也轻松。

这番话,从表面上看,是对诱引取证的否定,但是从实际看,是对吏治治理的中庸无为。

按说,这是一个和吏治整顿格格不入的建议,都到处行贿受贿了,还教育什么啊。然而就是这样一个所谓的劝谏,李世民却顾左右而言他,竟十分高兴地召集五品以上文武百官,告诉大家:

"裴矩能面对我,据理力争,不在面上顺从,如果每件事都这样,国家何尝不能治理好呢?"

记载的故事就这样完了。

我感到莫名其妙,因为这简直是个无厘头的故事。

李世民召集大家,是为了如何处理那个司门令史,如何整顿吏治,却因裴矩这个滑头一番话,搞得忘了目的,竟赞扬裴矩的直言了。

司马光先生关于"君圣臣直""君明臣忠"的理论,就更是风马牛不相及了。

我又查了新旧《唐书》,未有此记载。

这个司门令史到底有没有被杀,无从考证,官吏是否从这件事吸取教训,也无从而知,而真正涉及的法律问题——诱引取证的合法性问题,自

然也不了了之。

也许，司马光老先生的笔下，皇帝的英明是要表现的，而一个小小的司门令史，命是否存就无关紧要了，甚至连名字也可以不要了！

■张蕴古案：唐朝"五奏"复核死刑的来历

前面说了两个倒霉蛋，这两个人在史料里都没有名字，现在我要讲的是另一个倒霉蛋，他不光在史料里有名字，而且对唐初死刑慎行制度还做出了巨大的贡献。

不过，说他倒霉，是因为他不像前面那两位一样幸运，而是被唐太宗给砍头了。

说他的贡献，是因为他的血给了唐太宗启示，对后世的死刑复核制度起了很大的推动和校正作用。

这个人是个"大法官"，叫张蕴古。

官不小，按现在的级别看，应该是"副院长级"，至少也是"二级大法官"。

据《资治通鉴》卷一百九十三记载：

公元631年，河南沁阳地区有个叫李好德的人，据说也有点学问，但不知怎么，精神失常了，到处胡说八道。

按说，当地人都知道他有精神病，说一些无厘头的话，不去理他就是了，他说的话大家也权当笑话，哈哈一笑算了，可这位老兄，偏偏说的是一些政治上的事。

要说，现在也有人说些政治笑话，茶余饭后大家调侃一番，乐一乐，谁也不会当真。据说在美国还有专门设计政治笑话的人和机构，甚至有的政治名人还借机炒作，且乐此不疲，也都相安无事！

不过，这在1600多年前专制的唐代，政治是不可以开玩笑的。

唐太宗再清明，也要保住自己屁股下面的宝座。就像我以前的文章说过的，皇帝什么都可以不管，但有一点，当有人盯着自己的椅子，或者可能威胁到自己的位子的时候，那就不客气了！

这个李好德是个精神病，谁也不能指望他收嘴，于是有人只是听听，有人也就传传，大家谁也不会把一个精神病患者的话当真。

不过，还是有好事者就告到了唐太宗那里。

太宗皇帝一听有政治谣言，这还了得！于是就批相关部门示去查查，看是否构成犯罪。

相关领导高度重视，立即派大理寺丞张蕴古专程赴河南调查。

调查结束，张蕴古立即报告：

"李好德这个人有精神病，症状很明显，还有诊断证明，居民作证。按照法律规定，主体不适格，不构成犯罪！"

要说，隋唐法律是相当人性的，不连坐，不灭族，有精神病及其他严重疾病的不构成犯罪，年老的不杀，年幼的不杀，怀孕的不杀等。

如果张蕴古的调查属实，李好德应该不予追究了。

不过，在那个时候法律是随着皇帝的性子来的，他老人家是可以随便定罪杀人的。

张蕴古虽然是从犯罪构成要件去调查的，但的确犯了两点忌讳：其一，他未调查李好德说了什么政治谣言，是否确有其事；其二，他未调查这些谣言的影响力有多大，能否影响到太宗的椅子。而这才是皇帝关心的，有没有病，不是皇帝想知道的。

只要确为政治谣言，就有一定影响，即使有精神病，要灭了你还不容易，即使你行为失常，定一个"妖孽"，也可以烧死你。

因此看来，太宗对张蕴古的调查是不很满意的，但不满意归不满意，并不代表唐太宗不同意他的意见。事实上，太宗认为应当对憨愚者从宽发落，所以决定宽宥李好德。毕竟法不可违，照律科断本来就是太宗所提倡的。

可这个张蕴古却有点犯傻，竟私下里把这个消息告诉了李好德，并和他在监狱中下棋。监察部负责干部调查的治书侍御史权万纪闻听此事，就

向太宗弹劾道：

"张蕴古老家在河南安阳，而李好德的老哥李厚德正好是安阳刺史，张蕴古这样报告，实际是在拍李好德老哥的马屁，放纵李好德，其调查的事实不实！"

权万纪是个爱打小报告，陷害他人的家伙，的确不是个好人，历史有公论。

但唐太宗当时正在厉行法制，于是这段话在那个特殊时期起了作用，唐太宗听到弹劾后大怒，说："我的监狱是用来囚禁犯人的，张蕴古竟然和他在狱中下棋，现在又袒护李好德，是乱我法度。"

这是面上生气的理由，但实际上却还是那个谣言的事。

一是太宗正在纳闷张蕴古怎么不报告政治谣言的内容，这时权万纪说是因为李好德的哥哥是河南安阳刺史，莫非和他有关，故张蕴古知情不报？二是太宗正想知道谣言有无影响力时，却听说张蕴古老家就在河南安阳，而且在李好德哥哥的辖区，张蕴古也不回避，也不报告，莫非这些谣言在河南已经传得很厉害了？

这还了得，好你个张蕴古，欺君瞒上，一时血往上冲，大喝一声："把张蕴古推出去斩了！"

群臣愕然。

倒霉的张蕴古还没听明白权万纪的弹劾，还没准备好答辩词的时候，脑袋已经搬家。

当张蕴古的脑袋送到宫廷时，太宗这才后悔。

太宗这时回想权万纪的话，一是张蕴古应当回避而未回避，但这里回避过于牵强；二是张蕴古的报告有阿谀之嫌，注意这里没用包庇，而是嫌疑。大不了重新派人调查，何以掉脑袋？况且，该问的还没问清楚，就把人家砍头了，也怪可惜的！

于是太宗责怪各位大臣："你们怎么不汇报就给砍头了？"

大伙说："您说的，谁还敢汇报？况且您是死刑最后一道关，说砍头谁还汇报，汇报还不是在您这里审批！"

太宗想想，此话有理，以后还是要注意的，于是下诏说：

"以后，哪怕我定的斩立决，也要三次禀奏、反复汇报才能行刑。"

这一点还是佩服太宗的，错了知道"亡羊补牢"。

后来在当年的十二月，唐太宗又颁诏，详细规定了普通死刑"五奏"规则程序，从而为唐朝少杀慎杀奠定了良好的基础。

只可惜，这条法令是在一个倒霉的张蕴古的尸骨之上建立的！

话又说回来，张蕴古的事给法官心理造成了很大阴影。张蕴古死后的六年间，很多法官还是不敢轻易轻判罪犯和释放罪犯。

直到公元637年，唐太宗了解情况后，要求按法律办事，加上这一年房玄龄修旧律为新法，减轻处罚，这才真正出现了唐王朝司法公平、宽刑慎刑的社会局面。

■唐太宗释放死囚：一场游戏一场帝国梦

这个故事我读了很多遍，总认为这是一场游戏！

故事记载于《资治通鉴》。

公元632年，唐太宗李世民亲自审查复核案件，当然主要是死刑案件。

皇帝亲录，一则说明唐朝时期对人的生命的尊重；二则是皇帝不放心底下这些干活的。但最主要的，恐怕还是这乃一项生杀予夺的大权，绝对不可旁落。因此，历朝历代都有皇帝钦点死囚一说。

好在唐朝时期，全国死囚犯并不多。唐初改革隋朝律法后，减少了很多死刑条文。据记载，贞观初时，有几年，全国的死刑犯还不足百人，怪不得说那时是太平盛世，可见一斑。就是到了公元632年，全国的死囚犯也仅为390人，而需要皇帝亲自审查的也就30多人。

这里要说一下，不是所有的死囚都能有机会到皇帝这里转一圈的，这往往有很多条件限制，不然，要李世民先生一年办300多件案子，而且都是要人家人头的大案要案，的确也太难为他老人家了。

唐太宗在审查案件时，看到应判死刑的这些人面黄肌瘦，很是

可怜。

这点要说说，古代能到皇帝那里钦点的死囚，都是经过了层层审查，受尽了各种刑罚（刑具与体罚，不是现代意义的刑罚）的，而且也被关押了很长时间，加上长途解运，肯定多数都是那个样子。

于是，唐太宗下了一道让全国震惊的圣旨：

已经由皇帝决定执行死刑的全部囚犯，一律放回家，与家人团聚，一年之后的秋天来京城执行死刑。

正当这30多个死囚和满朝文武还没明白怎么回事的时候，唐太宗又下了一道命令，要求把全国的死囚都放回去，来年都到京城，一起开斩！

此令一出，全国哗然！

我想当时肯定有很多人担心得要命：这些死囚可都是一些杀人越货的无耻之徒，一旦放归，岂不天下大乱！而更为关键的是，这个命令没有附条件，没有保障措施。也就是说，没有警察跟着，也没有当地派出所监视，这300多号人，就在家里享受难得的一年的"最后时光"。

我想，尽管历史没有记载，但当时肯定会有大臣去向太宗皇帝进谏："请收回成命，否则国将不国！"可不是，到了宋代，欧阳修老先生再说起此事也认为，这个命令过于草率，考虑得不周全！

但太宗皇帝不是一般的皇帝，他肯定会宽厚地笑笑说：

"没事，翻不了天，不信你们瞧好吧！"

想想也没错，当时全国人口应在四五千万以上，这么区区390号人，能怎么样？况且，按当时的编制，州府以下管理机构就有四级，管理是相当到位的，全国这么多州府衙门，管理一两个死囚，还不是很轻松？另外，还有一个心理问题，这些人都是从地方一路判死刑到的长安，皇帝已经判定他们死刑了，按规矩已经拽着仙鹤的腿西游去了，这突然让他们再享受一下天伦之乐，幸福来得太突然了，恐怕没有多少人去动其他心思。而且，这些人也根本不敢相信，皇帝就这样无条件放他们回家——没有监督，也没有保障。他们个个心里还是惴惴然，走路还得不停回头看看有没有监视的，说不定还自觉地到保长那里去汇报一下情况和思想。况且，中国自古的政策命令，很多都是朝令夕改，哪有个准，能享受一天是一天，指不定哪天皇帝一不高兴，就诏他们回去见皇帝的祖爷爷了。

于是乎，这390个死囚就在家好好地养了一年，太宗皇帝也在皇宫里玩了一年，没有死囚案子办，也很逍遥自在。

而没有死囚的一年，天下依然太平。

以上是贞观六年的事，最初读到这里，我以为，历史记载的秀该作完了，后续也不会有记载，因为很多作秀的事件很多都是如此——虎头蛇尾！

然而在贞观七年，也就是公元633年，有这样的记载：

上一年放回去的全国死囚390人，没有人带领，也没有人监督，都按时从全国各地来到长安，没有一个逃跑或隐藏的。

读到这里，我沉默了许久：这些人不知道是去赴死吗？这些人不知道逃跑吗？在赴死的路上依然如此诚信，如果不是记录的虚假，那就是一种信任。

唐太宗也没有辜负这些人对他的信任，又一道命令：全体赦免！

故事终于有了个完美的结局。

历史没有记载，是赦免这些人的死罪还是又全放回家，但我觉得已经够了。在这个故事里，人性、道德的光芒已经穿透了历史，展示了1300多年前那个盛世的睿智、宽容和大度。

尽管我一直认为这是一个完美的游戏，可能有记载者、有皇帝、有史官，以及民众的参与，但我更愿意相信这是个真的史实！

■唐太宗录囚：人命与天命

在我国古代，有一个司法程序，叫"录囚"，用现在的专业术语说，就是"死刑复核程序"，但这个录囚可不是谁都有权行使的，只有皇帝才可以。具体的程序大致是，刑部或大理寺，相当于现在的最高法院，将一年中各地判决并已经确定的斩立决的死刑犯名单及所犯罪行上报皇上，由

皇上做最后定夺。皇帝录囚的方式有两种，一种是直接去大理寺旁听审判——在审判庭旁边挂个帘子，坐在后面，里面能看见外面，外面看不见里面。或者到监狱去慰问犯人，了解案情；另一种就是翻看卷宗档案。这个用得比较多，成本小。

这种录囚制度在历朝历代均为皇帝所喜爱，因为这样可以显示皇帝的英明。如果同意判死刑，那么就是皇帝英明，为民除害；如果不同意，赦免个别罪犯，那也是皇恩浩荡。因此，这种录囚制度对于封建社会的皇帝可谓是个香饽饽，皇帝们常常乐此不疲，就连大周朝那个动不动就想砍几个人的女皇武则天，也常常会看看判决书。至于清政府那个杀人不眨眼的慈禧太后也有录囚的习惯，当年那个杨乃武和小白菜的奇案，如果没有她老人家的录囚，恐怕早已沉冤史海。

下面我们就说两个关于唐太宗录囚的故事。

第一个是一个关于死囚连坐的案件。

唐太宗贞观年间，同州人房强的弟弟在岷州任统军，即相当于一个军分区司令，因为谋反而被处以死刑。

按照当时的法律，弟弟谋反，哥哥即使分开，互相不可庇荫，连坐是理所当然，而且是死罪。以前还是三族，唐朝初制度还算开明，只有直系近亲才连坐，至于祖孙一代则要么判处徒刑流放，要么没入其他贵族为奴。这个案件，房强连坐也被判死。

太宗录囚的时候看到此案，觉得不妥。想想房强和弟弟隔着千山万水，那时也没有什么手机、电话、视频之类，没有串通的证据，就凭一个连坐，就把人家头给砍了，顿时心生怜悯，于是对大臣们说：

"我本来想建立一个没有刑罚的社会，但如今仍然需要刑典，这是因为风俗教化未能得到很好的实现啊，是我们没有教育好的缘故，和老百姓无关，不是他们的过错，那怎么能因此滥施重刑呢？这更显得君主不德。用刑之道，应当根据情节的轻重加以刑罚。怎么能不审查其缘由而一概加以诛罚呢？这违反了恤刑、慎刑、重视人命的原则。"

接着他又说：

"这谋反啊，有两种情形：一是兴师动众，有谋反之行为的，这样的人的确该杀；二就是言语有所冒犯，容易煽动反叛，这一类就稍微轻一些。这轻重有别，怎可一并而论？况且这样的连坐都是死刑，岂不是草菅人命，让我的心如何能安啊？"

这段话听得让人感动，说实在的，我虽然一直对历史记载中的很多皇帝说的话的真实程度表示质疑，但是从大唐盛世的背景和太宗一贯的言行特点，他说出这么深刻的话，则似乎是在情理之中。

这段话说出了三层含义：

其一，社会之所以要用刑法，是因为社会还未教化好，是道德教育不足的原因，责任在政府，不在老百姓；

其二，对老百姓应当多用德礼之治，而不可滥用重刑，应当恤刑、慎刑、重视人命；

其三，用刑之道，应当罪刑相适应，不可不加区别一概加以诛罚。

说完之后，他还让百官进行讨论。

宰相大人房玄龄立即组织人员调研讨论。这房玄龄是何等人物，这番话都听不懂吗？太宗老人家就是觉得这个连坐制度需要修改，于是几个人一商量，起草了一个唐律修正案，递了上去，文为：

"皇帝悲天悯人，所言极是，按照礼仪，孙子和主人较为亲近，按照法令，祖孙还有庇荫的含义，而兄弟反而没有，但在连坐时，有关联的祖孙反而流放，而没有关联、相对较轻的兄弟却要陪同死去，无论情理礼仪，似乎都有些不妥。因而，应当修改律法规定，祖孙与兄弟连坐的，处以配流。其中，以恶言犯法但是没有造成危害的，犯罪情节较轻，兄弟免死，止于配流。"

什么意思呢？就是说连坐制度中除父子外，其他祖孙、兄弟连坐的，一律判处有期徒刑、没入为奴即可，而如果没有危害、情节较轻者，其兄弟不但免死，而且最多就是徒刑了。

太宗一看，正合我意，于是立即批准了这项修正案。

这起案件在当时并非大案，但唐太宗在录囚的时候，出于对"恤刑"

的考虑，认为房强兄弟不应连坐俱死，并因此发布了一项重要的法律修正案。据说，仅此一项变革，死刑连坐者，除去了一大半，真是当时百姓的一大幸事。

另一个录囚的是一个奇案。

有一年春天，太宗在查阅犯罪档案时发现了一桩奇怪的案子。这里我们要交代一下，唐朝贞观时期，全国死囚不多，太宗当年打仗打惯了，又是一个闲不住的人，于是也会找一些好奇的案卷来看看，这个案子就是其中一个。

据案卷记载，有一个叫刘恭的人，他的脖子上长有一个天然的"胜"字，这人就觉得自己很了不起。

也是，我见过一个手上纹路有点像火的人，已经觉得是个奇人，这人脖子上竟然长着一个"胜"字，那就更加不可思议。我说不可思议，是说这个"胜"字长在脖子上，有点牵强，因为唐朝的胜字应当是繁体，即"勝"，这得多少笔画，还有撇有捺，横竖交叉，长在脖子上，几乎是不可能的，要说在手上，有手纹，还有可能。在脖子上，谁脖子上有那么多纹路？因此，我认为，只有两个可能：一是自己纹上去的，另一种可能就是一个纹路，有点像"胜"而已。从《资治通鉴》的记载来看，也只是说是"胜文"，此文应与"纹"相通才是。

但无论如何，这个人还是比较奇的，要么奇的是胆量，要么奇的是身体，于是大家都称奇。

别人夸不要紧，千万不要自己忘乎所以，一旦忘乎所以，就会大祸临头！

但刘恭这个人显然没有意识到这一点，自己也向人夸耀说：

"瞧见没，上天赐给我一个'胜'字，是说我能胜过天下所有的人啊！"

可谓说着无心，听者有意。一般人听了也就笑笑而已，但地方官吏一听，这还了得！你能胜过天下所有的人，胜过我们也就罢了，连当今英明神武的太宗皇帝也能胜？太猖狂了！这简直就是犯上作乱，企图窥觊圣上的宝座！于是立即拿下，定一个犯上的大罪，关进了牢狱。

一句话就被判入狱，因为犯上之罪，估计判得还不轻。因言获罪，看来太宗那时也有，不过，这个罪尚不至死。因此，估计一般不会引起太宗注意，更不会由太宗录囚。但这里有个玄机，因为这是个犯上的罪名，那判决的人肯定要告知这个"上"，他做了事肯定要皇上知道，他是在维护皇上的声誉与权威。此案定会向太宗汇报，没有哪个官员为上司办事，是偷偷摸摸，默默无闻的，都是唯恐上司不知道。因为拍马如果马不知道，拍就没有了意义和动力，因此拍马应当既要马舒服，还要马知道有人在拍，于是唐太宗就自然而然知道了这个案子。

唐太宗可不是一般人，不好忽悠，因此他觉得很奇怪，就要他们把卷宗抱过来，他要亲自看。

这一看不打紧，太宗觉得这个判决有些离谱，没有什么犯上的行为，只有那么一句自吹自擂的话，应该没有必要判刑。

太宗寻思了一下，就感慨地对办案的人说：

"假若上天安排让他做皇帝，我又怎么能阻止得了呢？如果没有天命，就是他一身都长满了'胜'字又有什么妨害呢？"

这话什么意思呢？就是说天命不可违，人命唯珍贵，恤民之情溢于言表！

大臣们一个个连连称是，于是太宗立即下令将刘恭释放。

■唐太宗南郊谢罪：亦戏亦实难分辨

关于唐太宗释放死囚的事，真假难辨。

该文在《检察日报》刊登后，被凤凰网、新华网、中国经济网等相继转载，但大多数人都相信：那是一种诚信的结果！

这的确让我很欣慰。

因为在大家心中，还有这样的信任，毕竟，我们没有怀疑一切，我们都在向往着一些美好的东西。譬如人与人之间的信任和社会的诚信，法治

与和谐安定。

不过，下面这个故事就更有争议了：是太宗皇帝的喜剧表演，还是一种真实的护法行为？

让我们先看看这个故事，它记载在《资治通鉴》中，发生在公元642年，贞观十六年。

前面我们讲过，自从张蕴古这个倒霉蛋被冤杀后，太宗追悔莫及，当即下旨：死刑要五次汇报才能核准执行。

这一天，大理寺按照此规矩，五次上奏，要判处贪污犯党仁弘死刑。

贪污腐败，是太宗皇帝最痛恨的。

咱前面讲过，他一上台就抓官吏腐败，还搞了个"诱引取证"，不过，那时让那个老奸巨猾的裴矩给忽悠过去了！

现在都十几年了，这次可逮住一个，该杀！

太宗皇帝手持朱笔，正要一挥而就，突然，他扫了一眼罪犯的名字，心突然一颤，手也抖了一下，即将碰到纸的笔顿时停了下来。

是仁弘爱卿啊，且慢！

党仁弘何许人？为何让太宗这样为难？

这得从唐高祖发迹时说起，当年唐高祖李渊发兵入关时，正是隋朝武勇郎将党仁弘率部两千余人，投诚李渊，为李渊夺取长安，立下大功。

在唐太宗李世民东征讨伐王世充时，党仁弘作为后勤部队总管，筹备粮饷，从未间断，保证了前线战争的胜利。后又先后担任过南宁、戎州、广州"军区总司令"。党仁弘颇有才干，所任之处，治理有方，对开发大唐的南疆建树了卓越功绩，唐太宗一向很器重他。

然而眼下，就是这位爱臣，要死在自己的御笔之下。

但我们说过，太宗自上台以来，一直力争做一代明主，要做明主，一个很主要的方面就是要严明法纪。

因此，他一次次提起笔来，但一次次又放下去。

毕竟人心都是肉长的，看着与自己并肩作战的兄弟戎马一生，在暮年之时却要身首异处，不得善终，的确下不了决心。

这里要讲一下党仁弘的罪行：党仁弘是在即将卸任时，大肆敛财一百万。看来，这种"59现象"在唐朝时就有，要退休卸任了，赶紧捞一把，这从一个侧面也看出，吏治腐败是一个复杂的课题，即使在盛世唐朝，政通人和，也有如此现象。

按照唐朝法律，贪赃百万，理应处斩。

唐太宗想到他有功于朝廷，又觉得他是年高之人，不忍把他处死。

按说，自古以来，皇帝权力至高无上，说一不二，要死要活，还不是皇帝一句话？想想前朝的汉晋隋，就是本朝，想想前不久的张蕴古，想想贞观六年的那390个死囚，是完全想得通的。尽管历朝历代都有法律，但法律能约束皇帝吗？生杀予夺，全凭皇帝"圣心独断"，想让一个人活，还不容易？

但太宗一想，不能这么干！

刚刚建立起来十几年的开明政治，不能因此而毁于一旦。朝廷里功臣甚多，一次因私开恩，失信于天下，其祸无穷，恐怕以后残局就很难收拾。

这一点，我还是比较佩服太宗皇帝的。

他显然十分了解"千里长堤，毁于蚁穴"的道理，时刻提醒自己不能自毁政治长城，不像一些人，随心所欲，滥用职权，唯恐自己的权力没有用足用好，根本不考虑后果。

可是，如何处置，的确是个难题！

唐太宗想不出办法，心情烦闷。这时晚饭时间到，侍臣三次给他端上饭菜，他都让端了回去。

一夜未眠，第二日，太宗对来询问案件处置情况的大臣说：

"我昨天看到大理寺第五次要求核准仁弘的请示，考虑到他白发苍苍，到老却落了个身首异处的下场，的确不忍心啊，连晚上吃饭都无法下咽，还撤了桌子。思来想去，想让他保住性命，却找不到法定的理由和酌情情节，今天就只好屈就法律向你们给他求个情！"

皇帝屈尊为一个罪犯向大臣求情，这可谓千古未闻，大理寺的办案人

员也不好坚持什么，就去销了死刑案。

按说此事就这么了了，但太宗皇帝心里一直不踏实。毕竟他自登基以来，赏不避仇怨，罚不阿亲贵，未敢以私害法，而且他曾大张旗鼓宣扬："法，非朕一人之法，乃天下之法。"而赦免党仁弘以后，要不要赦免刘仁弘、周仁弘、马仁弘？如此下去，个人信用没有了，这个法律也无法执行了。不行，得想个办法，使大家知道宽赦仁弘只此一次，下不为例！

想到这里，唐太宗想到了一个自责谢罪的办法。

自责谢罪，在古代有过多次。战国时廉颇负荆请罪，三国时曹操割发代首，诸葛亮自降俸禄，等等。

太宗皇帝一琢磨：我何不仿效古人，自责请罪，求得众臣谅解，维护法律尊严？

贞观十六年阴历腊月初一清晨，唐太宗让侍臣准备好了请罪用的草席、香裱之类，并把朝廷五品以上的官员召集到太极殿前。

大臣们面面相觑，不知太宗这么隆重是要做什么。

只见太宗以特别严肃的表情站在殿前的平台上，以沉重的语调宣布：

"法律，是君王受上天的委托制定的，大家都应遵守，不能因为私情，而让它失去尊严和信用。

"而今，我因为偏私党仁弘，想赦免他，这是一种破坏国法的行为，辜负了上天。现在，我思前想后，知道自己错了，为了检讨反省自己的罪责，我决定从今日起，在长安南郊，睡草席，吃素食，以此谢罪三天，请求上天宽恕。"

大臣们一听，什么？皇帝要"自责"？没听错吧？翻开千年青史，又有几个像当今皇上这样的明君？本来，大家对唐太宗带头守法就很敬佩，对这种有情有义的偏私就很感激，现在听说他老人家要去睡草席，吃蔬菜，还三天，那还了得！在荒郊野外，万一有个三长两短，这样的太平盛世到哪儿去找啊？为了这个大局，皇帝也不能去自责；再说，皇帝哪有过错啊？让谁死，让谁活，本来就是他分内的事，横竖他都对啊，放十个党仁弘都行，十年前他老人家不是一次就放了三百九十人吗？

大臣们几乎是同时跪倒在地磕头，请求太宗收回决定。

房玄龄等老臣离太宗近，边叩头边说：

"决定生死，本来就是皇帝您专有的权力，您现在不过是正常行使罢了，有什么必要这样自责呢？"

这话说得在理，生杀予夺，本来就是皇帝您的特权，只不过，您一直不行使，现在，您自己可是在正常使用，何罪之有？既无罪，何以谢罪？

虽说有理，但太宗坚持要自责，于是大臣们和皇帝僵持起来。

这的确是唐贞观时期的一个奇特政治现象：

大臣可以和皇帝公开地、民主地对峙和评理，而且有时皇帝还怕大臣。像贞观初，魏征故意拖延时间造成太宗鹦鹉死亡的事件、太宗在朝堂敢怒不敢言事件等，都是唐初民主的表现，怪不得那时能成为盛唐，虽然这个时期太过短暂。不过，这也说明了我们还是有点民主传统的。

这样的僵持可苦了文武百官，大家频频叩头，大声论理，就这样，一直僵持到午后，谁也不起身回府。

太宗见大家态度如此坚决，就造了个台阶：

"既然大家不让我去南郊谢罪，那就允许我在这里自责，写个诏书，留个字据，防止以后再犯。"

于是，他降下诏书：

"从党仁弘案件处理上可以看出，我有三条过错：一是知人不明；二是以私乱法；三是善善未赏，恶恶未诛。这几条过错，本应请罪，但大家极力劝谏，我只好依了你们的请求。"

下诏同时，也没忘了处罚那个党仁弘，立即将其免去一切职务，放逐到广西钦州。

仔细看来，这个自责诏书里有三罪：

其一是对下属失察不明；其二因私情损害法律尊严；其三是欣赏善行而没有赏赐，厌恶罪恶而未予处罚。

以上三点，这哪里是分析党仁弘案件的责任，分明是太宗皇帝给大家

又上了一课！

知人而失察，为吏治腐败之根源；损害法律尊严，乃人治社会之顽固诟病；而善善未赏，恶恶未诛，非圣贤之君，又有多少人能做到呢？

这样深刻的"检查"，两千年来，有几人能看得这么深，又有几人敢作出呢？

这件事也许是作戏，也许是真实的故事，但其中太宗护法的精神和自我批评的超远眼光，仍值得深思！

■商鞅：法家巨子的谋反之死

商鞅又称公孙鞅，死于秦嬴驷继位后，突被"诬以谋反"，遂仓猝赶回封地，集结党徒民兵，真的北上反击。然其所组织的队伍，皆为乌合之众，加上他乃一介书生，怎能指挥千军万马？于是一败涂地，党徒如鸟兽散，他也被生擒，以五马分尸处决。

每次读到这一段，我都会感到一种莫名的悲哀。商鞅为什么会死？秦人为什么要他死？而且是车裂，死刑中最残酷的一种。

商鞅是秦强大起来最大的功臣，是秦的恩人，他有什么罪恶？司马迁没有说，司马光没有评论，连柏杨先生也不想谈论，也许他们认为这很正常，因为在那个时代，以谋反而被杀头的忠臣多如牛毛，况且商鞅后来的确还真的去谋反了一下，因此没有什么好评论的。

直到后来柏杨先生在评论贾谊的上书时，才指出："公孙鞅的罪恶在于他轻侮人权和建立绝对专制。除此以外，他的建树可与日月同辉。"我不知道先生说的轻侮人权和建立绝对专制是指什么，但至少在当时那种历史条件下，建立这样的高度集权和对人权的蔑视是历史的必然，也是社会进步的体现。在那时不可能建立一个民主共和国，那只是当时一些名士贵族所建立的食客驿站。因此我倒认为，在这个方面，商鞅是无可厚非的，而且，这样的行为是得到封建地主的绝对拥护的，绝对不会导致他的身死。

直到我看到秦国另一位宰相李斯也以谋反之罪至全族被杀后，我才从《资治通鉴》的描写中似乎看到了商鞅死亡的真正原因。

在《资治通鉴》中描写商鞅"杀人无数，十年宰相，怨恨人日益增多"，而李斯"焚书坑儒"为天下读书人所不齿，他们有个共同点，都是在推动社会进步过程中"招致了过多的怨恨"，当然他们也有一个共同的称呼——法家。

自古法家巨子无好下场！原因盖在于此。

法家之所以会招来怨恨，盖因其以法管事、以律治国，恃严刑峻法，而又执法严明，怨自然而生。另外，法家多为改革家，不循旧制，不畏权贵，常常为了国王的利益去牺牲另一部分地主贵族的利益，而国王毕竟不会长生不老，一旦倒台和驾崩，那些原来牺牲了利益的部分人占了上风，这些积累的怨恨便会变成吞噬法家的"老虎"，法家的下场就可想而知了。因此，法家的历史往往是血迹斑斑、白骨累累！不过，与其他法家不同的是商鞅竟真的"谋反"了，是什么原因？

历史记载是否有误？我们不得而知。

但这种鸡蛋碰石头的游戏，举一隅乌合之众图天下之兵，胜负成败两个小孩都可以预料，即使在电游中小孩都不会玩这种力量悬殊的心跳，商鞅作为这个玩家，的确是够愚蠢的。但商鞅显然并不笨，应该是那些当年他所招来的怨恨让他必须谋反，尽管原因不得而知，但结果是清楚的。

毕竟商鞅是法家巨子，不是兵家才俊，在治理国家的法典海洋里，他是傲视群雄的巨人，而在刀光剑影的疆场上驰骋时，他的命运便注定是个悲剧。

■苏轼"乌台诗案"：完美主义者的悲剧人生

元丰二年，即公元1079年三月，已经43岁的苏东坡由徐州调任太湖之滨的湖州。

已经在官场上摸爬滚打了二十多年的他，显然已经适应了这个现实，在京城待久了，他想远离那个是非之地，于是在杭州作了副职，专管水利、农业和诉讼的事情，后来又辗转密州、徐州，最后到了湖州，做"市长"。

这里咱们得交代一下背景资料：

当年苏轼步入仕途之日，正值王安石变法之时。朝廷上革新派和守旧派两军对峙，斗争激烈。

苏轼是个理想主义者，更是个完美主义者，变法之时，当他看到变法的弊端，人民的疾苦，于是毫不犹豫地站在守旧派的立场上，多次上书神宗，表明自己的反对态度，并请求尽快制止变法。

然而正在变法劲头上的神宗，哪里听得进去，于是把苏轼好生批评了一通。苏轼一看请求未果，于是希望离开政治斗争的旋涡，故上书请求外任。下去之后，他极力建设自己的"理想王国"，每到一地，兴修水利，鼓励农耕，忙得不亦乐乎。同时，他针对新法推行中出现的问题，写了一些讥讽新法的诗文，由于他当时是文坛领袖，又有众多估计应该叫"轼粉""坡丝"的追随者，于是很多诗文便被人传唱吟咏，有的就传到了京城，传到了一些平时就对苏先生看不顺眼的人耳朵里，引起了这些人的嫉恨。

一旦被别人嫉恨就会惹麻烦，况且还是一帮小人。

于是灾难就降临了，而且还很突然。

原因很简单，竟起于东坡先生的一次正常演讲。

这年，东坡先生到湖州赴任，按规矩要做一个就职演说，和现在差不多，无非就是感谢组织，感谢领导信任，委以重任，我一定好好干，不辜负你们的厚望等之类的，就是那种"八股"文章，说完了，谁也记不住，谁也不会细究的。

东坡先生的《湖州谢上表》，也是先略叙自己过去无政绩可言，后承蒙皇恩浩荡，委以重任，以示谢意。按说，这样就完了。但他似乎言犹未尽，加了几句牢骚话：

"陛下知其愚不适时，难以追陪新进；察其老不生事，或能牧养小民。"

什么意思呢？翻译过来就是：皇上知道我这个人比较愚笨，不合时宜，难以跟上"新进"，也就是变革派的思路和步伐，不过了解到我这个人不喜欢惹是生非，想想还是让我管管老百姓不错。要说，这几句话算牢骚也说得过去，也没有什么过分的地方。

然而，古代文人因为客观环境使然，总是习惯于在遣词造句上表现得十分微妙，而读者也养成一种习惯，本能地寻求字里行间的含义。

结果，御史台里的"新进"们就如获至宝，在这几句话上大做文章。

六月，监察部里的何大正等人摘引该句话中的"新进""生事"等语上奏，给苏轼扣上"愚弄朝廷，妄自尊大"的帽子。

虽然罪名是罗织好了，但涉及一个地方大员，随便定罪也是不妥的，证据显然有点单薄，于是，御史台立即派人四处搜集证据。偏偏凑巧，当时出版了《元丰续添苏子瞻学士钱塘集》，这可给御史台的新人提供了收集材料的机会。监察御史台里行舒亶经过四个月的潜心钻研，终于从中找了几首苏轼的诗，进行加工引申之后，就都成了罪证：

"至于包藏祸心，怨望其上，讪渎谩骂，而无复人臣之节者，未有如轼也。盖陛下发钱以本业贫民，则曰'赢得儿童语音好，一年强半在城中'；陛下明法以课试郡吏，则曰'读书万卷不读律，致君尧舜知无术'；陛下兴水利，则曰'东海若知明主意，应教斥卤（盐碱地）变桑田'；陛下谨盐禁，则曰'岂是闻韶解忘味，尔来三月食无盐'；其他触物即事，应口所言，无一不以讥谤为主。"

这里指控苏轼对皇上怨恨，肆意讽刺谩骂，已经到了不做人臣的地步，也就是说，东坡先生明显是要反对朝廷。

这在当时可是死罪啊，这些人真够狠的！

再看看他们举的例子，"赢得"两句及"岂是"两句出自《山村五绝》；"东海"两句出自《八月十五日看潮》；"读书"两句出自《戏子由》。尽管都是一些诗文，但经他们断章取义一加工，便成了讽刺皇上

"颁布青苗法,举行课试,实施盐法、水利"等举措的证据,并且句句上纲上线。

为了能致苏轼于死地,国子监考试院博士李宜之、御史中丞李定前脚后脚杀到,他们历数苏轼的罪行,声称必须因其无礼于朝廷而斩首。

李定不但控告苏轼,还对苏轼的量刑也发表了意见,这简直有点像现在的一些"无聊之士",案子尚未审判,就说应该判什么罪,处什么刑,而且言之凿凿,一副小人得志的劲头。

这个李大人就是这样的人,不过,他显然不仅仅是为了博取一个出头出位的名分,他和苏轼还真有点过节。

当年,封建王朝为了展示其儒家孝道,规定:凡是其父母去世,都应当罢官回家守孝三年,以示孝义。这个制度在宋朝最为提倡。而这个李定为了保住官位,竟然隐瞒父丧,司马光是个十分崇古的人,于是在事后得知此事,训斥其为"禽兽不如"的家伙,苏轼当时也讥讽他为"不孝之子"。

就为这事,李定一直怀恨在心,伺机报复。这次可让他逮住了一个机会,他岂肯罢休?于是他经过仔细斟酌,真的还煞有介事地给神宗举了四项理由说明为什么应当处苏轼极刑。

他说:"苏轼初无学术,滥得时名,偶中异科,遂叨儒馆。"意思是说苏轼本来就是一个浪得虚名的家伙,偶尔考中进士,混进来捣乱。接着他说,苏轼急于获得高位,在心中不满之下,乃讥讪权要。再次,皇帝对他宽容已久,冀其改过自新,但是苏轼拒不从命。最后,虽然苏轼所写诗之荒谬浅薄,但对国人影响甚大,影响极坏。

总结一下,就是这样几句话:"苏轼主观恶性极深,藐视朝廷,大不敬,而且社会影响极坏。"真是如此,苏轼的命真难保啊!

呜呼,在北宋时期,朝政是宽松了许多,于是总有一些清谈之士把心思都用在了这些方面。唉!怪不得好端端的一个大宋江山就很快葬送了半壁!

虽然这些人都要苏轼死,但神宗皇帝也是有点学问的,对苏轼有没有才,是不是反叛朝廷,他心里还是有数的,因此压根就没打算杀苏轼。我们前面说过,对于任何一个封建王朝的皇帝来说,只要你不窥觊他的椅子,惦记着他的位子,再怎么蹦哒都没事。

神宗也是如此,本来不想管这个事,但见大家热火朝天地上书,也想折腾一下这个桀骜不驯、恃才傲物、而且很有点名气的大学士。就让太常博士,也就是太常寺掌管祭祀之事的官员皇甫遵,带队去把苏轼给带回京城。

没有不透风的墙,况且此事在京城闹得已经沸沸扬扬了,于是京城很多小道消息都传开了:皇上要抓苏轼处死。

皇上要处死一个官员是无需审判的!

这消息也传进了京城许多苏轼粉丝的耳朵里,其中就有一个苏轼的好友王诜。要说,这个事和他有点关系,他是京城的一个"出版商",就是他印了那本惹祸的诗集。

听到这个消息,王诜赶紧派人去给在南部做官的苏轼的弟弟苏辙送信。苏辙不敢耽搁,立刻派人去告诉苏轼,尽管朝廷派出的皇差也同时出发,但苏辙的人先到。

苏轼知道消息,决定先躲锋芒,于是立即请假,决定由"副市长"代行"市长"之职。等到皇差皇甫遵到时,看到政府的人乱作一团,也没人迎接,也没人搭理,"副市长"也手足无措。

见此情景,皇甫大人就让"副市长"去找苏轼,并说不是抓人。

于是苏轼这才穿上官衣官靴,面见皇甫遵。

一见面,苏轼首先发话:"我知道我得罪了朝廷里的人,是必死无疑了。我死不足惜,只是请能让我回家和家人诀别。"

皇甫遵却淡淡一笑道:"没有那么严重,请苏大人看公文便知。"

于是命令士兵打开公文,苏轼一看,原来只是份普通公文,只免去苏轼的太守官位,传唤进京而已,并立即启程。

县志记载启程之日,尽管苏轼笑着和大家告别,但老百姓都泪如雨下。

事实上，看到那个公文的时候，苏轼心里就跟明镜似的，知道此行凶多吉少。在途经扬州江面和太湖时，他甚至想跳水自杀，但他转念一想，怕自己的案子会牵连好多朋友，而且要是真跳了水，又会给弟弟招致麻烦。

可一到京城，情况就大不一样了。

"只是回京"的说法马上变成了"逮捕"，并很快被送进乌台的监狱。

这乌台指的是御史台，由于汉代时御史台外柏树上有很多乌鸦，所以人称御史台为乌台，似有贬低之意。

关押两天之后，苏轼被正式提讯。

按照审讯的规矩，先是查他的基本情况。

苏轼于是先报上年龄、世系、籍贯、科举考中的年月，再叙历任的官职和由他推荐为官的人。

然后，是否存在前科？

他说，自为官始，他曾有两次记过记录：

一次是在凤祥任"副县长"时，因与"县长"不和，未出席秋季官方仪典，被罚红铜八斤；

另一次是在杭州任"副市长"时，因底下一个官吏挪用公款，他未报呈，也被罚红铜八斤。

苏轼还真是诚实，实际上人家监察部哪里喜欢听他捣鼓这些，于是"监察部"的人急了，直奔主题：

"别的先不说，就说你那几首诗是啥意思吧？"

"哪几首？"

不错，苏轼写了多少首诗词，恐怕连他自己都记不清楚了！

于是"监察部"的人也顾不得讯问纪律了，呵斥道：

"你在游杭州附近村庄所作的《山村五绝》里'赢得儿童语音好，一年强半在城中'是不是讽刺《青苗法》的？'岂是闻韶解忘味，迩来三月食无盐'是不是讽刺《盐法》的？"

苏轼一听，哈哈大笑：

"原来如此啊！是又怎么样？我对皇上都直陈《青苗法》《盐法》的弊端，还在乎在诗歌中讽刺吗？"

浪漫的完美主义者，似乎并不知道政治的嗜血与残酷。

"监察部"一帮人一听大喜，继续审问他《八月十五日看潮》里"东海若知明主意，应教斥卤变桑田"两句的用意，是否也是"讽刺朝廷水利之难成"；《戏子由》诗是否有违抗"朝廷新兴律"的主旨？

对这些诱供和逼供，东坡先生都是一一应对，对大部分指控，都光明磊落地坦承批评新政。

审讯持续了一个多月，监察部从四面八方抄获苏轼寄赠他人的大量诗词，开始罗织苏轼攻击新法的罪名。

在"监察部"的"不懈努力"下，苏轼的"罪名"终于成立，但当最后总结时，他们才发现：新法已废，凭此罪名根本就不能判苏轼重刑。

于是"监察部"又找别的证据，比如诽谤朝廷，比如对皇上大不敬，结果却碰了不少"钉子"，这里有一个故事可见一斑。

苏轼有首《王复秀才所居双桧（之二）》："凛然相对敢相欺，直干凌云未要奇。根到九泉无曲处，世间惟有蛰龙知。"

这本是一首借物抒怀的咏物诗，作者是想以此说明自己有桧树一样挺拔不屈的品格。何、舒等人则借此大做文章，指控这首诗有不臣之意。

他们向神宗诬告道：

"陛下飞龙在天，轼以为不知己，而求之地下之蛰龙，非不臣而何？"

什么意思呢？是说，皇上你是飞龙在天，而苏轼竟然认为你不知他，而求地下的蛰龙，这不是要另立天子吗？

神宗冷静地回答：

"诗人之词，安可如此论？彼自咏桧，何预朕事？"

意思是："诗人的话，不懂不要乱说，他在赞美桧树，和我有何相干？"让这些人碰了一个不软不硬的钉子。

不久，监狱管理人员无事，询问苏轼咏桧一事，想看怎么回答，苏轼微笑道："王安石诗'天下苍生望霖雨，不知龙向此中蟠'，此龙是也。"

是说这条龙和王安石的"蟠龙"一样啊!

这一妙答,引来狱管人员会心而笑:那些自称拥护王安石变法的人,连王安石说过"蟠龙"也忘记了,只知苏轼有蛰龙,不知王安石也有蟠龙啊。

"监察部"看看审判也只能如此,遂整理材料交与神宗定夺。

而此时,乌台诗案在朝野已引起了强烈的反响。

远在湖州、杭州的老百姓焚香念佛,为苏轼祈祷平安;曾任参知政事、此时已经隐退的张方平愤然草拟奏章,劝神宗爱惜"天下奇才"。

宰相吴充对神宗说:"陛下以尧、舜为法,薄魏武固宜。然魏武猜忌如此,犹能容祢衡,陛下不能容一苏轼何也?"

曹太后说:"昔仁宗策贤良,归喜曰:'吾今又为子孙得太平宰相两人。'盖轼、辙也。今杀之可乎?"

退居金陵的王安石也上书神宗皇帝说:"安有圣世而杀才士者乎?"

在等待最后判决的时候,苏轼的儿子苏迈每天去监狱给他送饭。由于父子不能见面,所以早在暗中约好:平时只送蔬菜和肉食,如果有死刑判决的坏消息,就改送鱼,以便心里早做准备。

一日,苏迈因银钱用尽,需出京去借,便将为苏轼送饭一事委托朋友代劳,却忘记告诉朋友暗中约定之事。偏巧那个朋友那天送饭时,给苏轼送去了一条熏鱼。苏轼一见大惊,以为自己大限临头,便以极度悲伤之心,为弟苏辙写下诀别诗两首:

其一:"圣主如天万物春,小臣愚暗自亡身。百年未满先偿债,十口无归更累人。是处青山可埋骨,他年夜雨独伤神。与君世世为兄弟,更结来生未了因。"

其二:"柏台霜气夜凄凄,风动琅珰月向低。梦绕云山心似鹿,魂飞汤火命如鸡。额中犀角真君子,身后牛衣愧老妻。百岁神游定何处?桐乡应在浙江西。"

诗作完成后,狱吏按照规矩,将诗篇呈交神宗皇帝。

宋神宗本就欣赏苏轼的才华,并没有将其处死的意思,只是想借此挫挫苏轼的锐气。读到苏轼的这两首绝命诗，感动之余，也不禁为如此才华所折服。再也不顾什么新政旧党，遂下令对苏轼从轻发落，贬其为黄州团练副使。

元丰三年，公元1080年二月，轰动一时的"乌台诗案"就此销结，而苏轼的这两首"绝命诗"也广为流传开来。

苏轼因"乌台诗案"贬谪黄州（今湖北黄冈）团练副使，无"签单权"，精神寂寞，穷困潦倒。第三年四月，苏轼撰诗并书《寒食帖》，发人生之叹，写苍凉之情，表惆怅孤独之怀，通篇书法起伏跌宕，光异彩，势奔放，无荒率笔，被称"天下第三行书"，墨迹素笺本，现藏我国台湾地区故宫博物院。

130天的监狱生活结束后，苏轼又获得了自由。当他一路跌跌撞撞、狼狈不堪地抵达黄州，住进一所破庙之时，其人生和作品也有了大的转折。

虽然有一段时间官至翰林学士、侍读学士、礼部尚书等职，但其作品中却少有致君尧舜的豪放超逸，相反却越来越转向大自然、转向人生体悟。然而，他那种追求完美主义，正直豁达的性格却一直没变，当一次次出现人生政治危机的时候，他总是能坦然面对，悠然自乐。

晚年一路南贬，谪居惠州儋州，其淡泊旷达的心境就更加显露出来，一承黄州时期作品的风格，收敛平生心，我运物自闲，以达豁然恬淡之境。

大赦北还，东坡先生已是贫病交加，经常州时终于倒下，从而结束了一代旷世奇才的政治悲剧生涯。

■唐玄宗的"人事便条"：治理吏治腐败中的君与臣

现如今，我们对社会上个别领导的"人事条子"很反感，而这些也让一些庸才堂而皇之地进入政坛，或"站着茅坑不拉屎"，或胡作非为，祸害百姓。

这样的事，自古就有，但不同的人处理问题的方式就各不相同了。

唐朝就有三个例子，司马光先生把它们放在一起，仔细揣摩一下，很是玩味！

唐开元七年，公元720年，正是玄宗李隆基说一不二的时候。

天下太平，当时也是没什么事干，玄宗有一天想起一件事。

当年自己在做亲王的时候，有一个小兄弟王仁琛和自己不错，鞍前马后跑得不亦乐乎，估计"马仔"一词就是这个意思。现在自己做了皇帝，"苟富贵，勿相忘"，咱是个重恩情的人，一定得提拔他，遂让底下人去查。

哦，这人现在在陕西岐山做个"县长"，七品处级。

玄宗李隆基心想，官太小了，虽然水平差点，学历低点，至少也得搞个五品厅级吧，也不枉人家跟班几年。

这么想着，就把"组织部"的人喊来，自己手书一便条：

"擢升王仁琛为五品。"

"组织部"看到是皇上的手谕，还有什么说的？虽说当个官不容易，但还真不缺官位，就立即照办。但在发布任命前，"组织部"征求"纪委监察部门"的意见，这和现在的情形还真差不多，如此看来，唐代的升官制度还是比较健全的。

李隆基的"便条"交到了相关部门，宋璟赶忙跑到李隆基那里说道：

"皇上身边的人，要提拔重用，升官升职，这是有法律规定的，不是不公道。"

这话什么意思呢？就是说，领导的秘书、司机、跟班小兄弟，下去当个官，挂个职，这些都是惯例，大家都没觉得不公道，那么皇帝您就没必要写条子了！

玄宗一听：嗯，不错，还挺会说话。心想，那就照办吧！

宋书记接着说了：

"这个王仁琛县长，我知道，当初提拔他做县长的时候，已经考虑了他是您的老部下，已经是破格了，要不，他那个文凭和办事水平怎么能做处级？现在，您要求再提拔到厅级，这可是再次破格了。这样就会显示出他与其他官员不一样；况且，我查过了，他还沾点皇后的亲戚，这样，就无法杜绝舆论的压力了。"

宋璟这样跟皇帝说话，简直是不谙宦海之术啊！

至于是皇后什么拐弯亲戚，那就更不怕了，大不了辟谣，就说："绝对其家世代农民，只有一个亲戚，也仅为小公务员。"

显然，那时我们的唐帝国还是很尊重民意的。玄宗一听，皱起眉来，心想：怎么，你不同意我提拔人？可我已经写了条子。

宋璟看出玄宗的心思，于是找了个台阶说：

"我有个建议，把这个手谕给'人事部'拿去，让他们先考核，如果考核没有过失，按规定应当留任的，可以按照资历稍微优待，享受个待遇什么的，再按规定呈报。这样既没有闲言碎语，也解决了问题。"

玄宗一听，心想只好如此，就说：

"你看着办吧！"

于是玄宗的"人事便条"就这样处理了。

这个大领导的批条最终交给"人事部"审查了，结果大家自然都想得到。据记载，这个王仁琛最终也没做成厅级干部，但李隆基的亲笔条子却保存在了"人事部"的档案里，这的确让人诧异！大领导的便条如此命运，那么下面这个小领导的"条子"就更可想而知了。

李隆基的老哥李成器想给自己的部下安排一个小官，就写了个条子。按说，这就是一个人事安排建议，玄宗不同意也就算了，或私下交给有关部门处理。但他却把这个条子交给文武大臣公开讨论，结果自然被毙掉了，还是与宋璟几乎同样的理由。有了这些领导的示范，在当时有效地堵截了这些条子的泛滥，杜绝了官场腐败盛行的可能性。

哪个人没有个六亲九戚，没有个亲朋好友？特别是做官了，有权的，这样的亲戚朋友就更显得多了。因此关系条子就难免了，别人的条子可以排斥，自己的亲朋该如何处理呢？下面我们就来看看宋璟是如何对待自己

亲戚的一张"人事条子"的。

选人，我们前面说过，"候选人"就是一些已经具备资格当官，但因为没有职位，只有等待，也就像现在的后备干部。

当时有个后备干部叫宋元超的，候补了很多年，都没候补上。

可能年纪大了，候补的期限也过了，这老兄急了。

人一急，什么都干得出来，他直接跑到"人事部：去，说：

"我是宋璟的叔叔，看能不能照顾一下，延长一下期限，优先考虑一下？"

"人事部"一听，这得汇报后再说吧。

这就汇报到了"部长"那里，"部长"听说是宋璟的亲戚，那要给宋璟打声招呼吧。宋璟二话不说，立即发一份正式文件给"人事部"，大概内容是：

"这个宋元超，的确是我宋璟的三堂叔，由于他经常居住在洛阳，我们很少见面。我发这份文件的意思是，既不敢因为他是我的尊长而隐瞒不报，也不想因为我的私人关系而影响到公事。以前他不说是我的叔叔，因为有法律规定，他无须说出，现在他为了破坏法律，而说出这种话，显然是错误的，必须纠正，请你们按规定除去他的资格。"

谁没有个三亲六故的，哪个当官的不会遇到这样的事情？尽管宋璟用文件来说明有点小题大做，但宋璟以身作则的行为，似乎在当时浑浊的官场中吹起了一股清新的风。

王仁琛是否被提拔，宋元超是否被除名，我们已经不在意，但这一个便条和一份文件，却是流传千古的吏政佳话。

开元盛世初期，有宋璟这样的坚持原则和玄宗这样的从善如流，因此，那个时期吏治还是基本清明的。

■杨汪案："咎陶作士，法在必行"与复仇英雄主义

前几天，在网上和几个好友谈论报复性司法和恢复性司法的问题。

这个问题似乎根本谈不清，完全是一个理念和选择的问题。

任何选择都是问题！

从网友谈论的字里行间，我感到了一种可怕的思想像阴霾笼罩着网络，并不断蔓延伸展：

复仇！

把报复性司法归结为复仇是不准确的，但是这些人对于马加爵的同情，对杨佳的同情，似乎超越了公平和正义，是一种典型的复仇英雄主义。

有网友说当年杀害同窗的马加爵是因被歧视而行凶，杨佳是因为被迫害而行凶，两者都是"于情可恕"。

只是因为歧视就要付出生命的代价，只是因为一个不公平的待遇就要滥杀无辜，这样的价值观是一种典型的无法律论。

我不好太多指责这些所谓的后现代法学学生。

我只是浅浅地问道：

"你们可是学法律的？"

实际上我是知道的，根本不需要他们给我答案，我只是提醒他们：

要成为一个法律人，最需要的是对法律的尊重和敬仰！

对法律的尊重，就是对整个社会秩序的维护。

藐视法律、不尊重规则的人有何资格谈论法律和正义？就像一个无神论者在教堂告诉大家应该相信上帝一样虚伪和丑陋。

对此我不想过多评论，我不愿也不想评论一些貌似寻求正义而实际虚伪的东西。

就说一个唐朝的故事吧！

公元732年，唐玄宗开元十九年腊月，当时任四川西昌"军区司令"（嵩州都督）的张审素被人诬告贪赃枉法，李隆基就派御史杨汪前往当地调查。

这点玄宗比他老爹和他爷爷奶奶都强，不会不调查就把被诬告者给砍头了。

张审素这个人在当地很有威望，认为"浊者自浊，清者自清"，没有在意这个事，但他的部下就不同了，他们长期在边远山区，以为还像当年武则天那时一样，来个御史，肯定不是杀头就是流放，可张审素人很好啊，要是被杀或流放，大家都不服气。

于是几个人就商量，怎样为他打抱不平。

从这点可以看出，周兴、来俊臣等人给"监察部"抹黑的程度之深，让这个部门背了这么多年的黑锅。

大家商量来商量去，也没有什么好主意。也是，人家来调查，还没来呢，你们急什么？就是想帮张大人的忙，也是没处下手啊！

有个总管叫董元礼，他一看，心想，都一群废物！看我的！然后就背着张审素，偷偷领着自己的部下七百人，在杨汪来西昌的半路上，把杨汪给截住了。

从后来的分析看，这个董元礼是一个百分之百的粗汉。

他用七百人围住杨汪，不由分说，就把那个诬告者当场给剁了！

然后，还对杨汪说：

"老子不知道什么调查不调查，就知道张大人是个好人、好官，你现在就给朝廷写报告，给张大人多美言几句，这样，你今天就可以活命，否则，老子现在就让你死。"

劫持和威胁朝廷钦差已经是死罪了，还自报家门，说出张大人，这真是一个十足的"莽人"！怎么想的就怎么说，怎么说的就怎么做！笨到了极点，也憨厚、可爱到了极点。

当然，这样的笨人最终没有让他笨到底！

因为他不想也不敢杀杨汪，他的目的是为了张审素不受处罚，而杨汪开始肯定不干，所以就僵持着。

但这个董元礼却好心办坏事，帮了倒忙，害了张大人。

很快，钦差被劫持的消息传到附近的军区。

于是后面的结果就很尴尬：

临近军区派来了救兵，杨汪被救出，那个蠢笨的董元礼也被击杀，陪他一起被当作劫匪杀死的还有那七百名士兵。

董元礼死了，杨汪毫发未损，但杨汪没有善罢甘休。你想啊，我是谁啊，大小是京官、钦差，来到西昌，是来调查你张审素的，你不好吃好喝招待也就算了，竟然派几个小毛贼来劫持我，还当我的面把告状的给杀了，太没把我放在眼里了，太过分了！让我说你的好话，没门！你让老子不舒服，我让你灭门，不然怎么知道"马王爷长三只眼"！

这么一想，就横下一条心，干点大的！

张审素那里不去了，直接回到朝廷，上疏把张审素路上如何指使下属劫持钦差的事添油加醋描述一番，最后报告张审素谋反。

这个杨汪的确够狠，都督谋反，那可是灭门灭族的罪啊，比贪赃枉法厉害多了！

既已调查，又有救兵可以作证，就是铁案了。因为本来就是去调查，这种调查报告还有谁能翻得了？但谋反没有行为，于是很快朝廷就定性为叛变，这就是一个人的事了，于是判决张审素死刑，家里成年人一律斩首，年幼的一律流放，没收财产。

可怜的张审素，还在等着钦差来调查自己贪赃枉法的事呢，突然听说调查人员回京了，正在了解怎么回事，忽然几天后，有报钦差到，他慌忙前来迎接，谁知圣旨一读，不容申辩，就和家人被绑赴杀场了，两个儿子张瑝、张琇因未满十六岁得以幸免，流放岭南。实在是个冤大头！

常言道："白日不做亏心事，半夜敲门心不惊！"看到这个结局，这杨大人也知道自己做了亏心事，整天提心吊胆，感到十分恐惧，因怕这两个孩子将来报复，于是连名字也改为杨万顷。

但功夫不负有心人，公元735年，就是四年之后的开元二十三年，这两个二十多岁的小伙子从流放地逃回，还是找到了杨万顷，也就是当年的杨汪。

两兄弟在洛阳手起斧落，结果了战战兢兢度日如年的杨大人。

杀了仇人，两兄弟在快意过后，也做了一件很傻但很伟大的事：

他们在凶器斧头上绑了一个奏章，为其父鸣屈喊冤，希望平反，并把

它留在现场。

不错，足见"虎父无犬子"，张大人这两个儿子的确够胆，也的确光明磊落！

案子不用侦查就破了！

两兄弟也供认不讳！

案件很快就轰动洛阳全城，舆论一致同情张氏兄弟，老百姓都说这两兄弟是孝子，为父仇敢挺身而出，精神可嘉！

仔细看唐史，发现那时的政治对老百姓竟十分开放和民主，舆论监督也很厉害！

于是中书令张九龄就来找唐玄宗，说：

"民意如此，应该赦免张氏兄弟啊！"

可侍中裴耀卿、同中书门下三品李林甫坚决反对，认为如果宽大，将会破坏法律。

大家，都知道李林甫是唐朝第一大奸臣，但那时似乎还不坏，毕竟一个人变坏要很多条件和环境，那时李林甫还没有大权在握，还不敢造次。

唐玄宗李隆基和自己的祖爷爷李世民一样，也是少有的英明神武的皇帝之一，他仔细倾听了双方的理由和意见，考虑了很久，觉得裴耀卿、李林甫意见合理，但他没有直接下圣旨，而是先找到张九龄，做思想工作：

"张爱卿啊，你们的心情我是理解的，民意我也知道，这种孝子，敢于舍生取义，实在可赞。但是对杀人者进行赦免，这样的榜样可不能树立啊！"

张九龄是个明白人，就点点头。

李隆基一看张九龄的工作做通了，于是专门下敕对全国的老百姓解释道：

"国家颁布法律，就是为了保护百姓，长久施行。如果都坚持做这样的孝子，而又可以免死，那谁不愿意做这样的孝子？这样一来，辗转复仇，冤冤相报何时了啊！当年皋陶做法官时，法律都必须要实施。纵然是有名的学者曾参杀人，也不可饶恕啊！此案就交给河南府，把两个凶犯乱棍打死吧。"

尽管这个"判前说理答疑"长期遭到非议，但仔细想来，唐玄宗似乎站的高度更高些，眼光更远些。法律的作用、不尊重法律的后果、以及法律执行的严肃性，都似乎说明了那时人们对法律的敬畏和尊崇。

而后来的事也体现了朝廷对民意的宽容。

两兄弟被处死后，官民自发为其举行纪念活动，并到处张贴纪念文章。为了不被杨万顷后人挖坟掘墓，大家捐款为其建造了许多墓地，作为疑冢。

这些，朝廷看在眼里，却并不阻拦。

正是唐王朝在开元时期对法律的严格执行，国民对法律无限敬仰和遵守，国家在法律的治理下才能够井然有序，老百姓在法律的保护下才能够安居乐业，违法犯罪大幅度减少，造就了近二十年"夜不闭户，路不拾遗"的太平景象。

据史料载：开元十八年，即公元730年，全国执行死刑人数仅为24人。

开元二十五年，公元737年，大理少卿徐峤报告：

"本年度全国执行死刑58人，大理寺的监狱因为长期没有多少人关押，连那里的树上都筑起了鹊巢。"

……

法在必行，拒绝复仇，非但没有造成滥杀和恐怖，却成就了太平盛世，这的确值得现代人深思。

■王可久案平反：揭法律伤疤的艰难历程

上访，是一个让法律人很尴尬的命题。

前几日，到一个法院考察，看到进门处有个老妇，坐在门卫室边上，烈日当空，她拿着一张写着大大"冤"字的纸，门口的法警正在给她送矿泉水和撑一把遮阳伞。

在国家机关见到类似情况，对我这个经常接触信访人员的人来说，是

司空见惯的，但见此情景，还是很奇怪。于是就在座谈的空隙，婉转地问到这个问题。

说实在的，对于这个问题，都很敏感，很尴尬，当事法院都不愿提及，但他们还是回答了我，也许出于真诚，也许出于无奈。

他们说，这是一个基层的案件，一审、二审、再审都走完了，于是她就上访。最高法院也驳回了，该讲的道理都讲了，但她还是觉得冤，他们法院也觉得她有点冤，但法律就那样定的，没有证据啊！

她几乎每天都来，但她也不进来，法院只好给她送水，下雨遮雨，太阳晒就给她遮阳了。

这可能是很多法院都会遇到的问题：冤案如何平反，上访如何对待。

这让我想起唐朝一个冤案平反的前前后后，记载在《新唐书》中。

唐末懿宗咸通年间，河南洛阳有个叫王可久的商人，常年在长江和洞庭湖流域贩卖茶叶，经常赚很多钱回来。

公元868年，咸通九年，他又带着钱出去做生意，回来时走到徐州，正遇上庞勋造反。

庞勋是徐州人，在广西桂林开始起兵的，不知怎么竟打到徐州老家了，估计是"空降"，要不然，早在半路上就给灭了，可能是潜回老家，突然又起兵，史事不详，我们不做探讨。

这个王可久老板可倒霉了，而且正如他的名字一样，从此时可倒霉久了去了！

王老板走到徐州的时候，正赶上叛军和政府军打得正欢，王老板自以为和叛军无甚瓜葛，便大摇大摆地赶路，结果被官兵捉了去。他百般解释，怎奈是"商人遇到兵，生意说不清"，钱财统统充公不说，人还被当作叛军给关了起来。

王老板到了该回去的时候没有回去，他的妻子可着急了，就多次出高价雇人到叛乱地区找他。但找遍徐州城，也杳无音信，沿途寻人启事也贴出去了，悬赏也承诺了，但就是活不见人，死不见尸。

你想，那时徐州兵荒马乱，况且老王被关在牢房，哪里找得到。

王可久的妻子可坐不住了，拿着一匹布作为报酬，请洛阳城一个号称"杨半仙"的杨乾夫卜卦来解决疑虑。

　　那时候，科技不发达，一旦遇到什么事，都会去算卦问卜，可以理解，但往往都上当受骗。

　　这个王夫人自然就上当了！

　　由于王夫人到处散发悬赏公告、寻人启事，杨乾夫自然知道她要问何事。

　　于是他指头乱掐，眉头紧锁，口中念念有词，看着眼前这个面容姣好的娘子，想着她家中富足的金银珠宝，心里却盘算着如何财色双收。

　　突然，他眼睛一睁，说：

　　"你所忧虑的难道不是你的丈夫吗？"

　　王夫人怯怯地看着杨半仙，期待着喜讯。

　　"哎呀！卦上出现了坟墓，这个人已经死了很长时间了（可不是，都埋了嘛），让我再看看（实际是再编编），哎呀！是说他遭到了抢劫，被人杀死了！"

　　话音未落，王可久的妻子便"哇"的一声号啕大哭，跑回家了。

　　看着王夫人婀娜多姿、奔跑回家的背影，杨半仙后悔得肠子都青了。眼看到嘴的肥肉没有了，真不该太急于求成了。

　　王夫人回到家中，心里琢磨，那卦不清楚啊，一般都是有解卦的，怎么我这个没有呢？得再去问问。

　　过了一天，王夫人又来到杨半仙的卦摊，仍占得前几天那一卦。

　　杨乾夫一看，喜从天降，这次可不能操之过急，就慢条斯理说："神灵的启示啊，此次不同寻常，看样子没有什么希望和解救的办法了。"

　　看到王夫人泪珠在眼睛里打转，他立即说："夫人，现在号啕大哭还不是时候，你应该选定日子举行哀悼仪式，以求得他在阴间有福，也不枉你们夫妻一场。"

　　王夫人想想也对，人死不能复生，就同意祭奠。

　　杨半仙接着说："祭祀之事，非同小可，非熟悉的人不能办也，否

则，会把事办砸！"

王夫人一听，看来这事还是交给杨半仙吧，于是把祭奠的事一并托付给了杨乾夫。

杨乾夫办理完丧事，就和王夫人逐渐熟悉了，心想，第一步成了！

随后，他又对王夫人说："你一个孤零零的妇道人家，又有很多钱财，现在盗贼闹得又很凶，你肯定要遭到灾难的。如果你不想遭祸，就应该断了对你死去丈夫的怀念，再求另外安静的生活。"

可王夫人和王可久感情很好，开始立志守节。

杨乾夫见状，晚上偷偷溜到王府外，朝院子里扔石头吓唬她；白天见到王夫人，就讲张家被盗、刘家被抢之事。接着，他又重金收买了一个能把死人说活的媒婆来劝说。

这样一来二去，多管齐下，王可久的妻子勉强答应嫁给了杨乾夫。

杨乾夫人财两得后，心中有鬼，怕王可久回来，就把王可久的财产全部卖掉，带着王夫人（这里应该是杨夫人了）到乐渠北定居了。

可见算卦这碗饭并不是好吃的，你看，一有钱，杨半仙"半仙"都不做了！

这事过了两三年，徐州叛乱平息。

皇帝诏示：除首恶必须依法惩办外，其他参与者饶恕不再追究，一律给发个释放证明打发回家。

王可久此时在牢里已经被剃去头发，身体瘦弱又满身疥疮。由于徐州离洛阳还有些距离，而他已身无分文，只有边沿路乞讨，边打听路。

总算到了家，王老板高兴非常，立即敲门大呼："老婆，我回来了！"

谁知走出的人，他却并不认识，一打听，方知人家是买来的宅院。

王可久心想，老婆一定等他不到，卖掉房子财产另找地方居住了，于是四处打听妻子的下落。

由于他容貌改变，又打听一名结了婚的女子，大家自然不告诉他了，反而认为他是个疯子、精神病。

他只好不断地在饥寒交迫中挣扎，沿路悲哀地呼号夫人的名字。

慢慢有老熟人认出了他,就把其夫人改嫁转迁的地方告诉了他。

王可久立即前往寻找,找到了妻子。

王夫人一看衣衫褴褛,不成人形的他,以为见到了鬼,立即晕了过去。杨乾夫见状也大吃一惊,心想,他怎么没死呢?难道这刚享受没多长时间的娇妻金银,就这样再双手奉还吗?我岂不是白忙乎了?不过,现在这个被大家公认是"疯子"的王可久能奈我何!

于是一不做二不休,杨乾夫摆出无赖姿态,不但对王可久百般辱骂,还指示家人用棍子差一点儿把他打死。

王可久的妻子清醒后感到很惊讶,终于看到了杨半仙毒辣的品行,于是想相认,但自己又被杨乾夫控制,没有办法。

王可久岂能忍受这样的冤枉,就以诈骗向官府提出控告。

而杨乾夫这边也没闲着,他立即用王可久的家财向官府行贿,又威逼王夫人出示伪证,等一切停当后,官府开堂审理案件。

当庭之上,主审的王县令一则收了杨的银子,二则有王夫人作证,当即裁定王可久是疯子,胡说八道,并给王可久定了诬陷的罪名。

杖击之后流放外地。

告状不成被反坐,王可久受到冤枉和家庭变故双重打击,痛不欲生,于是不断上访,但都被认为是精神不正常而不予受理。

没多久,河南府尹换了人,这给王可久带来了希望。

王可久就把自己的血泪冤仇向新任官员提出申诉。可是案件每到哪里,杨乾夫就把金银送到哪里,于是结果可以预料。

新任官员也不予受理,而此时,先前负责此案的官员,又进一步加害王可久,对新官员说:"王可久用已经确定的事实来控告前任官员,眼中还有王法吗?简直是不可教化的刁民!"

新任官员就更加发怒,于是把王可久发配到更远的地方,并且强迫他进行繁重的劳役。

王可久有冤无处申,悲愤交集,两只眼睛哭得流了血,最后连眼睛也瞎了,四处上访,于是这个故事在河南一带广为流传。

当时，河南博陵有一位叫崔碣的人听说了这个故事，于是他详细地了解到这件事的始末，知道了冤情，就把这个案情放在了心中。他暗暗下了决心，有机会一定要为王可久申冤。

天报好心人，不久，崔碣真的担任了河南最高行政司法长官。

崔碣到任后，王可久依然来告状，尽管知道没有多少希望。

崔碣克服了重重困难，明察暗访，查证据，找证人，在摸清了案情后，暗中命人把王可久安排住进衙门，又设计提来杨乾夫一家，招来那些曾受贿的官员，并当堂开庭。这下，在铁的证据面前，受贿官员的丑行昭然若揭，案件真相大白，王可久沉冤得雪。

崔碣一方面把查收登记的家产和王夫人交还给了王可久，另一方面，对受贿的官员和杨半仙立即查办，撤的撤，流的流，杀的杀。

到这时，那个给别人算卦半辈子的男二号杨乾夫不知道算没算到自己也有掉脑袋的血光之灾！

一起并不复杂的冤案平反了！

到了案件判决的那一天，人们在街上相互庆贺，有的人甚至感动得哭了，人们一起称赞崔碣是个一心为民的好父母官。

事实上，所有的冤案在法律上都不太复杂，复杂的是办案的过程和办案的环境影响，把这些都厘清了，冤案不愁昭不了雪，上访人不愁安不下心！

■李鉴案的传奇命运：官大一级压死人

明朝的中央司法是黑暗的。

这种黑暗不仅仅表现为司法制度和体制、官员的草率和专横，更重要的表现是司法之外的争斗。

结党营私、宫内外拉帮结派、宦官专权、党派之争等，无不直接或间接影响着司法环境。

而这种影响最直接的表现，就是当时震动朝野的几个离奇而又传奇的案件。

我们这里撷取三个案件来看看当时司法之外的争斗。

第一个是李鉴案。

李鉴是何许人？

和我们后面要说的两个案子的主人公不同，后面两位，一个是朝廷大员，一个是烟花女子，这两个人有事，人们都容易关注。

但这个李鉴的身份就没那么抢眼了，他是湖广长沙那里的一个强盗，而且还是子承父业，强盗世家。

那大家要问了，一个这样的强盗犯事不是就像天上的星星一样普遍吗？有什么可震动朝野的？我们接着说。

明世宗嘉靖初年，李鉴犯事，当地巡检冯琳就去抓这个混混李鉴，但李鉴强悍，竟把这个冯琳给杀了，县里也逮不住他，冯琳的儿子一气之下，告到了政府。

长沙知府是宋卿。

宋卿一看状纸，十分生气：

自己辖区有这样的混混，已经够丢人的了，还杀了自己的官员，更是可恶。但更让人生气的是，竟然拿不住他，这还了得，没王法了是吧，我就不信抓不住你。

于是派人四处缉拿，朝廷一旦决心治理，混混还是比较怕的，毕竟邪不压正。

先是老强盗李鉴的父亲李华被逮到了，不过，没多久，这老混混竟死在监狱。接着，李鉴也被拿获。

宋卿雷厉风行，立即审判，并当场判李鉴斩首之刑。

如果此案等到秋后问斩，也就没有下文了，但关键是后面又出了一点状况，这个李鉴竟然从戒备森严的监狱逃跑了，从这点也可以看出，明朝执法机关是多么懈怠。黑暗与懈怠的产物，那恐怕就只有腐败和灭亡了。

宋卿大怒，立即责令地方将其捉拿归案。

死刑犯从监狱跑了，这的确不是个小事，上报是必然的。湖广巡抚，

就是相当于"省部"级的大员席书，也就是宋卿的直接上司，一直就和宋市长不合。上下级不合主要原因应该就两个，一是下级不买上级的账不巴结上级，交代的事不办，或不好好办，逢年过节也不"问候"，也不经常走动；二是上级过于强势，怎么看下级都不顺眼，估计宋卿就是这样。

于是，席书就拿这个事来说事了。

但那时，"市长"的任免，"省长"说了不算。于是席书就写了个报告交上去，报告上称，宋卿有贪赃行为，并特别指出，在李鉴案件中，宋卿就故意重判，企图掩盖自己的罪行。

这是举报信惯用的伎俩，不管有没有，先写上再说，反正越严重，上级越重视，只要查一次，你不脱层皮，名誉也得损失不少。

嘉靖自然很重视，立即派"监察部"的人到长沙调查。

说来也巧，当钦差来到长沙的时候，这个李鉴又被宋市长拿住打入死牢了。"监察部"的人先了解了一下宋市长贪赃的事，也没发现什么蛛丝马迹，就到看守所中进行调查李鉴案件。这李鉴也不含糊，一五一十把自己是如何抢劫、如何杀死冯琳的，像竹筒倒豆子一样全交代了。而且还有点江湖好汉的滋味，说自己犯的就是死罪，宋卿判自己死刑，自己没有意见。

这还有什么好调查的？这几个"监察部"的官员在长沙附近游览一番，就回京复命，给嘉靖的报告也很简单，贪赃查无实据，轻判子虚乌有，宋卿所判李鉴案，事实清楚，量刑准确，没有问题。

如果就这样，也就算了。

可这个席书就在这当口居然又升官了。

我们说过，在明朝做官，拉帮结派"站队"很重要，站对了，青云直上，站错了，那可就是倒霉透顶了，别说做官提拔，恐怕有时连颈上脑袋也难保！

这个席书就是在一个关键的事件中，站在了一个关键的位子，因此就成为了一个关键的人。

这个事件比较"敏感"，是世宗生身父亲的尊号问题，这里就不赘述了。席书作为列席代表，迎合了皇帝的意思，结果自然得到了皇帝他老人家的青睐，于是，直接做了礼部尚书。

这个官可是经常要和皇帝见面议事的，这点很重要！你想，一个整天在领导面前晃悠的人，和在办公室、基层整天埋头苦干的人，在提拔的时候，肯定不是一个层次的问题，就连说话的分量也是轻重不同。

席书这时又想起李鉴那个案子。

说实话，席书根本不关心李鉴这个强盗的死活，他也很明白李鉴该死，但他关心的是审理李鉴案件的那个宋卿。

人常说，不怕贼偷，就怕贼惦记着，这个席书虽说不是"贼"，但让他惦记着，这个宋卿也够倒霉的了。

席书一打听，这个李鉴还没斩首呢，好！我再参他一本。于是连夜再打了一个报告给皇帝拿去了："陛下啊，您还记得我在湖广做省长时，写举报信的那个事吗？"

"知道啊，不是派人查了吗！宋卿违纪不成立，李鉴判死没问题，这事就不追究了，爱卿还有什么问题吗？"嘉靖说。

"陛下受蒙蔽了！臣当时为了帮您议礼的事得罪了不少官员，结果您派去调查的那些官员本来就对臣有意见，因此，才抹去了宋卿枉法贪赃的劣迹，而将被冤枉的李鉴定为死罪了。而且我认为，不能在长沙审，我希望在京城由'三法司'进行会审，以保证辨明是非，开释无辜。"

这哪儿跟哪儿啊，议礼之事在后，调查在前啊，时间也不对啊！

不过，嘉靖皇帝是个"知恩"的人，就说："行啊！就按你说的，把那个叫什么李鉴的，押到京城，由刑部、都察院和大理寺三法司会审。"

于是，这个强盗李鉴便传奇般地从长沙解到了京城。

三司会审之后，三个主审都很恼火，这么个小案子，事实又这么清楚，还拿到中央司法机关审理，还要三法司会审，你席书以为我们都闲着无事，太无聊了。

三个人气不过，想想，我们也联名写个报告，不然以后没法干活了。于是，一份由三法司审判人员联名的报告就递到了嘉靖那里，报告

中指出：

首先，被告人李鉴抢劫民财，烧毁民房，又杀害官兵，原判证据确凿，量刑适当。这次会审，被告人李鉴再次供认不讳。

其次，案件没有问题，问题出在席书身上，他一心想陷害地方官员，证明自己举报真实，竟然不惜给罪大恶极的死囚开罪，而且动不动就说是"议礼"造成的，实在可恶。

另外，关于"议礼"的事，席书等人不过是迎合陛下的意思，自己并没有什么主张和功劳，可老是以此要挟陛下，欺压百官，以此实现自己的私欲，这些，还请陛下深查。

可以说，这个报告一针见血，把问题都说到了，不但写得好，而且写得准确，可谓字字珠玑，十分到位，而且用心良苦。

可嘉靖皇帝还是没有听大家的，而是把这个案子给放下了，对李鉴既不杀，也不放。

这可难倒了"司法部"，这人不能一直放在死牢啊！

李鉴就更惨了，整天关在暗无天日的死牢，也不知哪天能出去，心想，就是要砍头也快点啊。

于是"司法部部长"颜颐寿等人又上书说："要不，陛下把这个案子再发回湖广再审如何？"

这次，嘉靖皇帝来横的了：

"再审什么啊？都审了几遍了，还不是你们这些司法机关说了算？这个案子，既然席书说冤枉，而且为他出头，那就肯定有冤情。你们也不要再审了，也别给我讲什么事实啊，证据啊，犯罪构成，法律规定之类的，这样吧，就免了李鉴的死罪，发配辽东充军算了。"

颜颐寿等人还想说，嘉靖眼睛一瞪："怎么？我说得不清楚还是不算怎的？"

大家只有唯唯退下照办。

于是，我们的主人公李鉴在关了近一年后，竟鬼使神差地从鬼门关出来进去几次后，当兵去了。

估计到死他也不知道,在他这个案子里,有多少案外的争斗在天天上演。

好在,这个案子没涉及更多的无辜和官员,下面这两个案子就牵扯了不少官员,但法律因官员争斗而改变,法律因皇上偏私而废除,应该是明朝司法的一大特点。

■薛瑄案的离奇变故:明朝太监的司法权力

明朝是一个"家天下",因此就有亲疏之分、党团之分。

这里的党团,可不是现在意义上的党派、社团,而是一种以某种共同的关联维系起来的政治团体,如著名的东林党、同乡会等。

本来兴趣相投,大家互相结识和走动,闲时聊天喝酒品茶,也没有什么,但要是和政治这个东西挂上了钩,那就变成了一个"吃人"的工具。

在中国古代,政治就是"吃人",而在大明王朝,政治就成为一群人吃另一群人的游戏,而更多的无辜者,稍有不慎,则会在这种赤裸裸、血淋淋的吃人游戏中成为多方争斗撕咬中的一个牺牲品,司法也不会脱离这样的一个平台。

我们要说的明朝司法之外争斗第二个案例就是薛瑄案。

薛瑄可不像第一个案例中那个李鉴一样的混混,他可是明代的大理学家,曾创立了河东学派。他是永乐十九年,也就是公元1421年的进士。

这样一个有才有学的人,是如何卷入一起震惊朝野的大案的呢?

这事得从他做官开始说起。

正统八年,也就是公元1443年,薛瑄中进士22年那年,当时把持朝政的大太监王振问三朝元老、大学士杨士奇:"我的同乡谁可以重用?"

我们说过,明朝时期,做官一要找老师,临时拜也行。于是,在明朝的朝堂之上,经常会听到"恩师""门下"等称呼,学生越多,越显得德高望重。那么二呢,就是要攀老乡,一个乡的要攀,一个县里也要攀,一个省的可以攀,于是同乡互相提携,做官自然就顺溜很多。当然还有一种

情形，那就是认干亲，比如大太监们没有子孙，但却有很多干儿孙，像王振就有不少。据《明通鉴》记载，公侯勋戚都称呼王振为"翁父"，就是"老父亲"。有干老子在把持朝政，做官还不是轻而易举。工部郎中王佑，就因巴结王振被很快升为侍郎，而兵部侍郎徐晞向他卑躬屈膝，不久就被提拔为尚书。

这事直到近代，也有影响。如大家不管是不是在黄埔上过学，见了蒋委员长，都称"校长"，显得那么亲，而至于现在老乡同学互相关照，也就见怪不怪了。

好，我们回到这个案子上来。

薛瑄是山西河津人，就是今天运城一带吧。而王振也是那里人，虽然薛瑄不一定知道，但身为大学士的杨士奇却是十分的清楚。

而杨士奇与薛瑄因学问上的往来，关系不错，于是就说："永乐十九年进士薛瑄学问和官声都不错，和您可是河津老乡！"

王振一听，怎么没有听说过啊，中进士都二十多年，也不拜见老乡我，就问："现任何职？"

"现在'教育部'做督学（提学佥事），是正司级虚职（相当于现在的巡视员）！"

"嗯。"王振哼了一声就离去了。

第二天，皇帝下旨，实际就是王振写好了，皇上盖个章子。

圣旨提拔薛瑄为大理寺少卿。

那可是"副部级"实职啊，是很多人梦寐以求的位子，这王振重用自己的老乡，显然是想在朝廷培植自己的羽翼。而能和皇帝第一号红人攀上老乡关系，且已经开始培植，对别的官员来说，是求之不得的好事。

按说，薛瑄应该赶快备厚礼前去拜见王振，似乎是一件顺风顺水的事，但薛瑄这老兄升官后，却毫无向王振谢恩的表示。

杨士奇虽然也是个文化人，但却是一个官场老油子，他见薛瑄没动静，就提醒他去拜见王振："这可都是王公的提携啊，你该去拜谢才是！"

薛瑄一口回绝，回道："我升官在公堂之上，是国家选择了我，却向个人谢恩，这不是我干的事情。"

真是夫子之理啊！杨士奇一听，摇着头说了声："朽木不可雕也，你吃亏还在后面呢。"就再也不理他了。

中国历朝历代，官职这个公器，就常常被有权势的人用来做私自的人情，既可随便赠送，也可以任意剥夺，这可是一条官场上混的人都心照不宣的潜规则，然而已经踏入官场二十余年的薛瑄，竟不予理会。

不谙官场潜规则，那就要受到规则的迫害，加上这个薛瑄还是个清高的人，那就更坏。

有一天，在东阁开会，到会的部级干部一看王振也在，纷纷上前拜见，但薛瑄却屹立不动。会议休息期间，王振笑呵呵走过来，双手一拱，行礼道："小老乡，在大理寺过得可好？"

薛瑄却不还礼，只说了一句："还好！"

按说，这是一个巴结王振的绝好机会，也不违反原则。帮你升官，你不谢恩，这倒罢了。现在在场面上，人家都来找你了，你还不给人家面子。

于是，薛瑄彻底惹怒了王振。

薛瑄不巴结，但巴结王振的人多得是。像前面说的，部级干部大多称之为"翁父"，而都御史王文、陈镒等就更离谱，王振到他们府上去，他们都是跪在门口迎接王振，其待遇和皇帝无二，一时间士大夫丧尽廉耻，却怡然自得。

因此，同乡中出了薛瑄这么一个不识抬举的怪物，王振岂肯善罢甘休，一直想找机会陷害打击。但薛瑄为人正直谨慎，工作几无纰漏，王振只能干气。

两年后，终于让王振抓住一个机会，正好此事和他有关。

王振的侄儿王山和一个高级军官的小妾通奸，这个高级军官刚刚死去，王山就急于想娶这个小妾，但军官的大老婆不同意。

这事笔者仔细查了一下，还真没查到这个刚死老公的女子为什么死活不同意小妾再婚，而且这个小妾还不敢声张，笔者窃以为，可能这小妾有

什么把柄在她手中，但又不像，因为如果有，后面完全可以说出来，因此应该是老公刚死，小妾应该要守节。

按说等等就行了，但这个小妾也性急，可能是觉得青春易逝，春宵千金吧，于是就一纸诉状诬告大老婆毒死了丈夫。

因为是涉及高级军官，这个案子就到了大理寺，并由薛瑄审判。案件很简单，很快就查明了真相，那个小妾也承认自己是诬告，薛瑄于是依法秉公替这个高级军官的大老婆洗明冤枉。

要说，这个案子办完就完了。但就是有人拍王振的马屁，知道王振痛恨薛瑄，而那个跪着迎接王振的王文就挺身而出了：

"翁父啊，薛瑄太可恨了，收了那个高级军官老婆的钱财，才故意替她开脱罪责，我一定要弹劾他为您老人家解恨！"

于是，在王振的推波助澜之下，薛瑄被逮捕入狱。

审判的人一定也是那些整天称王振"翁父"的人，加上是"监察部"检举，于是薛瑄被以枉法裁判判处了死刑。

为一个小小的民事案件审理，在一些案外因素的影响下，竟要判一个大理寺少卿、理学大师死刑，由此也可看出明朝司法制度和标准的混乱。

这起案件在朝野上下议论纷纷，同情、求情的奏章像雪片一样飘进宫里，社会上更是有理学学子奔走相告，斡旋相救。可以说，朝廷为此多次专题进行讨论。

被判死刑，薛瑄并不在乎，在监狱里等待处死的时间里，他依然天天读《易经》，日日写文章，毫无惧色。

到了行刑那一天早晨，王振的家奴在灶边哭泣，王振很是诧异，就问原因。这个家奴说："听说薛夫子今天将受刑，所以伤心。"

连自家的家奴都同情薛瑄，王振也多少有点感动，再加上自从薛瑄被关进去之后，朝廷的、在野的求情声音，不绝于耳，搞得他也挺烦的，想想，这薛夫子也没有妨碍到他什么，就是不尊重他而已。于是，他立即进宫，硬生生地下达了"刀下留人"的决定，把薛瑄从奈何桥上拉了回来。

当然，死罪已免，活罪难饶！

于是大理寺少卿是做不了了，薛瑄被释放回家，罢官为民。

至此，这个案件就说完了。

像薛瑄这样的"硬骨头"，在没有任何过错的情况下，被判死罪，是因为得罪了执政的官员，而与司法本身无关；而他在太监的淫威下能够不死，却完全是靠他自己的名声——理学大夫子，正因为如此，才有那么多人帮他脱罪，也似乎和司法无关。要不，试想想，大明一朝，忠贞的大臣被宦官冤死的可谓不计其数，有多少能死里逃生，就连张居正这样的人，想要在朝廷立稳脚跟，也不得不依附大太监。

明朝的司法，真的值得深思！

■满仓儿的悲惨命运：司法之外的争斗

反映明朝司法环境的第三案则更加离奇。

那是一桩下层武官家千金小姐被骗卖为妓的案件，颇有点传奇滋味。

一起本已弄清真相的小小案件，发展为"三法司"会审、最后由部院大臣和谏官们组织"廷讯"的大案。又因都御史附和厂监，初审的官员依然受累。此事激怒了刑部一位小官，上书揭露厂、卫不法行为，要求改良司法。因此，被同时代的文人作为典故加以记述，后来还载入正史。

这就是当时著名的"满仓儿"案件，案件经过是这样的：

"满仓儿"是一个官员女儿的小名。

明孝宗弘治九年，也就是公元1496年，彭城卫有个千户叫吴能，他有个闺女叫"满仓儿"。

这个千户是一个武官官阶，虽属五品，厅级官员，但由于这彭城卫是京卫军的一部，但非"亲军"，不隶属都督府，是个虚衔，就如现在一些野战部队，给你一个上校、大校军衔，享受厅级待遇，但既无地位也无钱。

可谓"女大当嫁"，但吴能家庭贫穷，连闺女满仓儿也无人前来提亲，尽管女儿不乏姿色，但也只得瞒着老婆把女儿交付媒婆，物色人家。

媒婆在文学作品中都是那种见利忘义、坑蒙拐骗的人，这个故事里的媒婆也不例外。

于是这媒婆很快便告诉吴家，皇亲周彧要了姑娘，但实际上是使用欺骗手段，把满仓儿卖给一个"乐妇"张氏。

而这边吴能还以为到了周家，于是给老婆说女儿走远房亲戚家了。要说，人倒霉喝凉水都塞牙，这事没多久，吴能竟然得病死了。

姑娘"满仓儿"就像"卖猪仔"一样被"人贩子"张氏卖给乐工焦义，焦义再转手倒卖给同行——一个经营"KTV"的袁磷，并被迫当上了卖唱的歌妓。

吴能的老婆聂氏，长期不见女儿回来，产生怀疑。经四处打听，终于在"KTV歌厅中"找到满仓儿，就要接她回家。但满仓儿认为是父母出卖自己，以致沦落为"坐台小姐"，由怨生恨，便横下心来，既不认生母，也不回家。

聂氏只得率同儿子，强迫她返回家中。

可是，袁磷花钱买的"摇钱树"失去了，岂肯甘心？最初向聂氏说好话，表示愿出10两银子赎回满仓儿，被聂氏拒绝了。

袁磷心想，这满仓儿可是自己花钱向焦义买来的，尽管姑娘死去的老爹是个校级军官，但无钱无势，他根本不放在眼里，用银子赎回姑娘的要求碰壁后，就无所畏惧地直接向刑部提出控告，要求索回满仓儿。

刑部郎中丁哲、员外郎王爵会同审理此案。

案件本来也不复杂，很快就弄清了满仓儿被卖的真相。

判决也挺正常，当然是要把满仓儿送回家中。

可这个袁磷强词夺理，出言不逊，丁哲一生气，当堂对其笞责，把这个"KTV老板"给狠揍了一顿，可能是这板子打得重了点，这袁磷回家后没过几天竟死了。

刑部审案打死了人，自然要调查。

监察部监察司长陈玉、司法部处长孔琦验尸后，认为是板子伤感染死亡，遂判定板子打的应该，不是直接打死了，因此袁老板的死与审案无关，袁磷由袁家自行安葬。

满仓儿虽然判归聂氏，袁磷也死了，按说这事就了结了，可还是有个人对此没完。

明朝时的歌妓，虽说以卖唱为主，但如果被有钱有势的人看中，被迫陪宿，也司空见惯。

当时把持朝政的太监府东厂太监杨鹏的侄儿，是个有名的混混，他就在听曲时不只一次和满仓儿奸宿。

如今，满仓儿呆在家里，这个混混找不到满仓儿，就把不满情绪发泄到了丁哲身上，认为是他坏了他的好事。

于是找到袁磷的老婆，唆使他向东厂告状，还亲自出马找到乐妇张氏，要她一口咬定满仓儿是她妹妹，已经卖给周彧，另派校尉杨某，找到满仓儿串通供词，还撺掇她离家出走，到外面躲藏起来。

一切做好后，这个恶少便把袁磷老婆的状纸交给他的太监叔叔杨鹏。案件经杨鹏上奏，发交锦衣卫镇抚司审理。

明朝那时的中央司法制度极其混乱。大理寺可以审案，刑部也可以审案，都察院亦可以审案，而东厂，就是太监府，也可以审案。而且东厂身后，只有皇上才可以改。

锦衣卫追索满仓儿不得，镇抚司袒护杨鹏叔侄，就对其母聂氏施加酷刑。聂氏先承认原嫁给周家，后屈打成招，说贿赂了刑部的丁哲和王爵两人，让其杀死袁磷。

于是镇抚司以滥杀无辜的罪名把丁哲和王爵两人拟罪，奏复皇帝，准备草草了结。原案的是非曲直还没有弄清，反而裁定问案的刑部官员有罪，皇帝明孝宗也不敢下判，就命都察院、大理寺、刑部（检法司"三法司"）和锦衣卫，各派官员，联合审理。

会审官员经讨论认为，满仓儿是本案的关键人物，必须传讯到场。他们从镇抚司办案原件中得睹聂氏供词，认为姑娘既是周皇亲家的人，自然在周家，立即派人到皇亲周府官邸提讯满仓儿。

毫不知情的周彧大吃一惊，称从未买过这样的女子，到哪里找人？

"三法司"和锦衣卫官员也并未认真查寻，便匆匆启奏皇帝，以找不到满仓儿，事实不清为由，认为难以结案。

明朝执法机构的草率和糊涂的办案作风，暴露无遗。

事情太反常了，一个小小的女子，在京城竟然人间蒸发，连锦衣卫都找不到，孝宗自然十分恼火，非要弄个水落石出不可。于是传旨，交由部院大臣和监察部的监察御史组织"廷讯"会审，审不出来都回家种地去。

此旨一出，会审官员再不敢因循怠慢，认真查找，终于逮到了满仓儿，再次了解到媒婆、乐户等把少女当做商品买来卖去的事实。

哎！这世上就怕"认真"二字，这一认真，不是什么都查清楚了吗？

但问题是查清楚了，会审的官员却发现此案竟然涉及东厂。

东厂可是最有权势的机构，涉及他们，问题就大了！

于是在会审官员商议下，主审的都察院官员闵蛙拟定判决结果：

丁哲"因公杖人死"，处徒刑。王爵、陈玉、孔琦和满仓儿母女，各处杖刑。

这样的处理意见，激起了公愤，但大家都知道东厂不敢惹，都敢怒不敢言。

不过，有一个人却不信这个邪，那就是刑部一个叫徐珪的小官，他立即上疏，指出案情并不复杂，但两次会审没有结果，全是承审各官惧怕东厂的缘故。现在，满仓儿不认生母，只处杖刑，而丁哲、王爵当初原已作出正确判决，却连同两个验尸官拟处刑罚。这种"轻重倒置"的做法，也是"东厂威劫所致"！

在上疏中，徐珪越说越气。他说，他在刑部供职三年，对"盗案"多次目睹耳闻。被控为盗的大半都是东厂和锦衣卫缉获的。这些人，有的直供厂、卫校尉接受贿赂、代人报仇，诬指他们为盗；有的供认"校尉受首恶赃"，把他们当做替罪羊来抵罪；有的则是校尉挟嫌报复所致。刑部官员虽然了解这些冤情，可还是按照厂、卫的意见结案。

说到后面，他更是建议，把杨鹏叔侄、撺掇满仓儿的贾校尉，连同满仓儿一起处以死刑；撤消东厂，镇抚司有关官员充军到"极边地方"。

丁哲等四位官员则各升一级，"以洗其冤"，同时还提出改良司法的一系列意见。

最后他表明，自己"左右前后，皆东厂、镇抚司之人"，为这份奏疏，一定会遭到报复。可是，"愿斩臣头，以行臣言"，表明了"虽死无恨"的明朗态度。

皇帝看到这篇极端的奏疏后，自是勃然大怒。因为东厂是皇帝最信任和依赖的力量，参他们就是和我皇上过不去。于是把上疏交都察院查办，并吩咐他们对这个不知天高地厚的徐珪进行拷问。

参与会审的大员们既欣赏徐珪的勇敢，又不敢得罪太监宦官，于是商量来商量去，就给徐珪加上个"奏事不实"的罪名，奏请处以徒刑，但准循例赎刑，也就是交点钱，还继续可以做官。但皇上嫌太轻，于是改为赎徒革役，就是交钱赎刑后，发回原籍为民。

这徐珪办完手续，竟乐呵呵的回家种田去了。

三个月过去了，一转眼就到了弘治九年腊月，与本案有关的官、民，依然关在监狱中的还有三十八人。不处理也不好说，于是会审的官员就给了一个折中的结果：

丁哲补偿袁家埋葬费，罢官为民；王爵、陈玉、孔琦处杖刑，可赎刑后官复原职。

至于满仓儿，处杖刑后发交浣衣局，就是洗衣房服役。

报上去，孝宗早已没有了什么兴趣，于是准奏。至此，折腾了半年多的案子终于在一个糊里糊涂的宣告中了结。

明代中期，厂、卫横行不法，司法黑暗，冤狱重重。满仓儿一案，由于太监插手，袒护逼良为娼的乐户，审案官员反受处分，可谓是当时政治、社会、司法的一个缩影！

■岑春煊屠官：晚清夭折的"廉政风暴"

晚清时差点也出了个"海瑞"。

据说晚清有"三屠"：张之洞谓"屠财"，曾国藩谓"屠人"，岑春煊谓"屠官"。"晚清海瑞"就是这个被呼为"屠官"的岑春煊。

庚子事变，八国联军席卷北京，西太后狼狈逃亡西安，她连发几道符命，叫曾国藩来"勤王"。

老曾一方面觉得与太平军的"东部战线"更吃紧，另一方面觉得路途遥远，勤王来不及，所以就没去。

这时，在甘肃任藩司的岑春煊抓住机遇，带着手下前来保驾，这让慈禧太后感激涕零：

忠臣啊忠臣。

岑春煊就这样成为慈禧的心腹，随后任陕西巡抚，后又任两广总督。

这个岑春煊新官上任三把火。

第一把火就是搞"廉政风暴"，他耗子也抓，老虎也打，铁心反腐。

他在日记中说："粤省本多宝之乡，官吏有求，俯拾即是，以故贿赂公行，毫不为异。"

就是说，广东本来就是个钱财汇聚的地方，当官的想弄点，有大把的机会，所以在这里贿赂成了公开的行为，大家权钱交易，一点也不觉得奇怪。

做官的受贿，行贿者做官。做了官的肆无忌惮地收受贿赂，而那些花一笔大钱买个官来做的人，就是为了过把官瘾吗？没有哪项投资是不求回报的，投资官场，那利润是十倍百倍的，是个大暴利产业。由此可见当时官场贿风之盛行，真可谓"三年清知府，十万雪花银"！

可是岑春煊一来就要斩断他们的财路，谁甘心就戮？于是纷纷抵制。

这岑总督是行伍出身，可不是吃素的，一到广东，就先打了两只"小老虎"：

一是南海知县裴景福；二是海关书办周荣曜。

大家可能说了，还以为什么"老虎"，原来是一个县长，一个海关小关长。可别小看这两个人物，虽说级别不高，能量却大得很。先说这个南海县，可跟现在的佛山市南海区不一样，那时的南海县包括现在的佛山、从化、增城、肇庆、惠州、东莞、深圳、珠海、中山及江门的部分地区。也就是说，除了广州府是个特区外，整个珠三角都是南海县管辖，作为当时清政府和外界沟通的主要通道，外接如今的香港、澳门特别行政区一带。单就这个管辖就足以让人垂涎三尺的，这个县令在当时估计也是正四品左右，而那个关长，也是当时全中国最有钱的海关关长。你说他们厉害不厉害？

不仅如此，他们还与当朝军机大臣奕劻有着千丝万缕的联系，有钱又有势，在他们头上动土就等于是在太岁头上动土。

可岑春煊偏不信邪，硬是活生生将这两人搞垮了，扳倒了。

兔死狐悲，唇亡齿寒，其他官员吓得要死。当然，强龙难压地头蛇，对付岑春煊可以弹劾，可以买凶暗杀，也可以制造车祸现场。

但是岑春煊正在受慈禧恩宠，说坏话，没用；说好话，没用；其位至总督，运用"做掉手法"绝对是下下之策。

于是他们凑钱在香港开研讨会，并悬赏云："有能使岑屠离开两广者，赏银百万。"重赏之下，大家都活动开了，都往京城去"上天言好事"，说岑领导这好那好，万般都好，这样的官不升真没天理。

恰在这时，云贵那地方出现了匪患，大家觉得这是个极好的进言机会，于是都说岑领导是将军出身，云贵匪患非得以干练知兵的岑春煊者不能胜任，当时被岑春煊掐了一把脖子的军机大臣奕劻"内举不避仇"，向慈禧推荐岑春煊去建功立业，树不世功勋。国防安全当然比反腐倡廉更重要，所以慈禧就把岑春煊调离两广，去做兵部总督。

两广官员于是大大舒了一口气，又过起从前的好日子。

从富庶的两广去瘴疠的云贵，老岑有点闹情绪。在上海装病不上任了，拖了几个月，慈禧就收回成命，让老岑上京做官，也像海瑞那样，

由管理块块升为管理条条了。由地方官升为京官，这还真是贪官为他努力跑官的结果。贪官为他的前途出钱出力跑，老岑对他们是愤恨得咬牙齿，还是高兴得打拱手？岑春煊好像没说过他的心情，我们也就不得而知了。

第三篇　法治人物

◆赵绰与举报人：救仇人正话反说

在《资治通鉴》卷第一百七十八记录了隋朝法官大理寺少卿赵绰的几个故事，虽然已经过去1400多年，有着历史的局限性，但这位法官的一些举动，仍不失为吾辈法官学习。

公元597年，隋大理寺掌固来旷向隋文帝杨坚举报，称大理寺执法官吏对囚犯量刑定罪太宽。

这本来是一个普遍性的问题反映，就如同现在很多报告中说的对犯罪分子还不够严厉。这样的举报，按说不会起太大风浪，但隋文帝却因此认为来旷忠诚正直，让他每天早晨站在五品官员的行列中参见。

这里要交代一下背景，隋文帝晚年，用法越来越严厉，好重刑，对于这个举报，当然十分欣赏！

于是，这个来旷就来了劲，又举报说，大理寺少卿赵绰违法释放囚徒。

这个问题就大了，而且有所指，是大理寺少卿、从四品官员。文帝遂派遣使臣前去调查，结果发现赵绰根本没有枉法偏袒之事。

举报不实，而且以下犯上，这还了得！文帝非常愤怒，下令将来旷斩首。

这时，被举报的大理寺少卿赵绰站了出来，苦苦谏诤，认为来旷按照法律构不成死罪，文帝不听，拂衣进入宫中。

按说，赵绰是受害人，如果查得有点草率的话，脑袋搬家的就是他了，文帝为他出气，杀举报者，实为他解恨，而他作为一个高级官员，做做秀，出出面，然后暗自回府窃喜就行了。

然而我们的赵法官没有这样做，因为他坚持认为，按照法律来旷有罪，但构不成死罪！

于是，赵绰又假称："我不再谈来旷的事情，我还有别的事没有来得及奏闻。"文帝一听，就让人引赵绰来到宫内，赵绰再拜奏请说：

"我犯了三项死罪：身为大理寺少卿，没有能管制约束住行政事务官员来旷，使他触犯了朝廷刑律，没有尽到职责，这是第一；囚犯罪不当死，而我不能以死相争，没有维护法律权威，这是第二；我本来没有别的事，而为了见到您，以假话欺骗你，这是第三。"

这么一说，文帝也不好说什么了，加上又了解赵的脾气。有这样的臣子，还说什么呢！遂下令赏赐赵绰两个金酒杯，来旷也得以免除一死，被流放到广州。

1400多年过去了，如今读此纪事，仍感赵法官胸襟之宽广，对法律之执着，人格魅力之高尚。

虽然最后他请罪之三条，系正话反说，但从文帝的对他的处理来看，也说明他一贯的为人处世和办事风格。

一个优秀的法官除了尊重法律，应该还要有高尚的人格魅力！

◆赵绰与红裤头：为法律冒死进谏

刑部侍郎辛亶曾经穿过红色内裤，民间风俗说穿红色裤子可以官运亨通。

这个我没听说过，但我听大多数人说，穿红裤子可以辟邪，本命年一般都要穿。

不过，这也不是什么大事，就是想官运亨通，也非什么坏事！

但隋文帝认为这是妖术，将要把他斩首。

封建帝王时代就是这样，皇上说什么就是什么。

但时任大理寺少卿的赵绰不认可，说："根据法律不应当处死，我不敢接受诏命。"这是公然挑战权威，文帝当然震怒，对赵绰说："你可惜辛亶的性命，难道不可惜自己的性命吗？"于是下令将赵绰推出斩首。

这的确狠了点，因为冒犯皇威，就要掉脑袋。

我估计文帝是吓唬吓唬赵，从后面的发展也可以看出来，不过，赵少卿可能不清楚这一点。

于是，赵绰仍然很硬气："陛下可以处死我，但不能处死辛亶。"

赵绰被押到刑场，解去衣服，正准备处斩时，文帝又派人对他说："你抗命不遵的下场如何？"

由此可见，文帝是想给他点颜色看看，让你不听领导的！让你顶撞领导！赵绰还是镇定地说："我一心一意公正执法，因此不敢爱惜自己的性命。"

文帝拂衣进入后宫，但就是没有命令开斩，这实际比一刀剁了还折磨人，赵绰就这样一直在刑场，就这么给晾着，这满朝文武也不知道文帝杨坚是什么心事，也不敢劝，也不敢问，这样对峙了很长时间，杨坚才传令释放赵绰。

第二天，文帝又向赵绰道歉，好言慰问勉励他，赏赐他布帛等物。

尽管对于杨坚来说，这不过是和赵绰斗心斗智，考验考验他，是一个恶作剧而已，但这个玩笑似乎开得有点大，人都押到刑场了，一不小心人头就落地了。不知赵绰是否预先知道皇上不会杀他才这样硬气，否则真让人为他捏把汗。无论如何，赵院长的骨气、正气和浩气的确让人敬佩。

玩这样的心跳游戏，把自己的生死至于正义之外，做法官如此，为执法如此，难怪在史书能独占数页！

做人如此，一生足矣！

◆赵绰与恶钱：为小民感动上天

当时隋文帝严禁民间使用假钱，却有两个人在集市上用假钱兑换由官府铸造的真钱。

这就是现在的使用假币，按律要判三五年。

当时，巡查社会治安的武侯抓获了他们并报告了朝廷，文帝下令将他们斩首。

赵绰又来了，说："他们所犯的罪应该判处杖刑，处死他们不符合法律。"

文帝估计对这个多事的赵少卿有点烦了，就说："这不关你的事。"

是啊，这是警察、检察官的事，关法官什么事呢？

赵绰说："陛下不因为我愚昧无知，把我放置在执法部门，现在陛下想胡乱杀非罪之人，怎么能不关我执法大臣的事！"

文帝想劝他，有心直说，这事你就不要管了，但觉得不妥；有心吓唬吓唬他，又觉得以前试过，没意思，弄不好自己尴尬，下不了台，于是就举了个例子说：

"摇动高大树木的时候，如果树木不动就该知难而退。"

很直白了，你如果要摇动一棵大树，如果摇不动，就抓紧走人！我杨坚现在就是那棵坚挺高大的树，我不会为你说动的，你还不退下！

赵绰非但没有退缩，还上前一步说："我希望自己的行为能感动苍天，动摇圣意，何况是摇动树木？"

这话有点意思，是说我想以自己的行为感动上天，而上天是皇帝的父亲，以此来说服天子，何况一棵大树？唉！他是明白还是不明白呢？

文帝已经很烦了，心想，这人怎么不明白呢？我已经摆明说自己不同意了嘛！文人啊，让我再开导一下他。于是就又举个例子："一个人喝汤的时候，如果汤热就放在一边。我天子的权威，你也想压制？"

这次是说得再明白不过了，先说了汤，然后说自己现在就在气头上，不要惹我了，没事你该走人了！

赵绰一听，马上跪拜后又向前靠近，准备再进言。文帝厉声呵斥他，他还是不肯退避，于是文帝很无奈地起身回后宫。这时，治书侍御史柳彧也恳切劝谏，文帝才不再坚持将那两个人处死。

为一个和自己毫不相干的人敢于触犯皇上，这的确难能可贵！

而赵绰的理论是：陛下既然把我放置在执法部门，那么陛下胡乱杀非罪之人时，作为执法大臣，就应当尽职尽责去劝谏！

◆李日知执法："日知不离刑曹，此囚终无死法！"

唐初是一个盛世，这是任何尊重历史的人都不会抹杀的事实。

特别是在贞观年间，李世民用自己的执政智慧和个人魅力维系了一个和谐、包容、民主、太平的大唐帝国。

这个盛世同样也带来了政治和法制的文明。

我们前面说过，那时政治清明，刑法慎用，可谓国泰民安，那时的法官自然都是各行其是，悠闲自在。

然而，人治的天空如同六月的天，乌云与丽日并存，和风与暴雨同行。

李世民创造的丽日和风，很快在其不肖子媳的合力下，弄得乌烟瘴气，乌云与暴雨横行。

这也说明：圣贤之治的确是靠不住的，人治再怎么清明也不能长久啊！

到了武则天执政时期，也就是大周朝时期，到处冤狱重重，特务遍地，人心惶惶，连宰相都随时会被杀头。

像周兴、来俊臣、丘神积等法官，争先恐后地成为严刑峻法的工具，沦为封建王权的爪牙，最后他们大多也没有什么好下场，当然，这是后话。

但当时，也有那么几个法官，能巍然屹立于暴风骤雨中，成为这个黑暗时代一道亮丽的风景。

在《资治通鉴》和《旧唐书》都记载过这么一件事：

公元690年，大理寺司刑丞李日知办理一件死刑复核案子，认为此囚犯不能判处死刑，于是找到大理寺少卿胡元礼。

据史书记载，应该是这个胡少卿事先打过招呼要判死刑的。《资治通鉴》记载是："少卿胡元礼欲杀一囚，日知以为不可"；《旧唐书》记载为："少卿胡元礼请断杀之"。足见胡少卿事先知晓，并已经有了定论："斩立决！"

按说，领导打了招呼，此囚犯与老李又无甚关系，那时人命如草芥，随便百把口人就被推到了菜市口，你老李能救得几人？落个顺水人情算了，况且为此得罪了少卿，以后还怎么在人家下面混呢？

可这个李日知就是个倔脾气，多次去找胡少卿理论。

第一次讲法律。

讲着讲着，胡少卿就烦了，烦了的胡少卿就不和老李讲法律，来横的：你一个小小的进士，论资排辈才当上司丞，我是什么学历，论法学理论，你差远了。用现在的话说，你也就一本科，我是博士，你懂吗？你那点理论，哼！

按这样的"逻辑"，老李自然没有说赢胡少卿。

但老李不服，回去仔细研究一番，又去找胡，这次来论道理。

结果，还是被胡羞辱了一番。

第三次去讲民情。

当然还是老胡占据上风。

第四次去论天理。

老李仍然没有说服老胡。

这样四次之后，老李依然坚持自己的观点，心想：我的判决上通天理，下合民意，符合法律，又讲道理，没有错！

可是这个判决要少卿签字，老胡不签字不能下判，而老胡要签字的判决老李不执行，于是这个案子就这么拖着。

不过时间一长，恼的却是老胡，他可能在人家面前已经夸下海口，或者已经收了人家的东西，于是很愤怒地找到老李：

"老李，你什么意思？我已经忍你很久了，三番五次地把这么个案子讨论来讨论去干什么？莫非你收了死囚家的好处了？可惜这个死囚家很穷，要不，我送你到周兴、来俊臣那里？这个案子我说了不算还咋的？你以为你是谁啊？我告诉你李日知，我胡元礼一天不离开大理寺，这个死囚就没有活命之理！"

老胡恼怒归恼怒，但还没蛮干，也很理智。

他知道，只有在法院才可以干涉案件，离开就管不着了，所以他并没离开法院，而是安排别人做了一份自己满意的判决书。但这份判决书仍要李日知审核，老李一看，不行，也不签。

胡少卿催了几回，李日知这个老头也很犟，竟对顶头上司说道：

"我李日知只知道依法办事，只要我不离开大理寺，这个囚犯绝对不会依法处死！（日知不离刑曹，此囚终无死法！）"

说得斩钉截铁，荡气回肠。

随后，他又做了一件更意外的事情：

把两份判决一同呈报皇上。

过了一段时间，批复下来，李日知的判决竟被批准。

这一方面说明，此囚犯要处死，可能只是胡少卿一个人的人情，朝廷并无此意；另一方面也说明，李日知的判决真如他所说的"通天理，合民意，符法律，讲道理"，总之，能说服皇上，应该很好。

做法官作成李日知这样，也够有骨气了，也应该够味了！

好在这个李日知做事不错，对政治就不那么感兴趣，因此即使在唐中期酷吏横行之时，还能做到刑部尚书，且最后居然善终。

然而，让人不解的是，《旧唐书》把李日知传列在"孝友"中，其记载也以孝母而流行于世。

这可能也是他的防身之术，试想，在那种"百善孝为先"的时代，这

样的孝子，一般就很少有杀身之祸。

不过，他也有危险之时。

当年安乐公主家的新宅建成，唐中宗李显亲自祝贺乔迁之喜，随从官员都在宴会上赋诗歌颂其装修精美，品位高雅。

李日知也在随从之中，可能是喝了点酒，他犟脾气又上来了，说了一些不和谐的话，特别是在其所写的奏章中说道："所愿暂思居者逸，莫使时称作者劳。"这句谁都能听得懂的话让当场所有随从大惊失色，议论纷纷，心想，老李这回完了！

好在中宗还不嗜杀，也可能那天中宗喝高了，没有追究。李日知遂躲过一劫。

躲过此劫，李日知也应该知道宦海险恶，于是辞职。

据《旧唐书》记载：

那天下朝，老李也不和老婆孩子商量，就招呼家人整理一下，准备离开居所"下海"。

老婆很奇怪："老李你有病吧？没发烧吧？家里的财产空空如也，儿子也没有什么正经工作，你为什么急着辞职啊？"

现在想来，老李夫人说得很在理：

你可是堂堂的部长级干部，既没有给家里带来财产（这可能就是老李能避祸的原因之一），也没有给子女搞个一官半职，既无"一桶巨金"，也无后面保障，辞职"下海"不合常理啊！

李日知笑着说："我就一个穷书生，能走到这一步，做到尚书，已经超过了我自己定的目标了。人的欲望是没有厌倦的时候的，如果任其不断索取，是没有止境的。"

言下之意，现在已经不错了，有吃有喝，如果再想往上爬，贪婪索取，就会灭亡。

老李夫人自然明白，这么多年都由着这个倔老头了，想想也是这个道理。

于是老李全家回归田园（是朝廷给了一些地，也可能是用俸禄买的），但回到农村，老李却并不管理自己的产业，只是修了一个有鱼池有凉亭的"农庄别墅"，经常和一些年轻人在里面喝酒聊天，人生也不亦乐乎！

到开元三年（公元715年），李日知去世。

尽管李日知留下的故事不多，但为"护法"与上司顶撞，因"本分"而辞职下海，为唐中期法官树立了一块丰碑！

◆徐有功斗酷吏："刑措不用，天下幸甚。"

前面我们说的那个李日知，在唐书里并不太有名，但有两个唐朝的司法官员大名鼎鼎，为世人传颂久远。

一个是徐有功，另一个就是最后做到阁老的狄仁杰。

我们先来说说徐有功。

徐有功，据《旧唐书》称，他是国子监博士徐文远的孙子。

这里顺带说一下，这个徐文远可了不得，是当时隋朝的国子监祭酒，相当于现在的北大校长，当然也兼国家考试院院长，是全国有名的大儒。

他是经过举荐，靠资历先做上蒲州司法参军。

在当时那种环境下，刑讯逼供成风，但徐法官办案宽厚仁义，不用打板子、上刑罚就可以办案，对老百姓如此，对下面的官员和当差的，也是一样，因而远近闻名。

按说，只有在证据确凿可罪犯还抵赖或者下面的人不听话的情况下，才能动刑，也就是说，不动刑应该是基本要求，但当时如果办案不动刑，竟然是一件可喜可贺的事，这样的法官竟是好法官了！

当时人们对法官的要求已经低到这种地步，真是咄咄怪事，对民众来说真是可悲可怜啊！

言归正传，徐有功不打板子、不动刑办案，一时在当地传为佳话。

几个当差的就相约道：

"如果哪个惹徐法官打板子，大家都鄙视他！"

结果当差的都争着为其办事，没有不积极的。

徐有功任期满大家一算，"还真没打一个人！案件也办得很漂亮啊！"

于是，按资历和业绩名望，徐有功上调到大理寺，任司刑丞。

这时的大理寺被周兴等人已经弄得是硝烟弥漫，乌烟瘴气，陷害忠良，滥杀无辜，大肆盛行刑讯逼供，朝堂之上，人人自危，无人敢言。

这的确是个问题，虽然大理寺、御史台在中央权力机关那里并不是位高权重，但这两个位置的确有很多特权，一旦为一些别有用心的人掌握，真是一场灾难。

毕竟他们是社会正义的最后一道防线，是正义的源泉！

唐大周时期，由于武则天大兴特务举报，将一大批酷吏放在大理寺、刑部、御史台等位子上，结果造成大批冤狱。

徐有功于是在最高法院就成为几个为数不多的坚持正义的法官，其他有前面我们讲到的李日知，还有一个叫杜景俭的庭长。

老百姓和官员就说：

"到大理寺的案子，碰到来俊臣、侯思止，必死无疑，要是遇到徐有功、杜景俭，肯定能活命！"

说得邪乎点了，但足见当时法律在这些酷吏手中，是如何被玩弄的。

当时大理寺的案件不知是如何分配的，能分到这几个人手上的死刑案件也就百十件，因此他们也就救活了百十家人。

这是一个不小的成绩了！

但要取得这些成绩往往十分艰难，因为一般经过初审都是定的死刑，你要免他死罪，就得到朝堂上去说服皇帝，而那时的武则天皇帝是很喜欢杀人的。因此，可以想象其难度。

开始还比较顺利，武老太还和徐有功争争，看徐有功在朝堂之上侃侃而谈，慷慨激昂，还很欣赏，一般还是听他的。

但时间一久，听烦了！一个指令：

"有功爱卿，你到刑部做秋官员外郎去吧！"

于是司丞变成了员外郎，没有了具体案子办，朝廷上就少了一个和皇帝争案子的人。

不过，这样徐有功就有机会参与其他案件的朝堂讨论了，可这在朝堂上争论，也会引发杀身之祸，而且他常常是一个人在战斗，而对付他的人，却是层出不穷，史书记载的就有三例。

一例是和酷吏来俊臣斗的故事。

这是一起震惊朝野的大案，发生在公元692年。来俊臣罗列罪名陷害官员，其中涉及时任同平章事的任知古、地官侍郎、判尚书、同凤阁鸾台平章事的狄仁杰、潞州刺史李嗣真、工部侍郎裴行本、司礼卿崔宣礼、前文昌左丞卢献、御史中丞魏元忠等七人，具体案情，在讲狄仁杰时，咱再细说。

这可是涉及一堆部级干部的大案要案，来俊臣等人差点对这七个人开刀问斩了，幸亏狄仁杰以智勇赢得武老太的信任，他们才得以脱身。

可来俊臣他们不依不饶，坚决要求杀了这些人。

武则天当然不允许了：

我刚放了，你就要求再杀，我再下令把他们抓起来，干嘛啊？我说放了就放了！不过，看来来爱卿他们还是很忠心耿耿的，这么坚持，是良臣啊，以后还用得着这种精神，不能直说打击他们的积极性！

于是，为了维护尊严，就找了个"一事不再理"的理由搪塞。

谁料这个来俊臣挺能顺杆子上树，就以有新证据为由，单独指控裴行本，说他罪行严重，决不能宽恕，必须诛杀。

徐有功一听，坐不住了，跳起来反驳：

"英明的君王有再生之赐，而来俊臣却不服从，反而危害了君王您的威信啊！做臣下的虽然应该嫉恶如仇，但也要考虑君王的诚信和意见才是。"

说的是什么意思呢？

一个英明的君主就应该有让人再生的恩赐，我们的君王做到了，有好

生之德，已经放了这七个部长级干部了。来俊臣不服从这项旨意，是对大周皇帝您威信的一种损害啊！

这句话是给武则天老太讲的。表明：一是来俊臣抗旨；二是来俊臣对皇帝不尊，说得很到位，也很厉害。

不过，这时，徐有功可能偷看了武老太的脸色，似乎对来俊臣并无愠色，于是就补充了一句：

做臣下的虽然应该嫉恶如仇，但也要考虑君王的诚信和意见才是。就是说，来俊臣的本意是好的，但也要考虑武皇帝的意思啊！

这显然是给来俊臣、武则天一个很舒服的台阶下的。

来俊臣多聪明的人，一听，也不敢力争，就不吭声了。

不过，不吭声是不吭声，但心中还是不舒服，心想，我来俊臣什么时候杀不了一个人，老徐，你的话暂且记下，以后再算账。

武则天多神武的人，一看这阵势，也就顺台阶下来了，全部免死，把这几个人流放了事。

这个故事史书记载是说徐有功据理力争，在我看来，只不过是巧言善谏而已，因为那时我们的老徐仅仅是刑部秋官郎中，也可能是记载错误，应为侍御史，但无论哪个官员，都根本没法深入案情，无法据理，也没有具体案情的证据审查，当然也就无法力争了。但能做到在满朝文武战战兢兢，畏来、周等人如虎的情况下，敢于进谏，实属不易！

这事给徐有功表面上没有造成什么损害，但却在来俊臣等人心中种下了祸根，苦于没有什么把柄，也只好作罢。

另一例是和酷吏周兴争斗的故事。

公元690年，河南道州刺史李行褒和他的弟弟山西榆次令李长沙被唐奉一陷害，经酷吏审讯，被判全族屠灭，并已经形成判决定论。

这里大家可能要问，是什么样的罪行足以灭族？

史书记得很隐晦，因为那时候大多没有什么真正的犯罪事实就以谋逆论处了，这样"莫须有"的罪名就把一个家族毁灭了。

武则天对待姓李的人更是如此，因此到中宗复唐的时候，全国李姓能生存下来的已经不多了！

那么对李行褒兄弟所虚构的犯罪事实是什么呢？

说来可笑，据唐书载：说这两位仁兄在高宗李治末年时，私自议论吉凶，发现周朝寿数已尽，阴谋复辟李唐天下。

这的确是个让人啼笑皆非的罪状：

其一，这两位仁兄，一个是五品刺史，一个是七品县令，能翻多大的浪？别说复辟李唐，就是手上那点可怜的士兵，还不够周兴等人每天杀的数目呢！（史料记载，周兴等酷吏仅以刑狱每人就杀了数千人）这两个人也不是傻子，怎么可能谋逆？

其二，当时是690年，也就是说仅仅是当年的9月，大周才立，大唐李姓才下野，在此之前还都是李姓家族执政，李氏兄弟谈何复辟？况且，李家成为在野，连李旦、李显都没有什么举动，倒是一个河南的刺史，一个山西的县令，充什么大尾巴狼，要复辟？天下李姓多矣，单关这两个老兄鸟事？

其三，从罪状看，似乎这两个李姓兄弟也就是动动心思，"私议""谋复"，没有动真格的，也不可能有什么动静。但仅仅是思想动态，就要杀人全族，也忒恨了！而且，这种心理状态怎么得知，必是刑讯逼供所得，能成立吗？

然而就是这样一个破绽百出的罪状，竟能定论。按照老徐的性格脾气，肯定不行。

于是，老徐在朝堂之上与大理寺和刑部的人争辩，竭力为两兄弟辩护。

可能由于李氏兄弟确实得罪了朝廷权贵，最终还是被屠族了。

老徐没有争成功，无法保护无辜官员，很闷闷不乐。

但还有一个人比他更郁闷，那就是老徐的顶头上司刑部侍郎周兴。

周兴是个臭名昭著的酷吏。

在朝堂之上虽然斗赢了徐有功，但觉得很不爽，心想，这个老徐，太不听话，在朝堂上，他也不给我个面子，还差点让我下不了台，一定得收

拾收拾他，让他知道知道我的厉害。

想到做到，想灭谁就灭谁，这是老周一贯的作风。

过了几天，老周写了一纸奏折递了上去，称：

"臣闻两汉故事，附下罔上者腰斩，面欺者亦斩。又《礼》云：析言破律者杀。有功故出反囚，罪当不赦，请推按其罪。"

什么意思呢？

周兴是说，我听说两汉过去的事，附和下面而欺骗皇上的要腰斩，而当面争辩的，也要斩首；而《礼记》中也说，以言论破坏法律者应该诛杀。徐有功前些日子多次为谋反的囚犯辩护，企图欺骗皇上，不应该宽恕，应当按这个故事和规定的原则法办他。

用通俗的话说，就是对已经定性的判决妄加议论，企图为死囚开罪，欺骗领导，汉朝时都是要砍头的，老徐正是这样的，因此，也应该砍头。

大周皇帝武则天听后，觉得似乎周兴说得有点言重，但也有几分道理，于是下令：

"就不要法办了，把老徐免职算了。"

由于徐有功常常在朝廷上与皇帝及一些酷吏争斗，结果多次被拿掉了乌纱帽，又多次莫名其妙重新启用，先后几起几落，断断续续地做过大理寺刑丞、刑部秋官郎中、御史台侍御史、司刑寺（大理寺）少卿等职，由于那时这些部门都执法，因此其一生可谓没离开执法官这个职业。

对官场上的是非，老徐并非不懂，因此在开始重新启用时，还辞让一下。

就在周兴弹劾徐有功后没多久，则天皇帝想想，这朝堂似乎安静得太恐怖了，还是把那个爱争斗的老徐给请回来吧。于是就征召他做御史台侍御史，老徐一听，坚决不干，倒地痛哭着说：

"我听说，梅花鹿即使在山林里闲逛，它的性命也在厨房中被决定，因为它的肉是人们需要的。皇上用我做官，我不敢扭曲法律而逢迎，因此，我将会因为我的忠于法律、忠于职守而丧命啊！"

这些话，可谓是句句衷肠，并无做作之处。

武则天哪里肯听，还是坚持任命。

不过，徐有功老先生后来也就疲了，管他呢，当一天官，能做多少，就做多少，反正皇帝好像也不打算轻易杀自己。

不过，无论做什么官，他都坚持唐初的宽刑仁恕的办案原则，而且矢志不渝，为此，当时的民众把他比作西汉时期的名臣张释之、于定国。他自己也说过：

"如果执法官员都能这样，那么刑法就可以不用，天下太平，人民幸福啊（刑措不用，天下幸甚！）"

但发生在公元692年的庞氏案件，却差点让他掉了脑袋，咱们下篇再说。

◆徐有功执法不畏死："岂我独死，诸人永不死邪！"

徐有功的第三例故事是和薛季昶、武则天斗法。

这个事情发生在公元692年冬月，有史书说是693年正月，都对！

这里要说一下，武则天执政后，为了特殊些，下令把每年的阴历十一月，即冬月改为正月，结果搞得连春夏秋冬都难以从月份上辨认。

不过，这个时间似乎和公历比较接近，但那时绝对不是与世界接轨的产物。

这年十一月初二，相王李旦（唐高宗李治和武则天的儿子）的老婆刘氏和小老婆窦氏向婆婆武则天请安问好。出来后，武则天却派人把她们给刺杀了。

这里大家肯定要问，为什么呢？

武则天时期，有个宫女叫韦团儿，十分乖巧，很得则天皇帝喜欢，但这个韦团儿很恨李旦。

为什么恨？史料没说，但可以揣测出来：男人记恨一般是面子、权力和利益，女人记恨应该是嫉妒、爱恋和利益。一个宫女，身在深宫，无非

想找个靠山，可能没有得到李旦的幸宠，使自己的利益无法得到满足，由妒到恨，也很自然。

于是，这个韦团儿就先拿李旦的老婆和其宠信的小老婆下手。这招一则练练诬陷的手艺，二则一旦成功，李旦就没有什么宠信的老婆了，而自己很有可能得到宠幸，依附李旦，一举两得，蛮狠的！

韦团儿就找到武则天，说李旦的老婆和小老婆经常在一起祈求鬼神，诅咒皇帝快死，李旦好重登宝殿，她们也可执掌后宫。

武老太一听，这帮女子，这么狠毒，竟敢咒我。

武老太太很生气，后果肯定很严重！不由分说，就安排人把她们杀了。

武则天见到两个儿媳妇的尸体，这才突然醒悟：

不对啊，也没问问，也没看证据，就这样把人给杀了，好像不妥！

于是赶紧让太监把她们偷偷埋在宫里谁也不知道的地方了事。

这事按说就这样算了，这后宫佳丽无数，突然不见两个人，也没多少人会注意。

可那是相王的老婆啊，但在那种情形下，相王猜都猜得出来：此事一定是冲我来的，我一闹，必然正中武老娘的下怀，那还不是第二个李弘（李旦的哥哥，被武则天毒死）？

于是假装没事一样。

武则天一看，也好，大家相安无事！

可那个韦团儿却感觉没有达到目的，想进一步陷害李旦，不过这次武则天长了个心眼，加上那李旦可是自己的儿子，不但没有听韦团儿的诬陷，反而把她给杀了。

伴君如伴虎啊，开始信任宠爱有加，一旦翻脸，那就只有被噬的份了！

咱再说那两个王妃的死，没有惊动她们的老公，却惊动了一个人。

这人就是润州刺史窦孝谌的老婆庞氏，是被杀王妃之一德妃的母亲。

李旦的老婆刘氏家族一般，但小老婆窦氏的老爸却是润州刺史，相当于市长，不过，那时候州大点，和小的省差不多。而且这个窦市长还是皇亲，是太宗李世民老娘窦皇后堂兄的孙子。

按说，女儿在皇宫中被杀，老爸作为官场中人，自然知道其中蹊跷，也不敢多说什么，但他的老婆庞氏就不一样了，肯定有些叨咕。

这事被其家奴知道了，就想告密。

这里要交代一下，大周武皇帝上台后，为了排除异己，到处散布特务，罗列这些贵族的罪状，但这些特务也不是万能的，于是武皇帝就想到引诱这些贵族的家奴来告密，取证，然后报告，而家奴则从中取得一定的报酬，就像现在的"线人""眼线"等。

这个家奴估计就是一个"眼线"，报告特务后，特务就让他取证。

于是这个家奴就利用便利条件，身穿异服，装神弄鬼，吓唬庞氏，庞氏恐惧，遂问家人，大家说，你祈祷鬼神，用于化解。

庞氏不知是计，就焚香祭祀，祷告祈求平安。

这一来，这个家奴就取得了证据：

说庞氏老太太和她死去的女儿串通一气，诅咒皇上。

要说，这种鬼话怎可相信？焚香祭祀，祈求平安，人鬼怎么可以串通？

但武则天信，不但信，还派御史台的一个御史叫薛季昶的，去调查。

这个薛御史更是离谱，居然认定确有其事，还活灵活现地描述庞氏母女如何串通进行诅咒。

汇报过程中，他痛哭流涕，泣不成声，义愤填膺地说：

"庞氏所为，臣子所不忍道。"

就是说，庞太太的所作所为，他实在不忍说出口，以此来说明他无法容忍庞氏行为的"卑劣"，无法忍受对皇上诅咒的悲痛。

我倒觉得，是他实在没有什么可编的，没有什么可诬陷的，才这样说的。

唉！这个薛御史，诬陷就诬陷吧，何必要装作如丧考妣，不，如丧老娘一样，活脱脱一个卑劣的官场演员，活脱脱一个十足的官场流氓！

历史是一个舞台，它总是出人意料地展现着一些高尚得让人热泪盈

眶、卑劣得让人咬牙切齿的人或事，这可能就是人们常说的"林子大了，什么鸟都有"吧！

这样一个让人不齿的无耻之徒，武则天却喜欢得不得了，立即擢升薛御史为监察司长。而可怜的庞氏，却被判处死刑。

一个简单的祭祀活动，就糊里糊涂地上了断头台，可谓无辜至极！

庞氏的老公不敢说话，因为可能自己一说话，就会葬送全族。

但庞氏有个好儿子，跑到徐有功那里，把大概案情讲了一遍，此时徐有功先生是御史台侍御史。

老徐一听，人鬼串通，这几乎是奇闻！

立即以正式函件通知停止行刑，并上疏说明这根本就是"犯罪不能"，应定无罪。

话分两头，这边刚刚升上监察司长的那个薛季昶正在喝庆功酒，一听说老徐又来捣乱，十分恼怒：

我就是靠这个案子升的职，你以为那个眼泪白流了吗？你给我翻过来，岂不是我错了？不行，不能让这个徐老头得逞！

可是这几个流氓一商议，要在徐有功的奏章上挑毛病，如同登天，况且，他们本来在这个案子里的主张就站不住脚。何不"围魏救赵"，干脆诬陷这个老徐算了。

于是一个关于徐有功是"恶逆"同党，多次包庇反囚的告密信到了朝堂之上。而薛司长更是自告奋勇，请求由他来调查。

自己组织的诬告，自己来审判，结果如何可想而知：

徐有功罪名成立，按律应该处以绞刑，就是勒死。

御史台一个监察御史得知这个消息后，流着眼泪告诉了徐有功。

徐有功听罢，平静地长叹一声："难道只有我一个人死，他们都永远不死吗（岂我独死，诸人永不死邪）！"

吃完饭，用扇子遮着脸呼呼大睡，大家本以为他强装刚强，于是偷偷掀开扇子一看，却发现他早已进入梦乡。

真是一个为护法视死如归的执法官，但这种视死如归似乎多了很多无奈和悲凉，一个经过多次磨难和沉浮的人，又怎么不把生死置之度外！

武则天看到薛司长关于徐有功的判决书，就把老徐喊到宫里。

劈头就问：

"老徐，你办案，为何错放了那么多人（卿比断狱，失出何多）？"

这是武则天的一个谋略，她想："如果问老徐某个具体案件，他一定会引经据典，入理入法讲半天，我还不一定讲得过他，我先来个下马威，把这个题目出得大大的，让他老虎吃天——无从下口！"

于是一脚把个"皮球"问题踢了过来。

老徐一听，皇上，你厉害啊，这么大的口袋让我钻，我怎么说？我说自己执法严格，皇上已经下了定义——"失出"，错放啊！那样就是罔议圣意，是要杀头的；如果说自己错了，下次改正，正中她的下怀，估计就得"赐绫悬梁"，没有下次了。横竖都是死啊！

不过，我们老徐是何许人也，只见他不慌不忙地回答：

"错放了人，是臣的过失，这没错，但却成就了圣上爱护老百姓生命的大恩大德，我这样做的目的，就是为了弘扬圣上的仁义道德啊，这应该是天下老百姓的幸事啊！（失出，臣下之小过；好生，圣人之大德。愿陛下弘大德，则天下幸甚）。"

好一个徐有功，把这只"皮球"又生生地踢了回去，还占据了主动。

第一，我的确错放了人，这是过失。这迎合了武则天问话"失出"之意，先抑一下；第二，这个过失是为了圣上您啊。只有错放了，才成就了您爱护百姓生命的仁义。不失时机地给皇上脸上贴了金；第三，我错放的目的也是为了弘扬圣上的美德，这里把自己的行为扬了一下。

尽管这个说法在法理上有点问题，但这种先抑后扬、恰到好处的辩解的确给武则天出了一个难题：

说老徐做错了吧，那他可是为自己好啊，这样以后谁还给你卖命啊？说老徐做得对吧，以后大家都这么干，自己苦心经营的御史特务大军怎么工作？

武则天皇帝一时语塞，沉默不语。

沉默之后，武则天还是做出了一个让人颇感意外的决定：

本事件的主角庞氏死罪可免，但和几个儿子一起流放广东；她老公窦市长贬为广东罗州司马。

而本事件后期的主人公徐有功，被免去一切职务。

又过了一段时间，武则天想起老徐，又擢升他做大理寺少卿等职。

徐有功六十二岁去世，享受大理寺少卿待遇。

◆狄仁杰谏高宗："羞见释之、辛毗于地下。"

要说唐朝的法官，就不能不说一个人，那就是狄仁杰。

关于狄仁杰的传说、轶事很多，特别在大周帝国时期，他的文治武功得到了充分的展示。

狄仁杰一生很是传奇，从判佐、法曹开始起家，直至做到阁老，一级宰相。

这仅仅是他仕途升迁的传奇，而另一个传奇就是他断案如神，明察秋毫，推理入微，办疑案，治国政，有条不紊；领兵打仗运筹帷幄，决胜于千里之外，定边疆，驱突厥，百战不殆，可谓文武双全。我们就撷取其中两三件来看看他作为执法官所展示的大智大勇。

公元676年九月初七，狄仁杰时任大理寺丞，一年就办理刑事积案一万七千人，无一申冤喊屈。

这里要说一下，一年办17000多人的案子，估计大多是株连的系列案件，否则累死我们老狄也不可能做到。况且，一旦案件过多，办案速度过快，"萝卜快了不洗泥"，质量何以能高？而狄法官又是一个喜欢打破沙锅问到底的人，因此，这个数字应是涉案人数，不是件数。据史料记载当时有一宗案件牵连，就株连了上千口，那么释放人数也应在千口之多。另外最高法院审判的案件，即使有冤屈，到哪里去伸？因而也只好认了，不过，我还是愿意相信是狄法官办案公道，无人被冤枉。

当时，出了一件大案。京城武卫大将军权善才和将军范怀义不慎误砍了昭陵上的柏树。

估计也不是这两个高级军官直接去砍的，应该是他们手下误砍的，而朝廷是管领导的，拿他们是问，应该是负领导责任。

另外，这里要交代一下，昭陵是埋太宗李世民的地方，也就是说，这两个大老粗军官指挥他的士兵误在高宗李治老爹的坟墓上砍树。

不过，既然是领导责任，应该不会太重，狄仁杰根据律法规定，就上奏高宗，说这种犯罪应当免去二人的职务。

这和现在差不多，领导责任一般是警告、严重警告、记过、记大过，严重点的，就是免职、撤职、开除公职。很少会涉及性命，毕竟是间接责任。

但这事不同，这是在皇帝祖坟上砍树！

高宗李治一看，这还了得，敢在我老爸坟头动土，你们吃了豹子胆了？杀！统统杀！而且斩立决！

一棵树，要杀两个将军，还有其他直接责任人！

"太重了！"

这是朝野上下一致的反应。

按现在的理论讲，价值也不对等啊，人的生命是最宝贵的，而树毕竟可以再栽，人命可就这一次啊！

不过，这关乎皇家祖坟，没人敢说话。

一般"众人皆醉我独醒"之时，正是"盖世英雄到来"之时，狄仁杰就是这样一个人，于是当朝上了一道折子，内容很简单：

"误斫陵树，罪不当死。"

高宗皇帝一听，勃然大怒，说："权善才等人砍了我父亲陵墓上的柏树，这是让我背上不孝的罪名，不杀他们，我这怎么给祖上交代，因此必须予以处死。"

这话就上纲上线了，本来误砍陵墓的树，没有什么大不了的，但那是我父亲陵墓上的，砍那颗柏树，就是对先皇不敬，对先皇不敬，而我做儿

子的,又不能杀了他们,不是让我背上了不孝的骂名?我的名节重要,还是这两个人的命重要?

这样看来,这个事件似乎已经转变为一个国家利益问题了!

说完此话,他狠狠地瞪着狄仁杰,似乎在说,狄法官,你是不是也要陷我于不孝之地?

左右大臣一见这阵势,都示意狄仁杰先退出朝堂。

不料,狄仁杰非但不退,反而上前慢条斯理地说道:

"我听说冒犯君王,让其生气,违抗君命,惹其愤怒,自古以来,都被认为是一个灾难。

"但我不这么想。在我看来,如果处在桀、纣时期,那肯定是场横祸;但如果处在尧、舜时期,就是一件很平常的事情了。而我十分幸运,遇到了像尧、舜一样的明君,当然不会惧怕自己会像比干一样被诛杀。

"当年汉文帝时期,有贼盗窃汉高祖庙里的玉环,这和现在这个案子差不多吧,那时也有人要求把这个贼盗砍头示众,文帝也是这个意思,但法官张释之在朝堂之上与其争辩,最终也没有将贼人砍头示众。另外三国时魏文帝准备把河北人迁徙到河南,辛毗拉着他的衣袖进行劝谏,最终也被纳用。

"所谓贤明的君主是可以用道理来说服的,而对于忠心耿耿的臣子贤君也绝对不可以用权势去恐吓。

"今天皇上如果不接受我的意见,我们同为法官,我死后,怎么到地下去见法官前辈张释之、辛毗呢(瞑目之后,羞见释之、辛毗于地下)?见了他们,我说什么好呢?

"现在我国制定的法律,已经公布于众,所谓'徒流死罪',都有等级次序和差异,哪有犯下了不应处死的罪行,而处以死刑?如果那样,法律规定不是没有了准则,缺乏了公信力?法制无常不稳固,老百姓就更不知道该怎么办了。

"当然,法律是皇帝您制定的,你自然有权改变它,如果您真的要变法,那就请从今日开始吧。汉朝的张释之说过:'假使盗取长陵上的一捧土，君王该如何治罪，如何规定罪行呢？'那么不知君王如何改变法律规定？

"而如今，皇帝因为昭陵被砍了一株柏树，而诛杀两位将军，多年之后，不知历史会把皇上记载成什么样的君主。这才是我为什么不敢奉命杀善才他们，我是为了不让君王您陷于滥杀无辜的恶名之中啊。"

这段话按古文算，长达260多字引经据典、不卑不亢的劝谏，充分表现了狄仁杰的大智慧。

首先，他从分析冒犯高宗生气开始，先说高宗系贤明之君，让高宗李治很舒服了一把，也保证自己不掉脑袋；其次，步步紧逼，通过两个先前案例，说明很多皇帝能有错就改，高宗也应该可以做到；其三，说明"明主可以理夺，忠臣不可以威惧"。进一步说明高宗是明主，是能听得进道理的，而自己作为忠臣，不怕威惧，如果高宗不采纳，自己无颜见那些故去的法官，主要是人家都遇到明主，让高宗听不进去也得听；其四，狄仁杰又从《唐律》规定的公信力、制定上说明高宗不可改法律规定而诛杀将军；最后，他巧妙地阐述自己之所以进谏，是为了皇上的好名声！

这样一个环环相扣，逻辑严密的奏章，还不把那个草包高宗忽悠得美滋滋的，于是过了些日子，高宗下令：

权善才等人免死，只免职算了。

又过了一段时间，皇上擢升狄仁杰为御史台侍御史。

◆狄仁杰与张光辅："如得尚方斩马剑加于君颈，虽死如归。"

前面我们讲了狄法官在大理寺智谏高宗的事。

后来，高宗擢升狄仁杰为御史台侍御史，再后来到了公元679年，狄仁杰弹劾当时正是红人的左司郎中王本立，扳倒了王郎中。但由于得罪了高宗李治，加上他自己说了，要是能弹劾王本立成功，即使自己被流放到

边远莽荒之地也愿意，最终，王郎中被弹劾倒了，但皇上也记住了狄仁杰的这个许诺，于是，在这事平息一段时候之后，高宗就以锻炼干部为名，把狄仁杰下放到甘肃宁县地区做宁州刺史。

狄仁杰到了宁县，与少数民族人民和睦相处，治理有道，人们安居乐业，很多老百姓还树碑对其功绩进行歌颂。

公元686年，御史台监察御史郭翰按规定对甘肃地区的政府下派干部进行任中考核，所到之处，听到的都是对官员的弹劾之词。

等到考核人员到了宁州境内却颇感意外，男女老幼，无不赞美他们的刺史狄仁杰。

郭翰到了招待所，地区官员都来汇报情况，七嘴八舌地说狄仁杰的好，郭御史说：

"我刚到你们境内，就知道了你们的政绩了。我会汇报刺史的成绩的，你们就放心吧。"地方官员才散去。

回到朝廷，郭翰立即推荐狄仁杰，皇上于是征召狄仁杰为工部侍郎，但那是个头衔虚职而已，实际上狄仁杰的主要任务还是在监察这一块，而且主要负责管理江南一带的官员，也经常被以钦差巡抚名义突然派下去处置一些官吏及司法上的"疑难杂症"，这一部分，在《狄公案》里记载得十分精彩。

这期间，狄仁杰留下了很多传奇的故事，整顿陇右、江南吏治，处置疑难大案，被誉为"大唐第一神探"。

武则天闻其名，遂又擢升他做了文昌右丞。

公元688年，越王李贞叛乱，河南汝南一带兵荒马乱，民不聊生，武则天又任命狄仁杰做汝南地区豫州刺史。

这时越王李贞叛乱刚失败，汝南因此事受牵连要杀头的人有六七百，而被注销户籍没收为奴隶的就有五千人，司刑使派人多次逼促执行。

狄仁杰觉得这些是错误株连，至少不该是株连这么多，于是暂缓执行，并秘密向武后上书道："我准备公开上疏，但考虑到这个案件是个叛逆的罪名，我这样做的话，似乎是为叛乱之人叫屈鸣冤；但我这个人，太后知道，是个直肠子，知而不言，又怕辜负了太后您一贯体恤老百姓仁慈的本意。写了又撕毁，一遍又一遍，总觉得无法准确表达真实意思。这些人都不是本心想叛乱，还希望太后宽恕他们的过错。"

武后一看，狄仁杰爱民之心可嘉，我太后也不能是铁石心肠，毕竟还没有称帝，还要在天下落个好名声呢。

于是下懿旨特赦宽恕，但死罪既免，活罪难饶，既然有过错，就全部流放到内蒙古五原一带（丰州）开荒种地戍边吧。

五千多人，背井离乡，呼儿唤女，如此大规模的流放，如迁徙一般，其场面之悲壮，可以想象。

这些人去五原，中途要经过甘肃宁县。

我们前面说过，狄仁杰在宁县地区也曾任刺史。

宁县的老百姓一看，是汝南的囚犯，格外热情，纷纷说道：

"是我们的狄刺史救的你们啊！"

于是两地百姓在当年建造的狄公功德碑下，哭泣叩拜，祭祀三天才又出发。这些人到了内蒙古五原，也立碑歌颂狄仁杰的大恩大德，有的还为狄仁杰建立生祠，世代供奉。

算起来，狄仁杰到两个地方任刺史也就五六年时间，能让老百姓如此敬仰，可谓做官的楷模、做人的榜样，一个人在世，能做到如此，人生足矣！

而老百姓似乎对官员任职时间长短并无要求，关键是你有没有记着老百姓，有没有为老百姓干事。惦记着老百姓的，老百姓肯定忘不了你的好！

我们再说说狄仁杰正在汝南这边收拾李贞叛乱，政府平叛的烂摊子，结果又出了一件事。

当初，越王叛乱，凤阁侍郎张光辅兼任政府军司令讨伐平叛。

要是明白这场平叛事件的人，应该觉得也没有什么可值得骄傲的，实际这次叛乱从起事到失败总共也就十七天，而且平叛的都是国家的精锐部队，叛乱的也就是社会上的一些乌合之众、闲杂人等，于是，结果自然是

叛军不战自溃，队伍还未接触，李贞的军队已经跑光了，只剩下李贞一家人自杀了事。

然而，就是这样的一次平叛，张都督的部队已经感觉自己很了不起了，于是多次伸手向地方索取财物。

狄仁杰当时正忙着在汝南府办差，就没有理睬。心想，我收拾残局已经够头痛的了，哪有工夫应酬你们，况且，李贞已经把地方财政弄了个精光，哪有什么财物，即使有，还有那么多老百姓要安置。

张光辅司令就很生气，心想，我大小是个宰相级、正二品，你一个刺史算什么？充其量最大就一个正四品。他很恼怒，斥责道：

"你一个小小的刺史难道要轻慢我堂堂政府军统帅吗？"

狄仁杰一听，怎么？要以势压人？就含沙射影地回了一句：

"扰乱河南的，当时只是一个越王李贞而已。但现在一个李贞死了，却出现了一万个李贞啊！"

张光辅不是粗人，感觉话里有话，就追问这话什么意思。

狄仁杰想，真不懂吗？那我告诉你：

"明公您率领大军三十万，平息了一场叛乱。叛乱平息后，您不约束军队，而任由他们横行霸道，滥杀无辜，这不是像出现了一万个李贞在人间吗？

"况且，当时叛军以胁迫的手段使老百姓顺从，老百姓手无寸铁，怎敢不从，但等到政府军来到，这些老百姓赶忙前来归顺的数以万计，出城投降的人数之多，在大营四周都踩出道路。而您不但不宽宥他们，反而为了让士兵邀功请赏而纵容他们滥杀归降的老百姓？

"只怕是怨声载道，冤声腾沸，直到云霄。

"我如果能得到尚方斩马剑，一定用它砍断你的脖子，纵然被处死，也会像回到家里一样高兴（如得尚方斩马剑加于君颈，虽死如归）。"

这几句可谓字字如刀，句句见血。

张光辅哑口无言，无以对答，尴尬之极。但心中觉得自己受到了羞辱，于是对狄仁杰怀恨在心。

张司令回到京都洛阳，见到了武太后，说狄仁杰出言不逊，羞辱政府军。而狄公正忙于公务，根本无暇顾及。

这人啊，就怕别人背后说你坏话，而更可怕的是你还不知道或知道而无法解释。好在这个坏话也不是什么大事，于是太后遂准了这项弹劾，把狄仁杰贬为复州刺史（名为平级调动，实为贬离京都）。

不过，任何一个时期、任何一个朝廷都还是需要有人干活的，要不，都是耍嘴皮子，拍马屁的，这国家怎么治理、老百姓怎么安抚驾驭呢？这一点，历朝历代稍微有点头脑的皇上都明白！于是，不久，武则天又把狄公请回来先做京都洛州司马，然后很快于公元691年任命他为转地官侍郎、判尚书、同凤阁鸾台平章事。

但随后在公元692年发生的一起案件，却差点要了狄公性命，尽管他用智慧保全了自己的命，却被贬到江西彭泽去做县令。

四年后，又被急征为魏州刺史、幽州都督，抵御契丹。

再一年后，入朝廷被任命为国务院副总理、监察部部长等职（鸾台侍郎、同凤阁鸾台平章事，加银青光禄大夫，兼纳言），后又兼任河北道行军元帅，直到退休逝世。

狄公一生从显赫到囚徒，再从死囚到宰相，可谓人生无常，世态炎凉。

好了，下一篇我们就说说他智斗来俊臣救自己的故事。

◆狄仁杰与来俊臣："承反何也？"

前面我们说徐有功的时候，就讲过这个震惊朝野的奇案。

说这个案子"奇"，是因为它涉及七个部长级干部，而说本案"怪"则是因为当时被认为最能为他人据理力争、破解冤狱的狄仁杰居然是本案案犯，而案件发展过程也十分离奇，因此确为大唐，更准确点应为大周一宗奇案。

故事发生在公元692年，来俊臣罗列罪名陷害官员，其中有一案涉及同平章事任知古、同凤阁鸾台平章事狄仁杰、司礼卿崔宣礼、工部侍郎裴行本、前文昌左丞卢献、御史中丞魏元忠、潞州刺史李嗣真七人。

史料未记载来俊臣诬陷什么罪状，只是说，他们阴谋反叛。

按说，当朝明眼人一看便知是诬陷。

因为这几个人都是勤勤恳恳、踏踏实实干活的好手，忠心耿耿、刚刚正正的老臣，说他们反叛，根本就是八竿子打不着的事，但朝廷楞给信了，还把这几个人给关起来交给罗列罪名的人，也就是来俊臣他们来审讯。

来俊臣等人当然也知道这几个人都不是好惹的，想直接先斩后奏，再虚构笔录，是不可能的，或把一个个打得皮开肉绽，刑讯逼供，估计这几个老骨头还很硬，又在群臣中德高望重，因此也不可硬来。况且，这几个老兄的生死，得武则天亲自说了算。

于是，来俊臣找到则天皇帝，上奏道：

"现在案子越来越难审了，很多人存在侥幸心理，不招，那就得刑罚，刑罚多了，就有损圣上的仁德威望。圣上是否颁布一项这样的命令，说只要第一次审讯就自动招供的，可以免去死罪，减轻一等处分。这样也可以少用刑罚，也体现我大周的仁德之心！"

说通俗点，和现在的视为自首情形差不多，在有关机关第一次找其谈话时，就交代全部罪行的，可视为自首，减轻处罚。

但那时就不是这个味了！

来俊臣等人什么时候想过皇帝的仁德威望，这不过是一个新的伎俩罢了。你想想，那时来俊臣、侯思止等人罗织的罪名是什么？那基本上都是谋反、谋逆，你承认了，那还有的活啊？那可是十恶不赦的罪名，是不能赦免的！

因此，这实际就是个圈套，横竖都是能杀了你，只是这样更好，自己供认，免得因刑讯逼供，万一搞出点事不好收场。但对犯罪嫌疑人来说，结果一样，都是杀头，所以，这个请命实际是个骗局。

可能武则天的确老糊涂了，或者她也是想利用这一点排除异己，竟然同意下达这样的命令。

来俊臣拿着这个命令，十分喜悦，就对任知古、狄仁杰等人宣读，让他们好自为之。

先从最难的人下手，来俊臣于是亲自审问狄仁杰，还是按照惯例（这个惯例，在史料有记载），让这个"资深法官"现场"观摩"了各类刑具的用法，直看得狄公唏嘘不已，心想，可真开眼啊！怪不得朝野上下，冤魂塞道啊！

来俊臣看狄公若有所思，心中暗喜，就说：

"怎么样？狄部长，你琢磨琢磨，说说看，这些东西，我就不在你身上实验了吧？"

狄仁杰轻轻一笑：

"大周朝改革维新，万物重生，新事物层出不穷，就像这些刑具，我们都是大唐帝国的旧臣，思想陈旧，跟不上形势，想都想不出来了，看来真是老了，如果因此，甘愿受死。如果你把这看作谋反，那确有其事！"

来俊臣一听，好，原来以为最难啃的骨头先酥软了，狄仁杰主动承认谋反，得，有了突破口，后面有戏！

但这里，请大家注意，狄公在这个口供里埋有玄机：第一，他估计那六个人必不会这么快承认，自己一个人承认，不会形成完整的证据链条，不会很快判决，给他赢得机会；第二，他说自己是唐老臣，对周的改革不理解，因此思想上反对，如果这算谋反的话，那是事实。但他没有说自己和他人真的有什么谋反的举动，这给自己留有后路，也就是说，"我就活动活动心思，也没什么行动"啊；第三，他只承认自己有思想守旧，跟不上形势的错误，没有牵连别人，而且仅为供词，没有证言，不构成对他人威胁，这个口供是随时可以翻供的，时机成熟，就可以翻身啊。

狄公何许人啊，如果这么就被斗败，还是大名鼎鼎的狄公吗？但来俊

臣可没狄公这么缜密的思维，他可能忘记了自己面对的是一个在法律界摸爬滚打数十年的老法官，也可能他过于膨胀，过于高估自己的智商，竟飘飘然，认定狄公自认，必死无疑。

于是来俊臣把重点放在其他六个人身上，对狄仁杰看管稍稍宽松了一些。

这时一个跟随来俊臣的法官王德寿一看，也想从狄公这里捞点甜头，就来找狄公，商量道：

"恭喜狄部长，按照我大周皇帝的命令，您一定会被减轻处罚，不会被处死的！而我也正准备借这个案子升个小官，不过，其他人都是来大人抓的，您看能不能成全我，再把杨执柔也牵连进来，这样我把杨指柔抓起来，我就是首办法官，您看如何？"

这显然是诱供，不过也够诚实的可以了，简直无耻到了赤裸裸的地步。

狄仁杰很轻蔑地问道：

"我怎么编造诬陷他的理由？"

王德寿大言不惭，继续诱导道：

"您当年做法官的时候，杨指柔不是当你们的司长吗？直接就说，你们一起商议谋反，就可以了！"

看到这些审讯法官丑恶的嘴脸，做了多年法官的狄公心里十分清楚。

他自己承认谋反还好，因为那是被告人供述，只有口供而无其他证据，不能定罪，那么尚有反水、生还的希望；但如果诬陷杨部长谋反，那就是证人证言了，到时杨部长经不起刑讯，再一招，岂不永无翻身之日？来俊臣、王德寿，你们太狠毒了，多少冤狱，看来都是这样所谓的"证据确凿"造成的！

想到这里，狄公悲怆地说：

"皇天后土，怎么让我做这种事情啊！"

说完一头撞到柱子上，顿时头破血流，满面鲜血。

王德寿一看吓坏了，赶忙向狄公道歉。

再说那边分头审讯，可就没狄公这里这么顺利。

首先，御史台御史中丞魏元忠老先生就是一个倔老头、硬骨头，酷吏侯思止审讯他，他就是不承认。侯急了，把魏先生绑着，让人提着他的脚，倒拖着跑，魏先生还乐呵呵地说：

"我感觉啊，就像自己不小心从我家驴背上掉下来，脚还在驴身上，被驴拖着跑！"

硬是把这帮家伙羞辱得难受。

这个时候也不忘调侃一下审讯自己的人，真是一个令人敬佩、十分可爱的老头。

侯思止恼羞成怒，让手下跑快点。

魏先生仍然不承认，理直气壮地说："直接砍头就是了，为什么非要我承认谋反呢？"

魏元忠是一个很高傲的老头，而且嫉恶如仇，特别鄙视那些奉迎阿谀之人，当年他在做部长时，一个拍他马屁的人，竟被他毫不留情地羞臊过。

就这样，魏元忠他们这边慷慨激昂、不亦乐乎地和侯思止斗勇。

那边狄仁杰也没闲着，他不动声色地和来俊臣斗智。

由于狄仁杰自己承认了，那么来俊臣这边就把判决书呈报上去了，只等皇上审批，就可执行。这中间等待的时间没有什么事干，狄仁杰知道肯定是死刑判决，就借写自白书为由，就让王德寿拿来笔砚，偷偷拆开一块被面，写了一份申冤诉状，痛陈刑讯逼供、诱供的事，缝在自己的棉衣之中。

一切搞定，就对王德寿说：

"现在天气慢慢变热了，我不知道还要在里面呆多久，请把棉衣让我的家人拿回去，把里面的棉去掉，做成夹衣。"

王德寿可能被狄公撞柱子的事吓坏了，也不检查，就交给了狄公家人，也传出了狄公的话。

这话里有话，棉衣一到家，一打开，申冤状便显现出来。狄仁杰的儿子狄光远得到申冤书，拿着它要找皇上，但皇上是随便见的吗？守门不让

进,于是狄光远灵机一动,大呼要告发事变,并请求见皇上。

一说有事变,那可是武则天老太太最揪心的,这还怠慢什么,一声令下,立即召见入宫,于是皇上就看到了这份申冤书,看过之后,武则天找到来俊臣询问狄仁杰是否被屈打成招。

来俊臣说:"狄仁杰自从被抓,我连他的衣服腰带都没碰过,整天吃得好,睡得香,就像休假、疗养,假如他没有谋反,怎么会自己承认?"

武则天不信,此时,她应该对这些酷吏特务的刑讯逼供应有耳闻,于是,就派一个法制办的一个叫周綝的侍臣去核实一下。

周科长还没有到,来俊臣已经安排狄仁杰穿着官服,戴着官帽在那站着,等周綝来看。周綝连看都不看,就点头说,这里待遇蛮好的嘛!

这个假也做得太离谱了,但周綝居然也信了,骗鬼呢!随后,来俊臣又命令王德寿以狄仁杰的名义,写了一份《谢死表》,也就是感谢诛杀信,意思是说,狄仁杰承认谋反,自知罪孽深重,感谢皇上让他解脱,请求皇上尽快批准他的死刑命令,好早日执行。这份表呈送周綝交给皇上。

读到这里,我想大家都会觉得,这也太神奇了,哪有感谢别人诛杀自己的,这种东西也能编造出来,真的要佩服这帮无赖流氓的想象力。

因此一个变态政权下的残酷政治,必然会孕育出奇异的怪胎,酷吏就是一个,而这种所谓的《谢死表》更是使之达到了登峰造极的地步。这样的怪胎,首先抹杀的,就是人性,然后侮辱的,是人的智商。

武则天听了周綝的汇报,看了周綝带回的感谢信,不过,可能这个事做得也太离奇,有点过,估计连武老太太也觉得惊异,就把狄仁杰等人传到朝堂之上,问道:

"狄仁杰,你说自己有冤屈,为何主动承认谋反(承反何也)?"

狄仁杰说:

"皇上圣明,如果我不承认,早就死在他们的严刑拷打之下了。"

武则天看看遍体鳞伤的魏元忠,也未深究,就又问道:"那为何又写了《谢死表》?"

狄仁杰很诧异地说："我没有写啊。"

武则天拿出，让他一看，于是真相大白，显然是别人"捉刀"之作，连名字都是代署的。

问了这两句话，满朝文武和武则天心里都像明镜一样，但武则天有她的处理方法。于是下旨：七人全部免死。

狄仁杰贬到江西彭泽做县长。

而其他六人中，除裴行本、李嗣真流放岭南外，其余和狄公一样，全部降为县长，分赴各地。这就是那个时代的纠错，因为这些错误源于上面，所以纠错的结果往往都是"死罪既免，活罪难逃"，没有证据也要让你长个记性！

不过，话又说回来了，这个案子之所以大家能从死囚牢里逃出来，还得佩服狄仁杰等人的智慧和坚强，中间如果稍微出现一点差池恐怕脑袋就搬家了，人治之下，一个人的生命就如同一根草芥，随着别人的好恶而决定。

◆张齐贤办案：要想公道，打个颠倒

公正讲理，在民间，就是"公道"。

公道有很多种形式，平等对待是一种公道，公正处理是一种公道，说理讲理也是一种公道。

那么如何能做到公道呢？

民间有句俗语："要想公道，打个颠倒！"

看似通俗，但其中含义还挺深奥的，有点现代意义上的换位思考的意思，但好像也不全是，不过，你还别说，我们古代就有人用它来办案，而且还很成功。

这个人就是北宋名相张齐贤。

说起张齐贤，当时可谓大名鼎鼎，有些史书说是张师亮，那是他

的字。

　　张齐贤的确没有愧对自己的名字，与"先贤齐名"！是当时有名的政治家、军事家、文学家，可谓全才了，不过，北宋那时的政治家、军事家也就那样，整天被西北那些辽夏轮番蹂躏，史书中记载最有趣的还是他办案的睿智。

　　事实上，老张在担任地方官时就非常留心刑狱，亲自查明了许多疑案冤案，他判案既果断又机智，有时还有些诙谐有趣。

　　宋朝真宗皇帝在位时，有两个皇族兄弟由于家庭财产闹起了纠纷，两人都认为对方分到的财产比自己的多，不公平，继而互相攻击，老二说老大分多了，老大说老二分多了，互相告状，并告到衙门。

　　本来财产纠纷案也不是什么大案子，财产分割也有据可查，如果站在第三人的角度来看，还是比较公平的。

　　可是因为两人都是皇亲国戚，地方官员明知是胡搅蛮缠，也不好认真追究，无法解决他们的矛盾。

　　于是，两人依仗着裙带关系，又将事情闹到了宋真宗的面前。真宗皇帝也没有办法，都是自己的亲戚，谁都不好偏袒。

　　案子闹到了宋朝京城开封的最高司法机关——御史台和开封府。

　　皇帝都没有办法，这御史台的御史和开封府府尹又有什么办法？

　　事情越闹越大，满朝文武全都出动了，献计的献计，调解的调解，跑前跑后十多天过去了，调解根本没有效果，事情反而越闹越大。总之，顾了老大，老二就说"不"；顾了老二，老大就说"不"，反正没有让这两个兄弟安静下来的好办法。

　　宋真宗被这事弄得头痛，那俩兄弟又各显神通，把事情捅到了后宫嫔妃那里，于是嫔妃们纷纷在宋真宗那儿吹枕边风，张贵妃帮老大说情，王爱妃为老二讲理。

　　宋真宗从早到晚为这事没个清静，又气又急，只得把张齐贤找了来。

　　那时候，张齐贤已经是宰相了，真宗见了他，尴尬地笑了笑说："爱卿，最近睡得好吧？忙什么呢？"

张齐贤一听，就知道他的言外之意：一是说真宗他老人家最近睡得不好，你想想，那些嫔妃天天睡觉的时候都和他"探讨"这个案子，更别说睡安稳了；二是问张齐贤忙碌什么，言下之意就是：你怎么不了解一下那个案子，也给出出主意。

张宰相何等聪明，怎不知真宗老人家的意思。另外，整个朝廷都为这个案件忙碌，他怎能不知，但他等待机会。

关键人物一般都会在关键时刻出现！

今天皇帝找他，正是他需要等待的关键时刻，也是他展示个人才能的一个机会，于是，他微微一笑，说：

"这件事情的确不好办，御史台和开封府自然办不了。要不，陛下就把这事交给臣吧，臣试试为他们做个了断。"

真宗皇帝心里这个美啊，真是瞌睡遇枕头，想坐有椅子，真是善解人意。

于是，就顺着"椅子"一屁股坐下去，满口答应：

"知我者，莫如师亮啊！有爱卿出面调解，我就放心了，只是要处事公平，做到双方满意就好了。"

张齐贤知道，皇帝的心病就怕得罪一个讨好一个，马上说："您老放心，我有主意了，到时您就听汇报吧。"

张齐贤立即把那两个兄弟召进宰相府，对他们说："听说你们为财产分割争吵不休？要不，对我说说你们各自的道理。"

开始两兄弟心里还纳闷呢，张宰相喊我们到宰相府干什么，现在两人一听，原来还是那个案子啊，我们什么人没见过，皇帝都没办法。于是二人立即在宰相府就争执起来了，老大要先说，老二也要先说。

张齐贤说："谁先谁后都一样，不要争，老大是哥哥，老大先说吧。"于是老大像放鞭炮一般，劈里啪啦说了一大通，无非是说先父死前分家产不均，偏爱小儿子，给他的田产较多云云。老二也不示弱，说先父死前分家产不公，偏爱大儿子，给他的金银房子较多。

张齐贤很耐心地听完后说：

"看来你们是不是都认为对方得到的财产多,而自己的那一份分得少吗?"

"是的。"双方几乎是异口同声。

"我分到的宅院没有他的大。"老大说。

"他分到的古董和田地远远超过了我的。"老二说。

"那我主持,给你们重新分配,行不行?"张齐贤慢条斯理地说道。

"可以啊。"两兄弟又是异口同声。

张齐贤说:"那好,你们就将各自陈述的理由和所分的家产列出来,写成文字,签字画押,作为凭据,不得反悔。"

字据立好后。张齐贤接过二人的签字画押,看了一眼,又问:

"老大,你认为老二的宅院比你的大,是吧?"

老大心想,这张老头怎么这样啰嗦,只得又回答一句:"是的。"

张齐贤又对老二说:"你不是说老大分的古董、田地比你多,是吗?"

老二也没好气地从鼻孔里挤出一个"嗯"字。

张齐贤说:"好,齐了!我就让你们皆大欢喜吧。"

他先对老大说:"你说他的宅院大,我就判你搬到他家去,他的宅院和田地全归你了。"

回头又对老二说:"你不是说他的财产比你的多吗?我也让你满意,你搬到他家去,他的古董、田地如今全是你的了。"

说罢,又召来两个吏员和两支卫队,当即叫他们分别监督两个人搬家,但是人搬财产不搬。

随后,又让二人相互交换了财产文契。

手续办完后,张齐贤笑着问他们道:

"这下该满意了吧?"

这两兄弟你看看我,我看看你,哭笑不得,早傻眼了,可字据在宰相手上,既不敢反悔,又不敢再告,心里说不出是什么滋味,但也只得说:"满意,满意。"

其实,二人心里都不满意。每个人的家,除了父亲分的财产外,自己也经营了多年，对自己的庭院草木，都有了感情。现在搬到一个陌生环境，都不习惯，但事情闹到了这一地步，也就只有这么说了，谁叫他们这么闹呢？

估计，这个记载有点误差，应该是试着让他们搬搬看，没有实际搬，但这种巧妙解决纠纷的方法，的确不是一般人能想得出来的。

办完事的第二天，张齐贤按照当初给真宗的承诺，拿着字据和两个人表示满意的笔录来向宋真宗汇报。

当真宗听到换财产后两兄弟的傻样时，笑得前仰后合，好半天才喘过气来，说：

"我就知道，除了你，没有谁能断好这场官司！"

张齐贤就这样，用了一个换位的方式，公道地解决了这个案件。不过，张齐贤也有自己为家财而诉讼，并且丢官的丑事。

这也是真宗时期，张齐贤在宰相任上。

一日，一个地方大吏薛惟吉壮年去世，年仅四十二岁。

薛惟吉的养父薛居正当过近二十年的宰相，家财不少，好在薛居正只有这一个养子，因此，那时薛居正死了，倒没什么纠纷。不过，薛惟吉的老婆柴氏和薛惟吉的小老婆生的儿子薛安闹得很凶，竟闹到了公堂之上。

争财产的官司要放在现在看，也不是什么大事，妻子儿子都是第一顺序继承人，平均分就可以了，但那时却有不贤不孝之嫌。真宗看他们闹得厉害，不依不饶，就寻思，一般来说，都是子承父业，这老婆怎么这么凶，说出的道理还一条条的，一定有人在背后撑腰，于是就交给御史台查办。

可这一查不要紧，竟查出柴氏的幕后指使竟然是张齐贤宰相。

原来，这柴氏与薛惟吉无儿无女，夫妻感情一般，但她却仰慕张齐贤老先生的才情，加上自己又十分姿色，于是与张齐贤一拍即合。

薛惟吉一死，柴氏就想嫁过张家去，但张齐贤的儿子听说薛家财产、书籍、宝物甚多，就鼓动她争财产，然后再嫁。

张齐贤老先生一想，这可是个财色兼收的好事，也默认了。

于是每次打官司、争论，都由张家在幕后出主意、想办法、找证据、寻证人。结果一个小官司越打越大，搞得朝廷鸡犬不宁。

真宗皇帝知道真相，一怒之下，心说，张齐贤，你做的好事！把张齐贤贬为太常卿，分司西京去了。过了不久，真宗气消后，又启用他做了宰相。

想当年张齐贤以奇招降伏两个争财产的阔少，再看看他自己为争遗产的努力，还真是一个鲜明的对照。"要想公道，打个颠倒"用在张老先生身上也是颇有讽刺意味的！

◆张咏"水滴石穿"：以酷治恶的法律逻辑

关于"水滴石穿"的道理，大家都耳熟能详。今天我们就来重温一下"水滴石穿"的故事。

宋朝时，张咏在崇阳当县令。

当时，常有军卒侮辱将帅，小吏冒犯长官的事，张咏认为这是一种反常的事，下决心要整治这种现象。

一天，闲来没事，就在县政府周围转悠，突然他看见一个小吏从府库中慌慌张张地走出来。

张咏很奇怪，下班了，怎么还有人在金库？于是大喝一声："站住，过来问话！"

小吏循声看去，见是县长，就走了过来。

张咏围着这小吏转了一圈，发现小吏头巾下藏着一文钱，就问来历。

那个小吏支支吾吾了半天，才承认是从府库中偷来的。

张咏听了大为震怒，立即命令随从差役把小吏押到公堂上去，加班开庭。

来到公堂上，那小吏很不以为然，懒散地看着县长。

张县长问:"你可知罪?"

小吏满不在乎地回答说:"老爷啊,你也太搞笑了,太认真了,一文钱算得了什么?有必要兴师动众、开庭审理?"

"一文钱算得了什么?这一文钱也是朝廷的钱!"张咏怒道。随即,他猛地拍了一下惊堂木:"将这奴才拖下去,重打四十大板!"

打完板子,张咏又问:"你知罪吗?"

小吏不服气了,摸着被打痛的屁股,说:"老爷,为了一文钱,没搞错吧?实在打得冤枉!"

张咏大怒:"你还敢叫冤枉,再打二十下!"

小吏嘲讽地说:"你也只能打我,难道还能把我杀了?"

张咏见这小吏竟敢如此顶撞自己,怒不可遏,毫不犹豫地写下判词:"一日一钱,千日一千;绳锯木断,水滴石穿。"

意思是,一个人一天偷一枚钱,一千天就会偷一千枚钱。日子长了,绳子能锯断木头,水滴也会穿透石头。

判决完毕,张咏把笔一扔,手里拿着宝剑走下堂来,亲自斩了那个嚣张的小吏。

这应该是一起典型的罚不当罪的案例。

就本案来说,这个小吏能够定罪的就是那一文钱,也就是说,盗窃数额只有一文,盗窃一文钱要如何处罚,宋朝应该有一定的规矩,比如前面的,可以打板子,但绝对不至于斩首。因此,此案张咏处罚得明显畸重。

事实上,张咏也知道,按照当时律法,盗窃一文钱就杀人,的确不合规矩,怎么办?于是,张咏便在犯罪后果方面做文章,就有了那个经典判词:

"一日一钱,千日一千;绳锯木断,水滴石穿。"

这句话首先说这个小吏的犯罪行为是"一钱",但他指出,今天发现是"一钱",那么长久下去,就是千万钱,那样,这个犯罪的后果是极其严重的,如绳可以锯断木头,水可以滴穿石头。你说问题严重不?真可谓"犯罪后果极其严重"了,那还杀不了你?

猛地一看，的确有点道理，但要仔细推敲，就会发现，这个逻辑有点问题：

"一钱——千钱，木断——石穿。"

可以说，上面这个连线就是张咏的逻辑，分别按"犯罪行为——行为积累——严重后果"。但这里他偷换了一个概念，那就是直接把行为积累后的后果直接套在了犯罪行为之上了，于是就成了"盗窃一文，也是后果严重"的法律逻辑。

这显然是一个错误的法律逻辑，小吏固然可恶，但罪的确不该死！

不过，在那个时期，像小吏这样的小人物往往连名字都不会有，生命更如草芥，杀了也就杀了。

现在的法官，可不要也做这样的逻辑判断，要不，那可就是草菅人命了！

说完这个故事，我们还是要说说宋朝张咏其人。

张咏，在北宋是较为有名的，官至礼部尚书。

关于他的历史记载，用一个很现代的词可以概括，那就是"酷"！

说他"酷"首先是指他年轻时好行侠仗义，以至于连金庸老先生也在《侠客行》一书附录的《三十三剑客图》中有他的身影。

史事记载还有两件：

在一篇宋人传奇《汤阴县》里写道，张咏有一次经过汤阴县，县令和他相谈投机，送了他一万文钱。

张咏也不客气，便将钱放在驴背上赶驴回家，晚上住了一家"黑客栈"。

所谓"黑客栈"，就是没有在官府登记的，不向政府纳税的那种宾馆旅社，一般都在较偏的地方，如郊区、边远山区。

深夜，张咏暗中听到店主悄悄告诉手下："今夜有大生意了！"

他认为店主欲杀人劫财，便挥剑杀得店中一个不留，并纵火焚店。

这是一个非常强盗的逻辑：第一，这是一个黑店，那么黑店就一定会杀人越货；第二，店主说有大生意，那大生意一定是要盗抢杀人；第三，既然店主要抢财杀人,那张咏就可以先杀了这些人,烧了这个店。试想,这样的杀人放火逻辑,和相传的曹操杀吕伯奢一家的情形有何不同?但似乎也没有记载追究他的责任,甚至连历史也没有对他谴责一下。

另一个事在宋人王巩《闻见近录》中记载:有一次,张咏在长安住店,夜里一中年人向他哭诉,自己在某地为官,曾经私用了公款,被仆人抓了把柄,欲强行娶他的大女儿,他不愿意,但怕仆人告状,于是苦闷。

张咏一听,决定为他出头。

第二天,张咏在店门口等到了那个仆人,把他骗到城外问罪,仆人反抗时坠崖而死。张咏回来对中年人说:"你的仆人回不来了,你快回乡,以后要小心从事。"

由以上事可见,张咏并没有正史记载的那么正义,只是一个不辨是非,放荡不羁,我行我素的莽撞少年而已。

做官后的张咏依然性格暴躁,以酷治吏。

他在成都做太守的时候,太监王继恩率军镇压李顺农民起义后,将许多起义农民抓来交给张咏处理。

这张咏也是性格乖戾,居然不问青红皂白,全部给放了!

王继恩得知后心想,老子在前面冲锋陷阵,费心巴力抓了这些叛军,你倒好,在后方给我全放了!于是勃然大怒,要找张咏兴师问罪。

张咏解释说:

"以前是李顺胁迫这些农民做贼盗,现在我和你共同努力,把这些贼人重新感化为农民,这有什么不可以呢?"

加上王继恩部下士卒在成都不守纪律,经常掠夺民财,张咏派人捉拿后,也不告诉王继恩,径自将这些士卒绑了,投入井中淹死。

王继恩有这个把柄在张咏手里捏着,哑巴吃黄连,也不好说什么了。

后来,张咏回到京城做官,一直到去世。

应该说,张咏之所以"酷",是因为有太多的"恶吏""恶人"无法整治,同样,也正因为在北宋这样政治混乱的时期,才造就了张咏这样的

"酷人""酷吏"和"酷官"。

◆四铁御史冯恩:一颗彗星引发的血案

明嘉靖十一年,就是公元1532年的一个冬夜,嘉靖皇帝用完膳,在御花园赏月散步。

吃饱的嘉靖喜欢看天,不过,他看天和别人不一样,嘉靖平日崇仙迷道,笃信鬼神,他总想从不同的星相,以及云卷云舒、日月变幻中寻找自己以及自己"家天下"命运兴衰的钥匙。

似乎今天的天空和往常没有什么区别,月亮和往常一样圆一样亮,这让喜观天象、自称神仙下凡的嘉靖皇帝很失望。因为,他往往是按照晚上的星相来决定近一段时间的工作安排,而最近一直没有什么变化,这样他就不知道明天该干什么了,甚至不知明日早朝该和大臣们讨论什么问题。

人往往都是这样,一个惯性的思维,一个固定的格式,开始是人制定的,然后久而久之就成了操纵人的工具。为自己制造的篱笆所困,是人类的通病,自称聪明绝顶的嘉靖天子也没有例外。

功夫不负有心人,天空的东北角突然一亮,天际上一道彗星划眼而过,美丽的长尾曳后,闪着青白的寒光,恍如白昼,灼目逼人。

彗星!嘉靖想仔细观察,但却一时睁不开眼,忙用自己宽大的袍袖遮住视线。

心中有喜有悲,喜的是终于有了一个天象可研究,悲的是彗星贯空,在天象学中是灾相,深谙此道的他心中陡然就升起了一种不祥的预感,忍不住打了个寒噤。

慌慌张张回到宫中,一夜难眠,梦中都是那穿越天际的彗星。

第二天,他早早上朝,急问大臣可否看见昨晚的彗星,下诏命令群臣直言吉凶,道破星相玄机。

古代对天文不理解，于是，很多天象被分为吉凶两兆，满月、彩霞等自然天象为吉兆，而日食、月食、彗星等反常或很少见到的天象则为凶兆。

群臣听说有彗星穿空，都心知是凶兆，但无人吭声，虽说嘉靖要求大家直言祸福吉凶，但这个皇上生性乖戾，喜怒无常，一旦回答得不顺圣意，一语招祸，把性命丢掉是常有的事。于是人人自危，面面相觑，战战兢兢，谁都不敢轻易作答，一时大殿里静得连一根针掉到地上都听得见。

嘉靖一看：什么意思？我养你们这一帮废物干什么？就没有一个为朕分忧的？看来今天不杀几个，恐怕是不行了！得，我先提个议，大家议一议：

"要不，我们建个南郊和北郊的圣坛，分别用于祭天和祭地，南郊由我去祭拜天神，皇后则在北郊养蚕祭地神，以排解这一征兆。"

此言一出，大家各陈所见，嘈嘈杂杂，支持者和反对者竟当场对骂、嘲讽和指责。

嘉靖见状，在一个反对者"劳民伤财""违反古律"的言论之后，突然生气地大喝一声"邪徒"！

什么意思呢？就是说那些反对者是邪恶之徒，已经定性，恐怕要开杀戒，一时间，刚刚还闹哄哄的大殿又一下子像时空凝固一样安静。

嘉靖正要下旨，突然殿下一个洪亮的声音说道："臣对本征兆有本上奏！"

嘉靖一看，是南京御史冯恩，急忙说道："好，快说说看！"

这里咱们说说这个冯恩。冯恩，字子仁，幼年丧父，家境贫寒，母亲吴氏亲自教他读书。他学习勤奋，在当时传为佳话，成为许多读书人的楷模。

说有一年除夕，冯恩家中连锅也揭不开，偏偏大雨滂沱，房顶滴答滴答不停漏水，冯恩却照样饿着肚子，端坐床上读书。

明嘉靖五年，也就是公元1526年，他考取了进士，被授以"行人"的

职务，代表皇帝到各地宣谕旨意，相当于现在的巡查组巡查员之类的官员，没有实职，但代表中央政府，到处训导、督查和慰问，也十分了得。

有一次，他在慰劳两广总督王守仁时，觉得这个王总督人品不错，遂拜王为师，背靠大树好乘凉。不久，冯恩擢升南京御史，是御史台派驻南京的御史。

冯恩当上南京御史后，首次建立了检法互相监督制度。过去，御史台把案件转移到刑部，再交大理寺办理，并不用出具起诉书，当然，大理寺也不用回函向御史台通报判决结果。

冯恩再三考虑，觉得这样不妥，双方如不互通信息，不保持沟通，一来对案件的处理结果，御史台不知道，无法监督；二来对案件的公平处理也极为不利，御史台根本起不到御史监督的作用。于是他要求御史台出具起诉状给大理寺，大理寺判决后必须回函告知结果，通报情况。

一开始，大理寺很为恼火，颇感不满，法官纷纷抱怨，这些御史都是各地的下级小官，凭什么对他们的工作指手画脚？

大理寺正卿也和冯恩谈起此事，冯恩笑笑解释道：

"我们哪敢对大理寺的工作说三道四，我只是想知道御史起诉的每个案件的处理情况和最后的结果而已，这样才能方便相互检查核对，避免错漏。"

这样一说，大理寺正卿也不好说啥。于是，冯恩的这项改革制度得以推行下去，的确起到了监督法官和官员滥用职权的作用。如一次他到上江巡视，得知当地官员张绅杀人，立即启动监督程序，并奏准按律处决，一时朝野震惊。

由此事看来，这个冯恩并不是那种不会说话的人，而是很会说话，后面我们也能领会到他语言的不俗。

今天，皇上诏群臣商议天象，冯恩本不想说话，但见嘉靖皇帝生气，要因此杀人，急忙上疏说道：

"作为臣下，要给皇上说句话，实非易事。今天皇上明示要求大家说实话，但有人说了反对皇上意见的话，却被指责为邪徒，这样让做臣子的不是无所适从了吗？我想，这绝非皇上您的本意，必是您左右奸佞之人背后进谗言的结果。如今世风日下，为臣子的，都以不说话、装糊涂作为老成城府明哲保身之术，已经很难有忠心耿耿、直言不讳的人了！如果此次反对就被定为邪恶，那么以后凡是皇上说的，大家附和就可以了，这样的廷议有什么意义！至于天地一起祭祀已经有百年的历史，不是说改就改的了，《礼记》里说："男主外，女主内"，皇后身居深宫，怎么适宜到荒郊野外？因此我建议就不要此两项动议了，不要成为一些阿谀之人邀宠之法，而耽误国家大事啊！"

应该说，早在冯恩准备这份奏折时，他就预料自己是不受嘉靖欢迎的人，但他这段话说得还较为在理，且不说后面尊崇古法的建议是不是正确，但前面的不以廷议言论获罪，却是十分有道理。事实上，嘉靖皇帝也就是一个临时动议，没有真正实施的意思，加上冯恩也没说到什么实质内容，于是脸上的愠色渐渐缓和了些，这让冯恩长出了一口气。

看皇上并没有发怒，冯御史就来劲了，他接着滔滔不绝起来：

他首先指出，皇上所遇天象不是他物，正是"扫帚星"，恐怕是凶大于吉。

这让皇帝的确一惊，对呀，那是什么原因呢？

冯恩接着在奏疏中称"天相凶险，是因为朝廷中有很多奸佞凶险之人未除的结果"，而朝中的奸佞凶险之人则是当朝的一些官高位显的大臣。随后，他充分运用自己会说话的特点，把当朝从大学士到六部尚书、侍郎，也就是当时的副部级以上干部，逐一评价，褒贬有加。最后他把矛头不偏不倚，直指大学士张孚敬、方献夫和右都御史汪鋐。

他称张孚敬"刚恶凶险，娼嫉反侧"，是凶险之源；方献夫"外饰谨厚，内实诈奸"，是奸佞之躯；汪鋐"如鬼如蜮，不可方物"，乃妖鬼化身。最后他指出：这三人正是扰乱朝纲的三大"扫帚星"，其中张是国家大业的彗星，方是朝廷中的彗星，而汪是钻在皇帝心腹中的彗星，三星不除，官员不洽，民政难理，要想弭除灾祸，是不可能的。

如果说凭冯恩一个小小的厅级干部，随意评价指责副部级干部的越权

行为，嘉靖还能容忍的话，那么后面他对这三人的评价，则是嘉靖皇帝绝对不能容忍的，可谓言多必有失，冯恩老先生也是一时糊涂啊！

理由很简单，这三个人，无一例外都是嘉靖皇帝宠幸的权臣。嘉靖一直认为自己能知人善任，治国有方，现在让你冯恩一说，倒成了昏庸无能之君，况且我整天和这些人在一起厮混，他们是扫帚星，我是什么？于是嘉靖不勃然大怒就奇怪了：

"大胆！我看这彗星的凶兆就是你冯恩，妄议朝政，诽谤朝臣，蛊惑人心，与我拿下！"

拿下了冯恩，嘉靖却认为，一个小小的地方御史，绝对不敢针对这三个三品高官，其背后一定另有主谋和同谋，于是立即下旨一定要将其幕后主使揪出来。

案件交到了锦衣卫那里，这个锦衣卫是干什么的呢？它实际就是一个特务机关，相当于当年国民政府的军统、中统。这些人审案基本是刑讯逼供，连日不停地对冯恩拷问，要他交代同党，受到酷刑的冯恩几次昏厥，但他铁口钢齿，始终不改其口。

不过，这也苦了冯老先生，要他交代同党，本来就是没影的事，他到哪里找同党主谋呢？可话又说回来了，在严刑之下，又有多少人到处乱咬，牵连了不少无辜，这样看来，冯老先生的确值得佩服。

可找不到犯罪集团，嘉靖更加怒不可遏，更加坚定地认为，冯恩此举是借议事的机会，"仇君无上，死有余罪"，现在这个问题又上纲上线了，已经到了欺君罔上的地步，于是连为冯恩说情的大臣王时中、闻渊等人也都被怀疑，纷纷被夺职去俸，而冯恩更是被判决为死刑，且为斩立决，只等来年秋后问斩。

第二年秋天，霜降过后，刑部、都察院、大理寺三法司依例会审死刑案件，就和现在的死刑复核程序差不多。经过复核，分别提出四种处理意见，呈报皇上最后裁决。分别是：第一种，情实，就是事实清楚、证据确实充分，应当斩立决；第二种，缓决，就是事实清楚、证据确实充分，但无须斩立决，应当暂缓处决，以观后效；第三种，可矜，就是事实清楚、证据确实充分，但有可以宽宥的情节，应当给予宽大处理；第四种，可疑，就是事实不清楚或证据不充分，案件存疑太多，应当重新审查。

按说，这个三司会审每年还是纠正了不少冤案，于是大家都寄希望于冯恩能在这次会审中死里逃生。

然而，令人想不到的是，主持这三法司朝审的人，居然就是曾被冯恩上疏指奏的右都御史汪鋐。

只见他洋洋得意，高跷着二郎腿，面东而坐，看着带来的冯恩，心中暗喜：要你举报我，看你落到我手上，怎么收拾你！

冯恩上堂一见是汪鋐，自知这关肯定过不去了，于是干脆一硬到底，只向北阙而跪，即是别过头去，和汪正好形成直角，根本不正眼看他，以表示对他的蔑视。

"岂有此理！"

汪鋐跳将起来，命令吏卒把冯恩拽过来面西而跪。冯恩倏地挺身而起，干脆还不跪了。吏卒于是大声呵斥，冯恩铜声铁喉，破口大骂，竟吓得吏卒连连后退。

汪鋐一看，心想，算了，让我调戏一下你。于是阴笑两声，得意忘形地走近冯恩：

"你几次三番不是上疏要杀我吗？呵呵，肯定想不到今天是我先杀了你吧？"

冯恩看都不看汪，高昂着头，从鼻孔里哼了一声：

"哼！天子在上，你身为大臣，公堂之上，想以私怨杀我言官吗？这里是什么地方，你竟敢当众讲出这样的话，真是肆无忌惮！我今日慨然一死，变为厉鬼，正好上阎罗殿抨击你贪赃枉法！"

这话软中带硬，一方面说汪鋐公报私仇，枉法裁判，另一方面还抓住了汪话语中的把柄。

汪鋐闻言，脸色大变，声音也发起了颤：

"你，你，你不是一向以清廉、正直自负吗？为何却在狱中多次受人

馈赠？岂不也是……咳咳，岂不就是贪赃！"

冯恩见汪鋐已经乱了方寸，哈哈大笑，轻蔑地瞥了汪鋐一眼：

"这是患难时的体恤周济，乃古今之通义，岂可与你居高位、受金钱、卖官鬻爵同日而语？"

心里说，就这点水平，和我斗嘴，下辈子吧！

紧接着，他又在公堂之上一桩桩一件件地历数汪鋐贪赃枉法之事。

汪鋐在座位上听得坐立不安，脸上抽搐不止，冷汗直流，竟然不顾体统，推案而起，要扑上去扭打冯恩。在场的其他官员一见，赶忙劝解，汪鋐回到座位狠狠地在原判上签上"情真事实"四个大字，即维持原判，上报给皇帝。

审完后，冯恩被押出长安门，在道旁围观的人排成长长的队列，都想亲眼见见这位以直言著称的铮臣。

人们一边传着他在朝堂之上斗贪官的事，一边感慨叹息："冯御史，非但口如铁，其膝、其胆、其骨，也都是铁打钢铸的！"

从此之后，冯恩在京城便得到了"四铁御史"的美誉。

冯恩被维持死刑的消息很快就传到了他在松江华亭的家中。原来还抱一线希望的冯家人一下子急了。他的母亲已八十高龄，还亲自到当地政府门口击鼓鸣冤，当地政府不受理；冯恩的长子冯行可当时只有13岁，但他为了救父亲，竟日夜匍匐在长安街，看到有官衔之人驾车马经过，就大声呼号喊冤，情状十分凄惨。

而此时，汪鋐已经升任吏部尚书，尽管有人上疏请求宽恕冯恩，也一直没有下文。

转眼一年过去了，皇上既没批准斩冯恩，也没有释放他的意思，于是冯老先生就这么一直被关着，生死未卜。

冯行可看到奶奶思子心切，终日以泪洗面，就对奶奶说：

"父亲冒犯了皇上，死罪难逃，现在恐怕只有让孙儿去代父受刑，方能救他出狱了。"

说罢，他刺破自己的手臂，蘸血作书，还自行捆绑起来，在皇宫门前跪伏于地。

那封血书写得情真意切,声泪俱下,一再表达甘愿替父受死,家中祖母已年届耄耋,由于忧伤过度,已仅余气息,父亲若死,祖母亦必不能活,若赦免父亲,就等于救了两个人的性命。

人心都是肉长的,这封血书最终被递交到嘉靖皇帝那里。嘉靖读后对冯行可的孝心感动,也不禁动了恻隐之心,下令重议此案。

有了皇帝发回重审的函,加上那个汪鋐已经不在三法司了,没有干预此案,重议很顺利,结果只是以冯恩"奏事不实"为罪名,死刑过重,改为流刑。

这是一个皆大欢喜的复核结果,皇帝的面子保住了,嘉靖高兴;冯恩在死亡线上挣扎了几年,命总算保住了,全家千恩万谢,到了雷州。

冯恩在雷州度过六载后,遇到大赦,他回到故乡松江,晚年,过着平静的生活。据说两袖清风的冯恩回乡时,只是带着两箱青砖,随后他购买了不少别人看不上眼的贫瘠土地,精心打理,倒也获得了不错的收成,家境也渐渐得到了改善。

冯恩有一位好友郭济,在他身陷囹圄,命悬一线的时候,曾经不顾个人安危,给了他极大的帮助。当年冯太夫人和冯行可在北京击鼓鸣冤,都是在他的暗中支持下进行的。友人的如山重恩,冯恩始终铭记在心,郭济去世以后,他就承担起了抚养郭家遗孤的责任,他们成家立业之时,还以土地住宅相赠,以报答他们父亲生前的恩情。

隆庆帝即位,即公元1567年,对嘉靖年间敢于直言进谏却遭迫害的忠臣一一平反。此时,冯恩已年过花甲,身体大不如前,难以重新回朝领命,便在家里拜受大理丞的官衔,算是享受个待遇罢了。这一天,他口吟诗一首,其中有两句是:"曾习武戈安成籍,岂堪束带点朝班。"晚年的冯恩对政治上的是非得失已经不太在乎了,近三十年的平静生活,淡泊的乡野村居生活反倒令他怡然自得。他与家人谈到农耕方面的事,总是兴致盎然,也显得十分在行,他还开玩笑地说:"这里头的学问,真是胜过读一部《汉书》啊!"

冯恩终年81岁，著有《刍荛集》。冯行可后来没有考中进士，经推举先做了一名府吏，后来升为应天府的通判，也是法官，著有《敕斋集》。

据说，冯恩因其铮铮铁骨，一身正气，被朝廷授予了御牌和一面"四铁高风"的龙旗。冯家后来在娄县当地建造了一座"冯家祠堂"，供起御牌，还在堂前的独脚旗杆高挂起这面龙旗，后来这块地方就被称作"冯家旗杆"。别看这座祠堂设在穷乡僻壤，凭着龙旗和御牌，名震当时的松江府。据说凡是路过此地者，文官必出轿，武将必下马。

宋人有一首诗，称南宋的胡铨直言上书之事为天下之奇。诗曰："大厦元非一木支，欲将独力拄倾危。痴儿不了公家事，男子要为天下奇。当日奸谀皆胆破，平生忠义只心知。"

如果说南宋胡铨直言上书可称为天下之奇的话，那么，明朝的冯恩弹劾三奸，誓不屈服，铁口铁膝铁胆铁骨，就更称得上是奇中之奇。

◆包公弹官："黄河清"背后孤独的正义

如果问在中国历史上，最有影响的清官是谁？估计很多人会想到包公。

包公名包拯，是北宋中期的一名官员。包公在担任地方官员和御史期间，铁面无私、秉公执法，在历史上以断案刚正不阿、执法如山而著称。而在戏剧、公案小说、民间故事中，关于"开封黑脸包公"的故事也是广为流传。

元代名臣王恽曾夜宿开封府署，就撰一绝云："拂拭残碑览德辉，千年包范见留题；惊鸟绕匝中庭柏，犹畏霜威不敢栖。"

说过了那么几十年，鸟都还不敢在包公当年的开封府的柏树上停留，原因是包公太威严了，人虽已去多年，但余威尚存。

事实上，包公并没有人们所想象和编撰的那么神奇，脸也没有戏剧描述的那么黑，那么丑。不过，在历史上有一点关于包公的说法倒是很奇异的，那就是包拯不笑。

当时在社会上流传着一句话："包公笑，黄河清。"

包公一笑，比黄河变清还难得。

按说，史籍未曾记载包拯有过类似面部神经麻痹之类的疾病，我们也无由推断他是个内心麻痹的人。但不管为什么，一个不会笑的人，无论多么值得敬佩，也很少有人会喜欢有这样的一位同僚老兄，这样一位邻居大哥。

但如果真正了解了他当时所处的环境，以及他所做的事情，你就会理解，他那没有笑容的黑脸之后，是一颗孤独的寻求正义的心。

试想，你整天看到的都是自己厌恶的人和事，你整天都要为那些烦心的事操劳，你能有几分开心的笑容！那么他做了什么呢？我们一点一点道来。

包拯在做御史时，无论何时何地何种情况，他都直言谏君，奋力弹劾官员，举荐清明有能力的干部。

无论是平时，还是遇到天灾、星变之时，包拯都上疏仁宗，既对仁宗本身的过失提出批评，又对治国安民的大计提出建议。另外，他还特意上了一道《进魏郑公三疏札子》，把魏征的三篇奏疏抄录给宋仁宗，希望仁宗能像唐太宗那样，成为"英明好谏之主"。宋英宗治平三年（1066），即包拯死后四年，张环在《孝肃包公祠堂记》中说："观公平居进益廷争之语，人能道之，任刚肆直，虽鼎镬在前，植若自守，闻者为其悚然。"如他曾上《天章阁对策》，条陈《七事》，"大指明慎听纳，辨别朋党，爱惜人才，不主先入之说，荡去疑法，条责臣下牵录微过，其论甚美。"

应该说，宋朝的几代皇帝，除了太祖是个武夫，高宗是个白痴，太宗有点昏庸，其他的皇帝，都是琴棋书画样样精通。虽然治国差点，但这种在艺术中形成的民主气氛还是不错的。因此，尽管包拯等人敢犯颜直谏，也没有受到什么迫害，其意见反而多次被朝廷采纳。因此，宋朝虽然军事上平庸，但当时无论文化、艺术和科技都是值得称道的，就拿中国古代四大发明来说，除了造纸是汉代的蔡伦外，火药、指南针、活字印刷，都出

自宋代。

庆历二年，即公元1042年，宫中小吏周景伙同胡可观盗用杂买务罗帛，"周景为首，合得绞；胡可观为从，流配千里外牢城"。周景为躲避罪责逃走，次年被捉获，"奉圣旨决脊杖十七，配黄州牢城"。

这个处理本来就有点蹊跷，按说，主犯逃走，从犯发配千里之外，而主犯被抓回后，不加重处罚也就是了，最起码也该按照原判，处以绞刑吧，但仅仅发配开封外不足五百里的黄州，这明显减轻了处罚。

但就是这样，这一判决也尚未执行，周景又一次逃走。后来又被捉获，这一次仁宗内降圣旨，"令免徒罪，只配北作坊工匠"。

这太有戏剧性了，在警备森严的官牢，竟能一次次逃走！

不过，这次抓回来后判得更离谱：连黄州都不用去了，就在京城建筑公司做泥瓦匠了。

从这一回回逃走一回回减轻刑罚来看，让人不得不怀疑周景的逃走，似乎是一个计划周密的布局。

当时，包拯仅为监察御史，就上疏反对仁宗的内降圣旨，要求"依元降徒罪，更不令充工匠，改配远地州军牢城收管"，意思是，不能充当什么工匠，应当按原来的判决发配，发配到更远的军牢城看管。

这个建议，最终仁宗还是接受了。皇祐二年，就是1050年，包拯又一次上疏，指出凡有内降，尽由请托，"或冒陈劳效，以图荣宠；或比缘罪犯，苟希横贷"，"妨公害政，无甚于此"，请求止绝一切"内降"。另外，又建言"御史府得自举属官，谏官、御史不避二府荐举者，两制得至执政私第，减一岁休假日，皆施行之"。

这些，可都是一般谏官所不敢言的事情啊。

前面说的是谏君，下面说说弹臣。

一是弹劾贪官酷吏王逵"复出"。

王逵原是荆湖南路转运使，曾非法摊派人户钱物上供，就是改变税收政策，强收老百姓钱财以作行贿之用。老百姓受不了了，就逃进山洞，聚众反抗。

此事传到皇上那里，皇上总得做点样子以安抚老百姓，于是对其降职处理，让他去做池州州长。黜降之后，潭州父老数千人共设大会，连续三天烧香点灯，以示庆贺。

但没过多长时间，也就是公元1045年，王逵州长从池州又到了风景优美的扬州，再接着，又由扬州知州升任江南西路转运使。

王省长"复出"了，不但复出，而且仍然"依前残酷，枉法徒配民吏，恣行威福"，还很不低调。

包拯时任监察御史，得知此事，立即上疏弹劾说："王逵行事任性，不顾条制，苛政暴敛，殊无畏惮……欲望圣慈特与降黜。"

宋仁宗一听，就指示王逵，遇到这些事情应当由本路提刑司处理。可不久，江南西路提刑官调动，新官未到任，王逵于是兼任提刑官，并怀疑前洪州州长卞咸背后告其黑状，于是唆使人告发卞咸在任时的所谓罪行，先后监禁了五六百人。

这恐怕是最不安分的"复出"官员了，按说，你在任里出了问题，几年功夫又官复原职，本该兢兢业业，夹着尾巴做人，但他非但变本加厉，而且还打击报复他人。

第二年，包拯接连两次上疏弹劾王逵，由于这个王逵做得也太过分，仁宗没有办法，先是把他改任湖北路转运使，后又改徐州知州。过了五年，即1050年11月，王逵又由知徐州升任淮南转运使，这种"复出"可谓是朝廷上下"闻之，无不骇愕"。

包拯当时从御史台已经调到了龙图阁，但依然上疏弹劾："王逵累任荆湖南北路、江南西路转运使，并以所为惨虐，黜降差遣。昨任河东转运使，恣性狂率，愈甚于前，未几降知光州，又改今任。虽该霈泽，弃瑕录用，然刻暴之性，难以悛改……伏望圣慈特赐追寝诏命，且令依旧知州。"未得到答复。

包拯又与陈旭、吴奎接连四次上疏弹劾王逵，指出："王逵凶暴无识，残忍有余，列位簪绅，心同蛇蝎，因缘奸诈，遂忝职司。""今乃不恤人言，固用酷吏，于一王逵则幸矣，如一路不幸何！"意思是说：任

命王逵这样的贪官酷吏担任转运使，等于拿一路的百姓让他去残害。这对王逵来说，是一件高兴的事；而对一路的百姓来说，则是一场莫大的灾难。

这次弹劾终于起到了作用，以至于朝野震动，皇上不得已，终于罢免了王逵的省级职务。如此看来，坚持正义，仅仅靠坚韧不拔的毅力是不够的，还应当有坚持的力量，这种力量往往来自于群体。

二是弹劾"国丈"张尧佐"无能"。

张尧佐是张贵妃的伯父，自称"国丈"。张贵妃是宋仁宗最宠爱的妃子，其父张尧封早卒，遂进用其伯父张尧佐。

庆历年间，张尧佐由知县骤升为权知开封府，可这还没完，在皇祐元年，即公元1049年，又升为三司使。

在北宋前期，三司是主管全国财政经济工作的最高机关，俗称"计省"，三司使号称"计相"，相当于主管财经的副宰相。三司与中书门下、枢密院鼎足而立，分管财政、行政与军政，其重要性可想而知。

皇祐元年，即公元1049年，宋朝"积弱积贫"的情况已经十分严重，财用窘乏，亟待改革。此时，更必须精心选拔三司使，委任精明强干之士，才能兴利除弊，担当起理天下之财的重任。而张尧佐本来是一个平庸之辈，仅因为是皇亲国戚，才荣登"计相"之位。

按说，你上位后，理应好好干，也不枉皇上老人家的信任，可他任三司使之后，碌碌无为，"本职隳废，利权反覆，公私困敝，中外危惧"。

于是，皇祐二年，即公元1050年，知谏院包拯与陈旭、吴奎等毅然上疏，弹劾张尧佐，尖锐指出："今亿兆之众谓三司使张尧佐凡庸之人，徒缘宠私，骤阶显列，是非倒置，职业都忘。诸路不胜其诛求，内帑亦烦以借助，法制玩弊，商旅阻行。而尧佐洋洋自得，不知羞耻，召来灾渗，实自斯人。""陛下何庇一尧佐，上违天意，下咈人情，而稔成危机者乎！"仁宗置之不理，包拯等又连上两封奏章，反复论列："宗社至重，财用至急，而安危系焉。""今上下窘迫如是，岂可专任此人，久居此职哉！""且历代后妃之族，虽有才者，亦未尝假以事权，又况庸庸不才者乎！"恳请仁宗以国家为重，"特出宸断，授尧佐以他职，别求才杰之士，委而任之。"

这次弹劾声势是极其浩大的，前面我们说了，就在这次弹劾中，免了王逵的省级级别，同时弹劾的官员无一幸免。因此，在包拯等谏官的再三弹劾下，仁宗不得已罢免张尧佐的三司使，并诏后妃之家不得任中书、枢密院二府的职位。

这应该是个不错的结果，但皇上为了迎合张贵妃，在罢免张尧佐主管财政的副总理的同时，却对张尧佐所改任的官职倍加优待，授予他宣徽南院使、淮康军节度使、景灵宫使、同群牧制置使四职，位同宰相。

这样的任命一出，舆论一片哗然，看来所谓的"能上不能下"的理念早在宋朝就已出现，明降暗升，愚弄老百姓。

见此情景，包拯等人立即又上疏，论列张尧佐除四使不当。他在弹章中不但指斥"尧佐叨据如此，惭羞不知，真清朝之秽污，白昼之魑魅也"，而且指出"女谒、近习及执政大臣……使陛下有私昵后宫之过"。结果，仍然没有答复。

包拯于是再上疏弹张尧佐，请求仁宗"罢尧佐宣徽使之命，任以外镇"。

皇祐二年闰十一月，一天朝退后，御史中丞王举正留百官廷诤，也就是在朝廷之上进行争论。

说实话，我对这个制度颇感兴趣，皇上听群臣就某一个制度、某一件事情的处理意见进行当面争论，而且这个争论可以针对皇上，但不得追究责任。前面我们说了唐太宗就常常在朝廷之上听大家"吵架"，自己还不敢发怒，回家才敢骂魏征是个"乡巴佬"。而宋朝也是如此，他们延续了大唐的这种民主风范，大有现在选拔干部的"无领导小组讨论"的架势。

据说那天讨论的议题依然是张尧佐的四个部长职务问题。包拯与吴奎等七名台谏官在宋仁宗面前争辩不已，包公更是口若悬河，言词激烈，竟将唾沫星子溅了宋仁宗一脸。那天的争论看来是异常激烈，从仁宗在《答诏》中可见：包拯等"进对之时，喧哗失礼，若以常法，便当责降"。不过

鉴于这个制度和包公犯颜直谏乃是出自为国的一片忠心，仁宗所以并未过于责备，只是说以后台谏官，这些进言官员一起上殿争论时，应该先通过宰相取旨批准。也就是要守规矩，一个一个得到宰相批准再说，不要争得脸红脖子粗的。按现在的说法，就是"举手请求发言"，得到同意再说。看来，这个制度太民主了，专制的皇上的确有点吃不消了！

仁宗散朝回宫，十分郁闷。张贵妃派小太监探听消息，得知包拯犯颜直谏，把唾沫都喷到皇上脸上，皇上也没改口，于是拜迎仁宗谢过。

宋仁宗一边用袖子擦脸上的唾沫，一边气呼呼地对张贵妃说：

"包拯向前说话，唾沫星子直溅我的脸。你只管要宣徽使，宣徽使！难道不知道包拯是御史中丞（仁宗一时气糊涂了，当时包拯只是知谏院台谏官，尚未做御史中丞）吗？"

意思是说，你只要你伯父当官，不要忘了包拯是御史台的，盯得紧呢。

争论过后，仁宗最后终于罢免了张尧佐宣徽使、景灵宫使两个职务，使四使只剩下两使。

◆包公断案：不徇私情的"阎罗青天"

说包公，不能不说他断案。事实上，包公断的案子并不多，因为他大多数时间在御史台、谏院台等机关任职，主要以监督百官为责任。不过，其办案不徇私情，公正廉明却是有名的。

宋仁宗皇祐五年，即公元1053年，包公因老年丧子而到庐州当知州。

在自己原籍做地方官，一些亲戚故旧自然觉得腰杆硬朗起来，以为这可有人罩着了，大拇指一撇：

"瞧见没？那个黑小子现在是州长了，当年我还帮过他呢。"

"现在的包州长，那可是我的发小，当年他被马踢，还是我背他回家的呢！"

……

有了上面这些，自然有人就会有恃无恐，仗势欺人，甚至扰乱官府，无法无天。

在社会上，"一人得道，鸡犬升天"的思想在人们心中根深蒂固，人家有州长罩着，谁敢惹，于是也没有人敢告。

不过，也有例外的。

一次，包公的一位堂舅犯法，引起了公愤，估计是很大的公愤，要么也不会被送到包拯的大堂之上。要知道，外甥与舅父属于近亲，外甥一般是不便惩处舅舅的。

可包拯不顾私情，断然下令把这位堂舅逮捕起来，在公堂上依法当场处以笞刑，就是打板子，把这个飞扬跋扈的堂舅给痛打了一顿。

看到这种情形，庐州百姓都称赞包拯居官公正，说"外甥有理打得舅"。据说从此之后，这句话在当地演变为一句俗语，一直流传至今。

而庐州包拯的亲戚故旧看包拯铁面无私，都收敛起来，再也不敢仗势欺人，胡作非为了。

包拯对自己的亲戚不徇私情，对权贵也是如此。

嘉祐元年，他在任权知开封府，就是做京城一把手的时候，天降大雨，横贯开封城的惠民河泛滥，淹了南半个城池。

包拯亲自带人调查惠民河泛滥的原因，原来是由于权贵势族修筑亭台水榭，侵占了惠民河的河边地，使河道狭窄，造成堵塞不畅而泛滥。用现在的话说，就是在防洪区域内兴建别墅花园、高档会所。

包拯奏请仁宗批准，下令将所有侵占河边地的楼台、花园、水榭，统统拆除毁掉，以恢复河道畅通，根治惠民河泛滥之患。

有宦官，也就是一些太监高官，自言地契如此，也就是说：

"我有房产证、土地证、规划红线图，是合法的！"

于是宣称不拆毁，而且到仁宗那里上访，说"老包强拆"。

仁宗一看，忙召包拯：

"包爱卿啊，强拆可是不好的啊，那是人家的物权啊，人家可是有证的啊，这些人跟着朕混了一辈子就置办了这么一点房产，多不容易啊。你

就放过他们吧！"

包拯对此十分生疑，心想：不对啊！要是有这些，我开封府自然知道，我们的规划都是在惠民河堤以内的啊。

于是他亲自勘察审验，发现原来是这些太监、官员仗势私自增加了步数（规划范围），即在红线图外修建和施工，因为河道没法管理，于是形成了违章和规划混为一体的现象。

包拯了解清楚后，立即上奏仁宗，说明情况。

仁宗一看，证据确凿，特别是包拯借机说道，如果这些钉子户不拆，河道淤积，恐怕皇宫的房产也成问题，说得仁宗心中惶惶不安，于是也不说什么了。

权贵们见状，只好自己乖乖地将侵占河道边地的违章建筑统统拆除毁掉。

包拯为了防止权贵们找他"走后门"，干脆完全断绝了与高官显宦及亲朋故旧的私人书信往来。有来"走后门"者，无论是高官权贵，还是亲朋好友，一概拒绝。

司马光《涑水记闻》卷十云：包拯"又迁枢密直学士、知开封府。为人刚严，不可干以私。京师为之语曰：'关节不到，有阎罗包老。'吏民畏服，远近称之。"

古代称暗中行贿、托人说情为通关节。这首民谣的大意是：在开封府"走后门"行不通，因为有像铁面无私的阎王爷那样的包公，执法严峻，不徇私情。

《两朝国史·包拯传》记载："包孝肃公立朝刚毅，闻者皆惮之……贵戚宦官，为之敛手。"

"敛手"意思是"缩手""不敢妄为"。因为包拯铁面无私，权贵都很害怕，不敢"通关节""走后门"，胡作非为。

戏剧、小说中有许多包公断案的故事，历史上的包公做过多年的知县、知州、知府，所断的案子一定不少，但是史书记载的却不多。

事实上，除了办案，包拯还疏通老百姓告状渠道。按原来规定，到开封府告状，不能直接到知府的大堂上递状申诉，必须先将状纸交给守门的府吏，再由府吏转呈知府，是否受理，何时开庭审理，要等候府吏的通知。

这样，投诉人不能直接面见长官，中间就会产生很多流弊。如果投诉人家送不起钱财，即使冤情比天大，也是告状无门，有冤难伸。正如俗话所说："衙门口，朝南开，有理无钱莫进来。"

包拯对这项弊政进行了改革，规定敞开府衙大门，允许投诉人直接到知府大堂递交状纸，面陈冤屈，使投诉人一开始就能和知府见面，府吏没有机会再营私舞弊，断案也就容易公平合理了。

◆海瑞罢官一："笔架山"的智慧

在民间，对于古代法官，流传最多的莫过于两个人，一个是宋代的包拯，另一个就是明代的海瑞了。

前面我们说了包拯的几件事，下面就说说海瑞的故事。

海瑞是广东琼山人。他从小死了父亲，靠母亲抚养长大，生活十分贫苦。

他中了举人后，做过南平县里的代理学堂教谕，相当于现在的县教育局局长，但那个时候，教育局长也是要上课教学生的。

海瑞教育学生十分严格认真，不久，上司把他调到浙江淳安做知县。

在海瑞去这个县之前，县里的官吏审理案件，大多是接受贿赂，胡乱定案的。

海瑞到了淳安，开始清理积案，不管什么疑难案件到了海瑞手里，都一件件调查得水落石出，从不冤枉好人。当地百姓都称他是"青天"。

海瑞一生居官清廉、刚直不阿、坦率正直，深得民众的尊敬与爱戴。同样也在官场上得罪了很多人，多次自己辞官和被罢官，也就是民间流传较多的"海瑞罢官"轶事。

按说，这样的人做官做得很辛苦，但老百姓喜欢他。当年，他在南京当吏部尚书时，就被民众称赞甚至拿他的画像当门神。据说听到他去世的噩耗时，当地的百姓如失亲人，悲痛万分。当他的灵柩从南京水路运回故乡时，长江两岸站满了送行的人群，很多百姓甚至制作他的遗像，供在家里。

这倒是一件很离奇的事情，一般来说，三国以后有挂关羽张飞的，唐朝之后有挂秦琼敬德的，那都是几个起起武夫，其杀气足以让妖魔鬼怪魑魅魍魉奸邪望而却步，而让一个手无缚鸡之力的干巴瘦老头，还是人事部长来守门，足见其对邪恶震慑之威。

关于他的传说故事，民间更广为流传。后经文人墨客加工整理，编成了著名的长篇公案小说《海公大红袍》和《海公小红袍》，或编成戏剧《海瑞》《海瑞罢官》《海瑞上疏》等。

海瑞和宋朝的包拯一样，是中国历史上清官的典范、正义的象征。明代著名的思想家李贽对海瑞的评价："先生如万年青草，可以傲霜雪而不可充栋梁。"可谓入骨三分。

今天我们来看海瑞罢官预兆的两件事。

我们前面说过，海瑞中举后，开始在南平做代理教谕，这个芝麻官干得倒也顺风顺水。

一日，延平府的督学官到南平县视察工作，按说，这是一个绝好的巴结上级领导的机会，最起码可以把那个"代理"两个字去掉，毕竟人家是自己的顶头上司，海瑞和另外两名教官前去迎见。

在当时的官场上，下级迎接上级，一般都是要跪拜的。因此，随行的两位教官都跪地相迎，可海瑞却站着，只行抱拳之礼，三人的姿势俨然一个笔架。

这位督学官当然很愤怒：一个小小的教谕见了顶头上司，连跪都不跪，这以后还不上天了？今天无论如何得教训教训他。于是大声训斥海瑞，说他不懂礼节。

其他老师和官员见状，都拼命地又是挤眼，又是扯袖的，示意海瑞认个错，跪拜一下了事。

但海瑞不卑不亢，大声回道：

"按大明律法，我是堂堂教谕，老师的头儿，为人师表，在这个学堂，我们老师就是最大的了，要给学生做好表率，因此不能对您行跪拜大礼，只能作个揖。"

这话可谓是合法合理，一是大明律法规定，我是依法的；二是这在学堂，老师是最大的，我是老师，除了对孔老夫子的画像，无需跪拜他人；三是我要给学生作师表，不能跪拜。

一番话，说得地区督学哑口无言，虽然怒发冲冠，却拿海瑞没办法。毕竟那时官员的任免权都在吏部，地方只有推荐权，御史台只有弹劾权。地区督学再怎么看不上县教谕，也只能找机会说说海瑞的坏话而已。

从此，海瑞就落下一个"笔架博士"的雅号。

这"笔架博士"好做，但这个教谕就难当了，教谕局长前面"代理"这两个字就一直没去掉。

不过，海瑞官做得不好，却一心抓教育，这县里的教学质量十分了得。正好过了几年，就是1558年，有个较贫困的浙江严州府淳安县县长空缺，那个地区的督学马上以海瑞考核成绩优秀为据，推荐他做了淳安知县。

淳安县经济比较落后，又位于南北交通要道，接待应酬多如牛毛，百姓不堪其扰。海瑞上任后，严格按标准接待，对吃拿卡要的官员毫不客气，他自己更是穿布袍、吃粗粮糙米，让老仆人种菜自给，从不扰民。海瑞母亲大寿时海瑞上街买了两斤肉，屠夫感慨："没想到我这辈子还能做海大人的生意啊。"

当时正是严嵩掌权的日子，别说是严家父子，就是他们手下的同党，也没有一个不是依官仗势，作威作福的。上至朝廷大臣，下至地方官吏，谁都让他们几分。

浙江总督胡宗宪是严嵩的同党，仗着他有后台，到处敲诈勒索，谁敢不顺他心，就该谁倒霉。

有一次，胡宗宪的儿子带了一大批随从经过淳安，住在县里的官驿里。要是换了别的县份，官吏见到总督大人的公子，奉承都来不及。可是在淳安县，海瑞立下一条规矩，不管达官贵戚，一律按普通客人招待。

胡宗宪的儿子平时养尊处优惯了，看到驿吏送上来的粗茶淡饭，认为是有意怠慢他，气得掀了饭桌子，喝令随从把驿吏捆绑起来，倒吊在梁上。

驿里的差役赶快报告海瑞。海瑞知道胡公子招摇过境，本来已经感到厌烦；现在竟吊打起驿吏来，就觉得非管不可了。

海瑞听完差役的报告，镇静地说："总督是个清廉的大臣。他过去做按察巡使，相当于地区专员时就有吩咐，要各县招待过往官吏，不得铺张浪费。现在来的那个花花公子排场阔绰，态度骄横，不会是胡大人的公子。一定是什么地方的坏人冒充公子，到本县来招摇撞骗的。"

说着，他立刻带了一大批差役赶到驿馆，把胡宗宪儿子和他的随从统统抓了起来，带回县衙审讯。一开始，那个胡公子仗着父亲的官势，暴跳如雷，但海瑞一口咬定他是假冒公子，还说要把他重办，他才泄了气。海瑞又从他的行装里，搜出几千两银子，统统没收充公，还把他狠狠教训一顿，撵出县境。

等胡公子回到杭州向他父亲哭诉的时候，海瑞的报告也已经送到巡抚衙门，说有人冒充公子，非法吊打驿吏。胡宗宪明知道他儿子吃了大亏，但是海瑞信里没牵连到他，如果把这件事声张起来，反而失了自己的体面，就只好打落门牙往肚子里咽了。

说实话，海瑞这招挺狠的，让胡宗宪有话也说不出来，不过，胡宗宪绝不会轻易就放过这个事了，而是使阴招，因此，海瑞罢官的时间就不远了。

◆海瑞罢官二："被"升官的背后

海瑞因为有"笔架博士"的美誉，由一个县教谕直接升为浙江淳安县长。这下可好了，原先当的是条条上的官，影响不大，现在，当上了县里一把手，那整个行政系统不都在其掌控之下吗？海瑞一上台，大搞反腐倡廉，不仅断了其他官员的财路，而且让上上下下均感很不爽。这些咱前面说过了。

1560年，有个御史都院鄢懋卿被派到浙江视察。

鄢懋卿是严嵩的干儿子，这个背景一定要说，因为在明朝那段时间，那就是一张王牌。

这位钦差大臣背景深厚，地方官自然毕恭毕敬，不敢有丝毫怠慢。他每到一个地方，地方官吏要是不"孝敬"他一笔大钱，他是不肯放过的。各地官吏听到鄢懋卿要来视察的消息，都犯了愁。但是鄢懋卿偏又要装出一副奉公守法的样子，并先期发出通令，称本人"素性简朴，不喜承迎。凡饮食供帐俱宜简朴为尚，毋得过为华奢，摩费里甲"。

什么意思呢？就是说，我这个人啊，生性简单朴素惯了，不喜欢人奉承迎送，凡是安排吃住，都越简单越好，千万不要过于奢华，白白浪费地方的钱财，耗费大家的心力。

说得的确好听，要是不知道此人的，还真以为他是"包公二世"。

可惜，这是个说假话不脸红的家伙，这样的官样文章除了作作秀，无他用处，反而起到了一些提示作用，就是告诉大家，可不能怠慢了他。

但他可能没想到的是，有一个人却不这么认为，那就是海瑞。海县长对这一通令可是毫不含糊，当鄢都院的节使，即打前站看地方政府是否准备好的那位还未到，海大人早准备好对策了。

这个节使尚未到达淳安，就已经接到一个禀帖。所谓禀帖，是指函件类的报告。这节使接过来一看，封面规规矩矩地写着"严州府淳安县知县海谨禀"，就是海县长写给鄢懋卿的一封信。

打开信封，只见信里说：

"我们接到通知，要我们招待从简。可是据我们得知，您每到一个地方都是大摆筵席，花天酒地。这就叫我们为难啦！要按通知办事，就怕怠慢了您；要是像别地方一样铺张，只怕违背您的意思。请问该怎么办才好？"

这应该是海瑞聪明之处，他一方面说按通告办的话，就怠慢了你，不按通告办吧，又违背了你的通告，让你陷于不义不信，请你明示按不按通告办理。这本来就是一个两难的套子，无论鄢懋卿怎么回答，都是错误的。这也够绝的了，不过，更绝的是，海大人还把通令的原文节录附于后，另外再附几份证据说鄢懋卿奉命南下，浙之前路探听者皆曰，各处皆有酒席，每席费银三四百两，并有金花金缎在席间连续奉献，其他供帐也极为华丽，虽溺器亦以银为之云云。

这已经够让这位钦差大人害臊的了，海大人还不依不饶，信的最后要求鄢懋卿摒弃奢华的排场和搜刮，并且说，如果不能拒绝地方官这样的阿谀恭维，将来势必无法做到公事公办，无法完成皇上委托的任务。

这段说教让对背景资料不清楚的人还误以为海瑞是鄢司长的上司，或是老师。这怎么不让鄢懋卿进退两难，尴尬异常。

鄢懋卿何等聪明，看到这封信揭了他的底，如何不恼得咬牙切齿？但是他早听说海瑞是个铁面无私的硬汉，而在这个事上，自己本来就理亏三分，又抓不住海瑞什么把柄，加上听说胡宗宪的儿子刚在淳安吃过大亏，有点害怕，眼珠一转，得！三十六计走为上计，就临时改变主意，绕过淳安，到别处去了。

照一般常理，海瑞上任不久，时任中央都御史的鄢懋卿来浙江视察，中央要员不请自来，岂不喜煞人？人家跑官千里迢迢都要上京去送礼，现在家门口就可尽"地主之谊"，多好的事呀，可是这件事情被海瑞给搅黄了。

这下让那些准备了大把银子的地方领导个个气愤，都说海瑞把自己的前途给搅了，海瑞的直接上司严州知府把他臭骂了一顿：

你多大的破官，你不升官不发财也就算了，干吗阻碍大家的发财之路？

浙江的官员都恨死海瑞了，可是又找不到海瑞有什么错。左思右想，终于有了新思路：我们罢不了你的官，我们还升不了你的官吗？于是大家都给海瑞唱赞歌，都说海瑞能力超群、清廉无比、政绩突出，这样的人不重用，那可真是帝国之失。

如此运作一番之后，海瑞的政声上达朝廷，朝廷觉得人才难得，于是先把海瑞调出浙江，"另有重用"。海瑞从浙江官员名单中清除之后，暂时挂在"拟用"名单里，随后朝廷又把海瑞调到了江西兴县，不升也不降，这下害苦了江西官员。海瑞那臭脾气依然没改，到任没几天，就向豪强举刀，针对地主隐瞒土地的现象，开始重新丈量土地，核实赋税，大力打击"偷税漏税"，这不要了豪强的命吗？

豪强与当地领导开了许多"联席会"，觉得以浙江那办法来对付海瑞最好，于是豪强出金钱，官员出力，大家团结起来，为海瑞去跑官，先跑省里，再跑京里。这一招还真有效，海瑞到兴县任职不到两年，就因"工作出色，政绩突出"，升任为户部主事。这户部主事干什么事呢？每天看看书，签签公文，可以八点上班九点到，喝喝茶水看看报。反腐败，已经不是海瑞的事了，海瑞若再来搞反腐败，那不但是狗咬耗子多管闲事，还是严重违反"职责法"的。就这样，贪官们把海瑞"礼送"出境了。

官官相斗，自古就有，如果直接面对，穷凶极恶，往往出现两败俱伤，灭了领导的命，心里固然有复仇的快意，但把自己的美好前途也随着搭了进去，甚至出现"鹬蚌相争，渔翁得利"的局面，值得吗？于是官场斗争就出现了新的一种"被罢官"现象：贪官，或帮派官员联合起来，出钱的出钱，出力的出力，大家齐心协力为政敌跑官，把安插在贪官群、帮派群里的清官、"另类"送出去。这法子就很有技术含量，看似升官，实为罢官。

于是，海瑞作为明朝黑暗里一盏微弱的"烛光"，被一个个黑手传递

着，一次次"被罢官"。

◆海瑞罢官三：一死一升两奏章

海瑞做县长，一般情况下不会得罪太多的人，但海瑞后来的一次次罢官，甚至差点丢掉性命，这和他后来多次承担的通判、御史，也就是法官、纪委、监察部干部的职务有关。

海瑞做法官时间不长，只有在做县长时和后来专任通判时办过些案件。在审判案件中，他执法不阿，并十分重视伦理道德的指导作用，颇有心得。

他在著作中表示，人类的日常行为乃至一举一动，都可以根据直觉归纳于善、恶两个道德范畴之内。在他当地方的行政官兼司法官时，所有诉讼，十之六七，其是非可以立即判定。只有少数的案件，是非尚有待斟酌，这斟酌的标准是：

"凡讼之可疑者，与其屈兄，宁屈其弟；与其屈叔伯，宁屈其侄。与其屈贫民，宁屈富民；与其屈愚直，宁屈刁顽。事在争产业，与其屈小民，宁屈乡宦，以救弊也；事在争言貌，与其屈乡宦，宁屈小民，以存体也。"

什么意思呢？就是说，打官司，在证据不足以认定一方有理胜诉的情况下，如果是兄弟打官司，就判哥哥胜诉；如果是叔侄扯皮，就判侄子败诉；如果是富人和穷人争斗，就判穷人赢；如果是老实人与奸猾之人对簿公堂，那一定判刁顽之辈输。要是争财产，乡绅官员与老百姓打官司，就向着老百姓；要是争理论，就偏着乡绅官员等。

这应该是海瑞办案中自由裁量权里的"内心确认"规则吧，应该说，这个标准，在当时是十分合适的，即使放在现在，也有几分道理。

海瑞做法官时，依据自己内心的道德标准办案，赢得了自宋朝包公之后的第二个"青天"称号。

其为民做主的作风,由此可见一斑!

但海瑞最有名的事情还是在"直言敢谏"上,我们来看看他是怎样做的。

1562年,历任首辅几达20年的大学士严嵩被嘉靖皇帝免职,他所扶植的人也不免相继倒台,其中包括胡宗宪和鄢懋卿。

按照当时官场最简单的逻辑,他们既被确定为坏人,海瑞在他们当权的时候敢于和他们作对,当然可以算得特行卓识,是好人了,为此他的声望大增。于是就被升为户部主事,官阶为正六品,这是一个接近于中级官员的职位。

1565年的北京,并没有出现什么令人振奋的气象。相反的,南北两方都连连告紧,急待增加收入以备军需。然而政府别无新的途径筹款,可行的办法不外乎挪借和增加附加税。前者并不增加收入,也没有紧缩支出,而仅仅是此款彼用;后者则使税收制度更加复杂和实际执行更加困难。

户部是国家的财政机关,但是主事一类的官儿却无事可做。大政方针出自堂官尚书侍郎,即部长、副部长之类的,技术上的细节则为吏员即处长以下官员所操纵办理。像海瑞这样的主事,根本不必每日到部办公,不过是日渐一日增积做官的资历而已。

嘉靖皇帝的主要兴趣一直都是向神仙祈祷和觅取道家的秘方以期长生不死。按说,朝政他不干预,让大臣去办算了,但他对于国家大事仍然要乾纲独断,有时还干涉细节。

这就难为了掌权的大臣了,因为这位皇帝的喜爱虚荣和不能接受批评世无匹敌,但又不亲自临朝,只接近少数佞臣,听到的是各种虚假的情况。当他发现事做错了,决策失误,就把昔日的一个亲信正法斩首,以推卸责任而平息舆论。这种做法就出现了明朝特有的辅政大臣像走马灯一样换来换去的怪像,严嵩如此,徐阶如此,张居正亦如此。你想想,让人干活,但又不能做主,出了事还得你顶住,这谁干啊?于是满朝官员但求自保而不去关心国家的利益。

1565年,严嵩去职虽已三年,但人们对嘉靖的批评依然是"心惑""苛断"和"情偏"。然而他对这些意见置若罔闻,明明是为该臣所蒙蔽,

他还自以为圣明如同尧舜。

经过慎重的考虑,海瑞向嘉靖递上了著名的奏疏。

奏疏中直接指出两点:

第一点,海瑞说皇帝是一个虚荣、残忍、自私、多疑和愚蠢的君主,官吏贪污、役重税多、宫廷的无限浪费和各地的盗匪滋炽,皇帝本人都应该直接负责。

第二点,海瑞说皇帝天天和方士混在一起,但上天毕竟不会说话,长生也不可求致,这些迷信统统不过是"系风捕影"。

最后,奏疏中最具有刺激性的一句话,还是"盖天下之人不直陛下久矣",就是说普天下的官员百姓,很久以来就认为你是不正确的了,已经忍你很久了。

这一奏疏的措辞虽然极端尖辣,但又谨守着人臣的本分。海瑞所要求于皇帝的不过是改变自己的作为,而这改变又非常容易,只需要"幡然悔悟",由乱致治,也不过"一振作间而已"。言下之意是,如果皇帝能够真正振作,选择合宜的道路,赴之以决心,还是有机会成为尧舜之君的。

这样的奏疏确乎是史无前例的。往常臣下向皇帝作诤谏,只是批评一种或几种政策或措施,这种指斥皇帝的性格和否定他所做的一切,等于说他这几十年的天子生涯完全是尸位素餐,而且连为人夫及人父的责任也没有尽到,其唐突之处,真的是古今罕有。

嘉靖皇帝读罢奏疏,其震怒的情状自然可想而知。传说他当时把奏折往地上一摔,声嘶力竭喊叫:

"抓住这个人,不要让他跑了!"

旁边一个宦官为了平息皇帝的怒气,就不慌不忙地跪奏:

"万岁不必动怒。这个人向来就有痴名,听说他已自知必死无疑,所以他在递上奏本以前就买好一口棺材,召集家人诀别,仆从已经吓得统统逃散。这个人是不会逃跑的。"

嘉靖听完,长叹一声,又从地上捡起奏本一读再读。

嘉靖没有给予海瑞任何惩罚，原因很简单，海瑞都把棺材买来了，杀了他，抓了他，都成全了海瑞的美名，而陷自己于不仁不义。但是把奏章留着不发，他又不能忘记这一奏疏，其中有那么多的事实无可回避，可是就从来没有人敢在他面前哪怕是提到其中的一丁点！嘉靖皇帝并不傻，他也很矛盾，治海瑞罪吧，天下人耻笑；不治吧，自己难平怨气。于是他对待海瑞的情绪上就显得十分怪异：有时把海瑞比做古代的忠臣比干，有时又痛骂他为"那个咒骂我的畜物"，甚至有时他责打宫女，边打边骂海瑞，宫女就会在背后偷偷地说："他自己给海瑞骂了，就找咱们出气！"

这事过了大半年，在1566年春节前后，嘉靖终于还是忍不住了，他左思右想，气愤难平，下令锦衣卫把海瑞逮捕到东厂禁锢。

东厂就是一个特务组织，负责秘密审讯和处理皇帝交办的案件，东厂抓了海瑞，审来审去，没有什么罪名，就以海瑞奏章有涉嫌咒骂皇帝为由，移送刑部。对东厂移送的案件，刑部一般都言听计从，于是刑部议决对海瑞按儿子诅咒父亲的律例处以绞刑。

有点怪，不过专制下，什么奇怪的事情都会有！估计嘉靖皇帝也觉得不怎么对味，怪怪的，尽管他老人家在以前批准过许多人的死刑时连眼皮都不抬的，但这次却没有在刑部的建议上作任何的批复。于是可就苦了海瑞了，这个干瘪老头在阴暗潮湿的狱中一住就是十个月。

突然有一天，狱中设酒肴相待。海瑞以为这是临死前的最后一餐，他神色不变，饮食如常。提牢主事悄悄告诉他，皇帝业已升天，新君不日即位，老先生您乃忠臣，一定会得到重用。海瑞听罢，立刻放声号哭，悲自己，更悲这个社会。

1567年年初，隆庆皇帝登基，海瑞被释出狱。对他的安排立即成了文渊阁大学士和吏部尚书的一个难题，为此他们争论了近一个月。

一方面，他的声望已为整个帝国所公认：极端的廉洁，极端的诚实；而另一方面，他也是极端的粗线条，极端地喜欢吹毛求疵。这样的人不会相信为人处世应该有阴阳的分别，他肯定会用他自己古怪的标准要求部下

和上司。

对他应该怎么安排呢？看来比较稳妥的办法是让他升官而不让他负实际的责任，也就是只担任虚职。

于是，在不长的时期内，海瑞历任尚宝司丞、大理寺右寺丞、左寺丞、南京通政司右通政，大家看看，都是闲职，官至正四品，只享受部级干部待遇自然不能令海瑞满意，于是忍了两年，他又要上奏章了。

1569年年初的京察，海瑞进京做述职报告。按照惯例，凡属四品以上身服红袍的官员都应当作出自我鉴定。

于是海瑞在奏折中说：陛下既然赦免了我的死罪，又对我破格擢升，在所有的文臣之中，没有一个人会比我更加迫切地要求报答陛下的恩典。接着，他谦逊地声称自己才浅识疏；又接着，他表示自己现任的职务只是专管查看呈奏给皇帝的文书，看罢以后原封发送，既无财政责任，又用不着下左右全局的决心，但是连这样的一个位置还不称所职，所以不如干脆把我革退。

这个奏章可以说又是一个重磅炸弹：重磅在于他直接对朝廷安排他的职务表示了不满，炸弹是指他在奏章中公然威胁皇上，请求免职。

这样看来，海瑞并不是完全不懂得阴阳之道的精微深奥。他阳求罢免，阴向管理人事的官员要挟：如果你们真的敢于罢黜我这样一个有声望的、以诤谏而名著天下的忠臣，你们必然不容于舆论；如果不敢罢黜我，那就请你们分派给我能够实际负责的官职。

海瑞这次罢官，是自请罢官，是一种主动请命式的，但这次的效果显然好于前面。

于是文渊阁和吏部于当年夏天任命海瑞为南直隶巡抚，驻扎苏州。

◆海瑞罢官四：土地不是随便动得的

苏州、江南这里可是全国最富庶的地区，但也是历来最为难治的地区之一。

因此，当海瑞被任命为南直隶巡抚的消息一传开，立即出现了反常现象。

很多地方官离职或调走，尽管他们都知道权钱的关系，但是更精明地估计到将不能见容于这位古怪的上司，因而自动离职或请求他调。

许多乡绅也纷纷把朱漆大门改漆黑色，以低调谦逊，韬光养晦，免得炫人眼目，被这位廉洁的老爷盯上。

而驻在苏州的一个官员甚至把他的轿夫由八人减至四人……

这些就足以可以证明这位新巡抚大人声势之迅猛，足以使人震慑。

海瑞果然也是厉害，非同凡响，上任伊始，即颁布他的"督抚条约"三十六款。

条约规定：

第一，境内成年男子一律从速结婚成家，不愿守节的寡妇应立即改嫁，溺杀婴孩一律停止。

第二，巡抚出巡各地，府县官不得出城迎接，但巡抚可以传询老百姓，听取他们的控诉。

第三，巡抚在各府县逗留，地方官供给的伙食标准为每天纹银二钱至三钱，鸡鱼肉均可供应，但不得供应鹅及黄酒。

第四，境内的公文，今后一律使用廉价纸张；过去的公文习惯上在文后都留有空白，今后也一律废止。

第五，自条约公布之日起，境内的若干奢侈品要停止制造，包括特殊的纺织品、头饰、纸张文具及甜食。

……

这些规定，有的不免失之琐碎苛细，像第一条就有些莫名其妙，似乎结婚了海瑞就万事大吉了，不过，安居方能乐业，也有那么一点道理。而至于其他，多是一些克俭节约之事，真是三句话不离本行，廉吏就是从廉做起的。

新政尽管苛刻，人们倒还能接受，毕竟都是让老百姓勤俭持家，让政府廉洁的。

而海瑞最后的垮台，是因为他干预了境内的农田所有权，就是触及了

两千年来社会的根本问题即土地问题所致。

明朝中叶以来，土地问题日趋尖锐，高利贷者利用地方上的光棍青皮大量放款于自耕农，利率极高，且都采取抵押贷款，也就是自耕农一般用土地进行抵押。但被迫借款者大多不能偿还高昂的利息，一旦放款的期限已到而又无力偿还，其所抵押的土地即为放款者所占有。

虽然官方曾规定利率不得超过三分，而且不论借款时间之长短，利息总数不得逾本金之半，但由于是民间借贷，似乎是一个愿打一个愿挨，因此官方规定的这种利率限制，根本没有得到执行。

与上述规定相对应，官方还规定土地因不能还贷而被放款者占有，五年之内，仍可以用原价赎回，但五年，其利息都超过本金不知多少倍了，按原价赎回，岂不是天方夜谭？因此，这既增加了事情的复杂性，也使这种规定成为空白条款。

海瑞发现了这个问题，并下决心改变这种状况，他不仅是出于保持法律的尊严，而且是为了维护道德的神圣。从他的文集中可以看出，他有限制富户过多地占有土地，从而缩小贫富差别的愿望。

因此，他毫不犹豫地宣布受理自耕农要求放贷者原价退田的诉讼。

但这里有个很大的"老虎"，大家都观望海瑞如何去摸这个"老虎的屁股"。

这个"老虎"就是江南徐家。

说起徐家，它是江苏境内的头号豪绅富户，最为小户百姓所痛恨。

为首大户即是徐阶。此人曾任首辅，是前任总理，后为高拱排斥而退休闲住。他的家庭成员据称多达几千，其所占有的土地，有人说是二十四万亩，有人说是四十万亩。

尽管上述数字无疑有所夸大，但徐家为一大家庭，几代没有分家，放高利贷的时间也已颇为长久。

海瑞把有关徐家的诉状封送徐阶，责成他设法解决，最低限度要退田一半。

这是一种折中的办法，毕竟徐阶于海瑞有救命之恩。

当年，在徐阶任总理期间，海瑞因为上书而被系狱中，刑部主张判处绞刑，徐阶将此事压置。而他退职家居以后，听任家里人横行不法，根据当时的法令，他可以受到刑事处分。海瑞也是网开一面了。

从他们往来的缄牍中可以看到，徐阶被迫接受了海瑞的带有强迫性的要求。但徐阶的弟弟徐陟不干，还对海瑞进行了辱骂，估计也就是"白眼狼""忘恩负义""以怨报德"之类的了。

于是海瑞又来蛮的了，强迫徐阶退田，并且逮捕了他的弟弟徐陟，一方面显示了他的执法不阿；另一方面也多少可以减缓百姓的不满，体现了爱人以德的君子之风。这种兼顾公谊私情的做法大大地增加了海瑞的威信。

如果海瑞采用惩一儆百的方式，把徐家或其他几家有代表性的案件广为宣传，以使籍富欺贫者知所戒惧，而不是对类似的案件一一追究，那么，他也许会在一种外张内弛的气氛中取得成功。然而，海瑞不是别人，他的热情和冲动一旦点燃，就无法收拾。于是他指定每月有两天专门受理这一类案件，而自从他摆平了徐家，老百姓们自然不再观望，纷纷提出申请。一时间，诉状像雪片一样飘进巡抚衙门。据海瑞自己的文章中说，他每天要收到三千至四千件禀帖。

这事情就弄大了，而且直接导致他下台。

第一个问题：南方的农村大多种植水稻。整片田地由于地形和灌溉的原因划为无数小块，以便适应当地的劳动条件，这样，因为各小块间肥瘠不同，买卖典当又经常不断，所以极少出现一个地主拥有连绵不断的耕地，加上很多没有地契合约，其所有权很难分清。就拿海瑞自己在海南岛的田产，据估计不到四十亩，却分成了九十三块，相去几里。因此正如王世贞和何良俊记载当时的实况是，豪绅富户和小户的自耕农的土地互相错杂，"莫知所辨析"。而这些复杂的情况，连解决农田所有权的问题都变得困难。

第二个问题：利用高利贷抵押方式获取他人的产业，并不限于富户及其代理人青皮光棍。因为当时信用借贷的机构并不存在，只要一个自耕农

如果稍有积蓄，他就会设法把积蓄贷之于亲戚邻舍以取得利息，借方即以其田产的一部分作为抵押品。在开始的时候借贷双方的贫富程度往往相去无几，然而借方由于急需而以这种利率极高的贷款来饮鸩止渴，在多数的情况下就难于自拔，所抵押的田产也随即为贷方接管。这种情形在当时已经成为社会风气，而且可能出现互有借贷、不断转贷等现象，现在要退，往往连退给谁都弄不清楚。

第三个问题：海瑞以个人而对抗强大的社会力量，加之在具体处理这些诉讼的时候又过于自信，既没有对地方上的情形作过周密的考察，也没有宣布法律的准则，更没有建立专门的机构去调查案情、听取申辩以作出公正的裁决，只是海瑞一时兴起，按照内心确信裁判，只凭个人的判断去裁决为数众多、头绪纷繁的争执，是否能一一做到合情合理，无疑是一个极大的疑问，因此，其不能成功已不待言而自明。

除此以外，他虽然承认明文规定五年以上不得赎还的条文，但却要求有书面契约作为依据，否则这一条文就不能适用。这个理由表面上似乎并无不妥，然而联系实际，农民间的借贷，通常却很少有书面契约。据他自己说，对这样的案件，他所批准赎还的仅占二十分之一。这样的结果，也让一些老百姓常常是乘兴而来，扫兴而归，很为失望。

事实上，海瑞一直是朝廷的另类，一个有争议的人物，还在他受理田产纷争之前，他已经受到了监察官的参劾。参劾的理由是他不识大体，仅仅注意于节约纸张等细枝末节，有失巡抚的体统。

随后，一个给事中戴凤翔的举报起到了作用，他以更严厉的措辞参劾海瑞，说他凭一己的冲动随意对百姓的产业作出判决，在他的治下，佃户不敢向业主交租，借方不敢向贷方还款。

为了加大举报成功的砝码，戴凤翔竟联系到一个刑事案件，说，七个月之前，海瑞的一妻一妾在一个晚上一起死去，很可能是谋杀。尽管海瑞答辩说他的侍妾在阳历8月14日自缢，而妻子则在8月25日病死，经查也的确和海瑞无关，但是给事中的参劾已经起到了预期的效果，不论真相如何，许多人已经怀疑海瑞确系怪僻而不近人情，所以才会发生这样的家庭悲剧。

事情极为分明，戴凤翔所代表的不仅是他自己，因此要求罢免海瑞的奏疏继续送达御前。

吏部根据各种参劾的奏疏提出意见，说南直隶巡抚海瑞实为"志大才疏"，应该调任闲曹，就是给个虚职，养尊处优算了。

这情形是如此微妙，一年之前没有人敢于非议这位朝廷上最正直的忠臣，一年之后他却成了众矢之的；一年之前文渊阁和吏部还因为海瑞的抗议，对他另眼相看，觉得其当重用，一年之后他们却建议皇帝让他去重新担任不负实际责任的官职。

这么多人举报，皇帝自然责令海瑞必须"反思"，尽管没有免他的职，但在宦海多年的海瑞还是明白朝廷的意思的。

于是，当了不到一年巡抚的海瑞终于在任上第二年，1570年春天，被迫辞职回乡。在提出辞职的奏疏中，他痛斥"举朝之士，皆妇人也"。这种一概骂倒的狷介之气，使他在文官集团中失去了普遍的同情。

两年之后，万历皇帝登基，张居正出任首辅，总理大臣。这位文渊阁的首脑和海瑞一样，尊重法纪而讨厌苏淞地区的地主。由此，海瑞曾经和张居正有过接触，希望他主持公道。张居正给他的复信中说：

"三尺之法不行于吴久矣。公骤而矫以绳墨，宜其不堪也。讹言沸腾，听者惶惑。仆谬忝钧轴，得参与庙堂之末议，而不能为朝廷奖奉法之臣，摧浮淫之议，有深愧焉。"

是说：江南无法无天的事情已经积重多年，你一去就突然严格执法，他们哪里受得了，就难怪举报造谣的声音铺天盖地，而听信之人自然惶恐不安。我虽然能说上几句话，但迫于身单力孤，不能为你撑腰，无法平息谣言非议，是有点惭愧。

这种以委婉的语句阳作同情、阴为责备的修辞方式，正是我们古代文人所擅长的技巧。

张居正认为海瑞轻率躁进而拒绝援之以手，使海瑞赋闲家居达15年之久，一直到1585年，他才被重新起用为南京右都御史。

可惜，海瑞从政的黄金时光已经过去了，两年后的1587年阳历11月13日，南京都察院右都御史海瑞在任所与世长辞。

和很多同僚不同，海瑞不相信治国的根本大计是在上层悬挂一个抽象的、至美至善的道德标准，而责成下面的人在可能范围内照办，行不通就打折扣。他的尊重法律，乃是按照规定的最高限度执行。然则在法律教条文字不及之处，海瑞则又主张要忠实地体会法律的精神，不能因为条文的缺漏含糊就加以忽略。

这种信念有他自己的行动作为证明：他官至二品，死的时候仅仅留下白银二十两，不够殓葬之资。

第四篇　法治艺术

◎望闻问切：古代审案中的自由心证

我们都知道，在现代司法审判中，司法审判往往建立在控诉的基础之上，换句话说，就是一个人告，一个人辩，而司法官则是一个居中裁判的角色。没有告诉，往往不会启动审判程序，很简单，没有诉争，就没有审判存在的必要。

我们也知道，现代审判的依据是法律，尽管在英美法系中法官可以自由心证，但人家的法官可以造法，也就是说了就是法律，那是说了算的，可我们不同，只有依据法律作出判决。那么，如何作出判决，还有一个证据的问题，事实上也就是司法机关常说的要"以事实为根据，以法律为准绳"，在老百姓这里就成了"孰输孰赢，得证据说话"，如此来说，在现代司法理念中，诉、法和证应该是司法审判的三个核心。

但在我国古代，这些似乎都不是那么回事。首先我们看看诉，事实上在晚清之前，司法权往往与行政权、军事权、治安权是统一的，行政长官一人身兼数职，但强烈的职权意识会让他在诉讼上更加随意和放任。在战国时期，有一个叫慎到的，他讲了一个关于"兔子"的故事，一直流传至今，也引出了一个关于国家治理中"定分止争"的问题，在他看来，确定分争是法律应有的功能，也就是说，只有律令、法规才能让纷争停止。

这实际上是讲了一个审判依据的问题，但后来，这个典故

被用在了司法的功能上，成为我国古代司法居中裁判理念的最早的注脚，但要深究，显然这个理解有点牵强。因为在我国古代，司法审判往往建立在当权者的主观意志上，其依据也是五花八门，从道德、春秋，到后来的律令、敕例，都可能成为判决的依据，而观之判决的基础，也多为证据之外的主观因素，为司法官所任意使用。

然而，毕竟司法也需为民所服，因此就有了主观的审案模式，并如中医，可归纳为：望、闻、问、切。

△子产"闻声"辨凶：常理下的推理

春秋时期，法家有个大名鼎鼎的人物，叫子产。

事实上，在春秋战国时期，特别是战国时期，法家的代表人物还有很多，最有名的当属商鞅和韩非子，他们一个是法家思想最系统的传播者，一个是最系统的实践者，但是最成功的却要数另一个"臭名昭著"的人，那就是李斯。李斯凭借着其对法家思想精髓的深刻解读和实践，不但让秦国统一了六国，还建立了法家在此后治理国家中神圣的地位，于是也就有了后来的《秦律》《唐律》等法律产生。当然，这都是后话，我们还是回头说说春秋这个郑国的子产吧。

说子产有名，是因为他是公开法律的第一人。就是他，第一个把郑国的法律铸造到了一个鼎上，让大家都知道如何遵守，知道违反了如何惩罚，后世称之为"子产铸刑鼎"。

这个法律公开了，而且铸在鼎上，无法更改了，毕竟在当时制个鼎，也不是一件很容易的事，况且铸在鼎上国王也不好意思去修改，中国有句老话"一言九鼎"，就是这个意思。

不能改的法律就有了规矩，在约束了平民行为的同时，也让平民真真正正地做了回明白人。在那时候，这种公开的法律主要是拴住了司法者的手脚，判定公道不公道，一看便知，于是民众也因此着实监督了一些新生代的贵族们。

不过，这里面有一个缺陷：这部法律只有实体法，没有程序法。

也就是说，只有"杀人者死，偷盗者去手足"之类的如何处罚，但如何确定是杀人和偷盗没有作出规定，因此，这就需要司法官的智慧了，子产就是其一。

子产自从铸刑鼎名声大噪之后，郑国也觉得他的确是个人才，于是破格提拔，几年间很快成为一个部长级人物，行政大权在握。

所谓"三句话不离本行"，从一个跟法律沾点边的科级干部当到相当于部长的行政长官，还是对办案颇有兴趣，偶尔也"客串"一下，当然，那个时候，这不是"不务正业"，完全是自己的本职工作。尽管说他一生办案不少，但流传下来的却并不多，而最有名的就是他辨声破案的故事。

说是有一天，子产带着随从吃完饭，无事，就在大街上溜达，但从后面的情况来看，这种转悠绝非那种吃饱了没事干的散步，还是较为张扬的，估计是随从也是高喊着"回避""威严""防火防盗"之类的口号，敲锣打鼓的，总之就是漫步式转转。

那时的郑国都城也不大，就在快转悠完又没有什么发现、极其没有成就感的时候，忽听得一户人家中传出了一个女人恐惧的哭声。

子产大人和随从很是兴奋，因为转悠半天没有啥事可做，的确不太爽，于是他们迅速循着这哭声就找到了这户人。但当他们接近时，听得里面的哭声越来越胆战心惊，这让子产十分心疑。

是什么事能让这个女子如此伤心？莫非是家有人重病，即将去世，而该女子无能为力，以哭声求救于官府？

子产是个行事较为张扬的人，自从铸刑鼎之后，看到老百姓对自己十分尊敬，就飘飘然起来，当然也就认为自己就是这个国家老百姓的"救护神"，这等能帮助老百姓，又可以建功树名之机会自然不会错过。

于是他便对随从说：

"这妇人一定有亲人快要死了，你们快去看看，看有什么可以帮助的？"

随从应声称"诺"，便进入那户人家察看。

一进屋，只见一男子直僵僵地躺在床板上，一个女子正在旁边痛哭。

随从上前一摸该男子,已冰凉僵硬,显然已经死去一个时辰左右。

于是询问那女子道:

"你乃何人?为何痛苦?"

那女人答曰:

"去世的是我丈夫,不治而亡,故而痛哭。"

按说这也是合情合理,没有啥事,夫死妇悲,人之常情,况且也没有影响到别人,除了子产不能做成好事之外,似乎没有什么啊!

随从随即出来,向子产大人回报了此事。

子产听完报告后,双眉紧锁,似乎对这个结果并不满意,他有些狐疑地问道:

"你们确定:果真是那女人的丈夫死了?"

随从回答:

"小的们已经查看,那女子的丈夫已死了有一个时辰的光景,千真万确。"

子产稍作沉思,立即面露怒色:

"这就不近情理了,此事绝非如此简单,必有蹊跷。"

随从你看看我,我看看你,都不解子产为何发怒,心想:

人家丈夫死了,妻子当然要哭,有何不合情理之处?人家老婆都没意见,你老人家操哪门子心,不就做不成好事呗。另外,那个女子也非有倾国倾城之姿,大人没必要动"英雄救美"的心思吧?

这么想着,就一个个呆呆地抓着后脑勺,看着子产大人。

子产见大家不解,就说:

"你们速去叫仵作来验尸,越快越好!等会儿我给你们解释。"

随从虽然满肚子的问号,但也只有按令而行。

不一会儿,仵作,也就是法医到了现场。子产立即吩咐他去那户人家验尸,而他则和随从立即回府衙,准备抓人的手续和做好审案的准备。

回去的路上,随从更加稀里糊涂了。这哪有案件啊?抓谁呢?审谁啊?

子产这才慢慢地对随从解释道：

"按人的常情，亲人有病则忧，临死则惧，既死则哀。我听了那妇人恐惧的哭声，以为她的亲人即将死亡，谁知她丈夫已死了一个多时辰，那她为何要发出恐惧的哭声呢？"

啥意思呢？就是说，按照人之常情，人在对待一些事情上哭声是不同的：如果亲人有病，则是忧愁之声；如果亲人濒临死亡，则是恐惧的哭声；如果已经死亡，也就没有了恐惧，只有哀伤之声。但是这个女人发出的是恐惧的哭声，按道理应该是其丈夫濒临去世才对，但你们去查看的却是她丈夫已经死了一个多时辰了，这时应该早就是哀伤的哭声啊，怎么还有恐惧的哭声呢？

这些随从若有所悟，但还是不明白：就按大人的分析，不就是哭得不准确吗？难道这哭声中还隐藏着什么秘密？

子产看出大家的疑惑，就继续说道：

"更为蹊跷的是她听到我们的脚步锣鼓之声，恐惧的哭声更甚了，你们想想这又说明什么呢？想想她为什么恐惧我们的脚步和锣鼓声？"

一连串的反问让随从恍然大悟：

"哦，大人，我们明白了，莫非那男子是她害死的？首先，她既要杀死丈夫，又怕外人议论，为了遮盖其杀人真相，不得不哭。其次，由于怕人发觉，哭声中自然不免流露出恐惧来，听到我们的脚步锣鼓声，恐惧越加深重了，于是恐惧声就更厉害了。"

子产对这个推理十分满意，点头称是。

到了府衙，子产立即开出一份逮捕证和一份搜查令，命立即押解那女子到府衙受审。

不一会儿，法医的验尸结果来了，她丈夫果然是被杀，身上有多处刀伤。

又过了一会儿，捕快将那女子也押来了，并从其家中搜出行凶的刀子和血染的衣服。

到了府衙，子产大喝一声：

"你可知罪？"

那女子早已魂飞魄散，只好交代：因其与他人通奸被丈夫知晓，于是在其丈夫熟睡时她连捅数刀，致其丈夫毙命。

这个故事是否是杜撰，该女子是否偿命都没有记载，也许这个女子至死也不知是她的哭声泄露了"天机"。

当然，在这个故事里，结果和真实性似乎都不重要，只是子产仅仅靠着社会经验和哭声就能辨出凶手，的确让人佩服，但同时也有一丝忧虑：

假如没有遇到像子产这样机敏干练"神一样的人"，凶手或许是能够轻易蒙混过去的。

说完了这个"闻声"的故事，下面我们再来看一个关于"望审"的案例。

△薛宣分绢"望意"：典型的结果推论

西汉时，有个叫张甲的人，是个农民。

某一日，他带了家中自制的一匹微黄的绢，也就是没有染色的绸布，想去集市上卖了换些柴米油盐钱。

出门时太阳高照，张甲自然未带雨具，但行至半途，突然雷电交加，下起瓢泼大雨来。

张甲所处之地前不着村，后不着店，又不敢在大树下避雨，怕被雷劈，在雨地里跑也不是什么良策，况且夏天的雨来得快去得也快，只需躲避一时即可。但怎么躲呢？看看四周无避雨之地，张甲拿着手中的一匹黄绢，灵机一动，这布不是可以遮雨吗？待我先用来遮雨，等暴雨过去，太阳出来一晾晒，还不是光鲜如新？

这么想想，便把黄绢展开，拴在两棵树之间，自己则在绢下避起雨来。这雨越下越大，路上奔跑的人显得十分狼狈，张甲看着一个个如落汤鸡般的行人，暗自庆幸和欢喜。

张甲正在这里窃喜呢，只见从远处奔来一人，浑身衣服已经湿透了，冷得发抖，显然也摔倒过，满身是泥，忽然那人向张甲避雨处跑来：

"这位先生，能否到您这里暂避一下，您看我这……"

边说边钻进张甲的黄绢之下。

张甲看着那人真诚可怜的眼神，也没说什么，于是两人便一同在绢下站着，外面的雨似乎没有要停的意思，两人便咸一句淡一句地聊了起来。

这不聊不知道，世界真奇妙，本来他们住的这个郡就不大，这一聊还攀上了一个远方亲戚，大呼缘分，越聊越起劲。从国家大事，刘姓王公贵族，宫里宫外，正史野趣，到各自村庄的奇闻趣事，无话不谈。

通过交谈，张甲知道那人姓王，叫王乙，也是去赶集的。同时，张甲也得意地告诉王乙，他是去卖头顶这匹绢的，并说，他家这匹绢与别人不同，老婆在家制作时留有记号，说着说着，还指给王乙去看。两人谈得不亦说乎，大有相见恨晚的架势。

一般来说，当一个人把自己全部暴露在他人面前的时候，往往也就蕴含着某种危机，尽管我们说要真诚相待，要诚信，但是诚信往往是建立在相互信任的基础之上的，显然张甲王乙还只是初识而已，特别是对于张甲来说，王乙还只是一个只知道名字的陌生人，而对一个陌生人泄露自己的全部信息，被伤害就只是时间早晚的问题，但是那时张甲并未意识到。

过了一会儿，雨止天晴。

张甲王乙显得依依不舍，握手拥抱告别后，王乙继续赶路，张甲于是解下黄绢，稍稍晾干，也准备背上黄绢去集市卖。

突然，张甲觉得身后有人一把把他拉住：

"哎！你怎么拿走我的绢？"

张甲回头一看，是王乙又折转回来了，本来愤怒的脸顿时换成了笑容：

"兄弟，开什么玩笑啊！是不是还想吹吹牛啊？这样，待我把这匹绢去集市卖掉，咱们好好喝几盅如何？"

"谁跟你开玩笑？张甲，谁和你是兄弟？分明是你想偷拿我的绢！"王乙一本正经，严肃地说。

张甲见王乙并非玩笑，而是想夺绢，于是顿时火从心生，大怒道：

"王乙，你这忘恩负义的东西，我好心用绢为你避雨，不感谢我也就罢了，你竟敢恩将仇报，居然想夺我的绢，你的良心哪里去了？"

王乙也不甘示弱：

"张甲，我几时在你绢下避雨？是你央求我用绢为我们遮雨，现在雨停了，你却要抢我的绢，忘恩负义的是你……"

张甲闻言更为恼怒，于是二人互相对骂，各不相让。

骂着骂着，两人便大打出手。

那时不比现在，道路边也没有什么摄像头、监控录像之类的，只有他二人相互矛盾的陈述和这匹不会说话的绢，着实难以判断孰真孰假。而两人似乎体力也相当，厮打也只是一个平手，互有损伤，没法适用"自然法则"——"拳头决定归属"——解决问题，于是这种判断就更难了。

围观路人见状，尽管纷纷上前劝架，但谁也理不清谁才是绢的真正主人，于是任由他俩人互相扯着衣领争执，大家也就看看热闹而已。

一时间，人越围越多，但无一人能解此难题。

此时也巧，当地太守薛宣坐轿经过，看到前面交通阻塞，即吩咐落轿前去查看。

一阵锣鼓"回避"，看热闹者见郡太守驾到，纷纷让出一条道来。

两人一看父母官来了，也停止了争吵，当即跪倒，异口同声：

"请大人为草民做主！"

薛太守即问何故为一匹绢如此大打出手，张甲便将路遇大雨，用绢遮雨，二人同避，雨后争绢原原本本地说了一遍，王乙也是如此说过，只是主人公做了调换。

薛太守听完，问道：

"你们各有其理。那绢上可有记号？"

张甲一听，叫苦不迭，当时自己一时疏忽，将绢上的记号也告知了王乙，可谓是有苦难言，于是二人回答皆同。

张甲还想说什么，薛太守却制止了他，叹了口气说：

"我明白了，这样吧，既然你们都道绢属于自己，又都不肯放弃。本官作个判决，不知你们可有异议？"

两人不知这太守如何裁决，但既然太守说他明白了，那一定有办法，于是二人点头同意。

薛太守当即命手下拿出宝剑，将那匹绢一分为二说：

"二人争执，皆因绢生，各人一半，免得再争，此为判决，不得妄评。"

这个理念放在现在倒也合适，都没证据证明是自己的，那么平分也不失是一个相对公平的办法。

这看热闹的众人正想看看太守有什么高深的见解和办法呢，都伸长了脖子，竖起了耳朵准备看场好戏。各人一半，完了，这样办案啊！顿觉索然无味，四散而去。

张甲一听，心中暗暗骂道：什么太守？简直是糊涂官！但已经判决了也不能说什么，遂狠狠地瞪了王乙一眼，持半匹绢去集市了。

这张甲走到集市，越想越觉得窝囊，也无心卖绢，独自蹲在集市一角生着闷气。这时，他同村的一个人见状，觉得奇怪，这张甲不是这种人啊，他一向心无城府很乐观的啊，于是上前搭讪。张甲一见他，就满脸愤恨地诉说了刚才的遭遇，还大骂这个郡太守是糊涂官。

且说那个王乙，满心欢喜地拿着这半匹绢到了集市，心想反正也不是自己的，只要能换点钱就行，于是叫卖得特别便宜。

可是没过多久，王乙的绢还没等卖出去，张甲还没开始叫卖，几个衙役便将二人带走了，不一会儿，他们再次来到了薛太守的跟前。

二人正在纳闷，薛宣开口了：

"将王乙所持的半匹绢还予张甲，重打王乙四十大板！"

几个身强力壮的衙役立即将王乙按倒在地，王乙疾呼：

"冤枉啊！大老爷。"

薛宣让人将王乙和还在丈二和尚摸不着头脑的张甲带到跟前，只见一个府衙走上前来，将张甲王乙在集市上的所作所为一五一十地说了出来。

原来他们走后，薛宣马上派人悄悄跟踪他们，听他俩说些什么，以此推断谁是绢的真正主人。至此，真相大白。

薛宣问道：

"王乙，你还有什么要说的吗？"

王乙见已暴露，只得老实承认，接受惩处。

应该说，在案件客观事实真假难辨、法律事实不清楚的情况下根据事后当事人的态度、行为来推断当事人案中的动机、行为，既是我国古代审判常用一个方式，也是现代司法中以客观推导主观的一个理念，这也是古代审判中"望审"的一种，也就是说，其审判的重点在于对案件本身之外的观察和思考。这里的案件是一个与案件本身相关的、连续的过程，大家还好理解，有的则完全离开了案件本身，如对当事人品质的观察，对其平时一贯行为的考察，都可能成为判决的基础。

当然，这在司法程序十分不健全和随意的情况下才可实施。否则，在既已结案的情况下，谁还有工夫再去折腾这事。

另外，望审还有很大的主观性，本案中假如王乙再装一会儿，等拿到钱回家后躲在被窝里"没事偷着乐"，恐怕结局就很难说了。

△高柔"问"案缉凶：逻辑是审判的关键

三国曹魏时，高柔当廷尉，是有审判权的官职。

在东汉末年，曹操也做过廷尉，而且还做得不错，据说流传后世的"黑红杀威棒"就是他给琢磨出来的。当年曹廷尉执法严明，不畏权贵，确实在当地树立了不少威信，这与他后来一呼百应有一定的关联，但这也得罪了当时的宦官。得罪了上面的人，纵使你有天大的本事，上是上不去了，还得时刻提防着上面有人给小鞋穿，在古代，那可就是杀身大祸。曹操是多聪明的人啊，尽管这个法官还想做，还没做足，但一想到指不定哪天就掉了脑袋，于是还是溜之大吉，跑回家练武功去了。

从这点也说明，做个法官不容易，想做个好法官就更不容易了，古今皆如此。

言归正传，在当时，曹魏的法律是十分严明的，军营中纪律就更甚了，稍有越轨，便将严罚，且株连亲属。大家很容易就会想到当时曹操"割发代首"的故事，一个军队首领尚且不愿宽恕自己，其他官员更当如履薄冰，谨慎有加。于是在曹魏与孙吴、刘蜀作战中，曹魏军队的战斗力显然都要高一些，只不过在战术上可能存在些许变数，但从战略上讲，曹魏的军队几乎从未出现过彻底的失败。

由此可见，纪律在一定程度上决定了队伍的战斗力，当然对于一个国家来说，法治则似纪律一样显得尤为重要。

咱继续说这个故事。一日，军营中有人向部队首长打报告说，护军营有个叫窦礼的军士已数日不归，想来是开了小差，做了逃兵。

按照当时的军纪，逃兵一方面是对国家的不忠，另一方面由于常年征战，如果逃兵过多，也无法有效组织战争，因此，军纪对逃兵的处罚是十分严格的：逃者除了追捕问斩之外，还要没财充奴。具体点说，对窦礼应当追捕，同时没收其家产，罚其妻以及全家男女充当官家的奴隶。

这种连坐的军纪，恐怕也是当时曹魏军队勇往直前的秘笈。

但这个报告上去，首长并未马上下令追人没财，毕竟军营中也需要调查，于是几个与窦礼相好的军士把消息传至窦礼的妻子窦盈氏的耳中，让她赶快找人想办法。

这窦盈氏也是数日未见夫君，正在四处打听寻找，突然听到这样一个消息，如晴天霹雳，差点昏了过去。这还得了，丈夫无缘无故不见了，家产还要充公，自己还要作奴仆，无疑是天降灾祸，人财两无。

这窦盈氏等哭号半晌之后细细一想：不是还没军令吗？应该还有回旋的余地，不能就这么认了。她不敢怠慢，立即带上全部家当找几个明白人商量对策。

当身家性命和自由与金钱发生冲突的时候，人们往往毫不犹豫地会选择前者，古今大多正常的人都明白这个道理，但生命与自由发生冲突时，如何选择，却是千年难解难辨的问题。

大家在仔细研究了情况之后，终于制定了一个较为可行的方案。

窦盈氏并不知道其夫是否逃跑，那么从窦盈氏这一方面来讲，就是其夫数日未归家，失踪了，这可是地方上的事，让窦盈氏去地方官那里去报案，就声称其夫失踪数日，向官府报案，这样一来请官方寻查，至少能弄明白缘由；二来即使是真的逃跑了，也可以以不知而抗辩，也好从轻发落，总比坐以待毙的好。

主意一定，窦盈氏立即跑到县衙前击鼓，县级官府接案后，立即发函给军营，军营即以报告示之。县官一看，军队都已经定性为逃兵，且正准备追捕，因此不敢受理，只是轻描淡写地说，你丈夫乃军营中人，自当由军营寻找处理，军队已定为逃兵，地方政府也没办法，于是一推了事。

窦盈氏自然不服，见此路不通，为了全家的安危，大呼冤枉，说自己的丈夫绝对不是逃亡，于是拼死要求上访，并指明要求面见某领导，在当时就是求见廷尉高柔，请其明察。

高柔见其诉状情真意切，当然也是为了息诉罢访，按规定约访了窦盈氏。

我们知道，这高柔办案，以"问"闻名于当时，往往一针中的：

"窦盈氏，你怎么知道你丈夫不是逃亡？"

是啊！高法官问的对啊，你在家中，丈夫在军队，你只是数日未见丈夫，如何判断他不是逃跑，而是失踪呢？况且，活不见人，死不见尸，没有证据啊。这里高法官要求窦盈氏举证的是：你说你丈夫仅是失踪，不是逃亡，依据是什么？

窦盈氏一听，哭道：

"我丈夫久经沙场，从不惧怕战场上的刀光血影，绝不会逃跑。另外，他对我十分珍爱，亦不是那种轻薄浮华不顾家庭妻小的人。我以为他的失踪定另有隐情，请大人公断。"

窦盈氏这段话没有正面论证，而是有三个潜逻辑：

其一，如果窦礼逃亡，可能是畏惧战争，但从窦礼一贯表现看，他

"久经沙场，从不惧怕战场上的刀光血影"，可见他并不畏惧战争，因此可以得出结论：他不会因畏惧战争而逃亡；

其二，如果窦礼逃亡，有可能是对家庭没有感情和责任了，但他与妻子十分恩爱，也"不是那种轻薄浮华不顾家庭妻小的人"，可见他是一种对家人有责任的人，这样的人也不会只顾自己而逃亡；

其三，窦礼既不畏惧战争，又对家庭有责任，那么他一定不是逃亡，但是数日未归，因此，窦礼应该是失踪。

这个窦盈氏并不简单，其思维和逻辑还是挺清晰的。

第一问没有难倒窦盈氏，高柔也频频点头，觉得有理。

沉思片刻，突然问道：

"你丈夫可与别人有过什么仇恨吗？"

这一问，可见高柔的观念已经发生了转移，问其是否有外仇，即已将这个可能是主动逃亡案件，转变为失踪、凶杀案件了。

按说，这不是该案的审理范围，窦盈氏状告其夫失踪，高柔只需查明其夫是否失踪即可，如果按前面县衙的逻辑，官府那里说他是逃亡了，似乎就否定了失踪，而窦盈氏据理认定其夫并未逃亡，但窦礼哪里去了？莫非被仇人所杀，所困？这是高柔的推测，本不属审判的范围，不过，那个时候，侦诉审"三合一"，高柔追查到底，似乎也没有什么越权的问题。

窦盈氏稍作回忆，遂答道：

"丈夫为人良善，从没跟人有仇怨。"

这样的回答应该让高廷尉较为失望：没有结怨之事，那么会是什么引起的呢？莫非钱财？自古"人为财死，鸟为食亡"，于是高柔再换一个角度问：

"你丈夫没跟人有钱物上的纠葛矛盾吗？"

窦盈氏想了想，答道：

"对了，我丈夫曾借钱给同营军士焦子文，多次向他索要，他都不肯归还。"

高柔心中一惊：

"焦子文，你说的可是那个喜欢喝酒的焦子文？"

"正是！他常来我家与我丈夫饮酒，为了讨回借款，我丈夫请他喝过几次酒呢！"窦盈氏答道。

高柔"哦"了一声，对窦盈氏说：

"你的诉状我收下了，你且暂回去，待我调查之后再作决断。"

窦盈氏满腹狐疑，莫非这高廷尉与焦子文也有关系？唉，看来又要批转答复，遥遥无期了。一咬牙一跺脚，也罢，反正已经尽力了，遂回家收拾东西了。

说来也巧，这焦子文高柔还真认识，不久前就接触过。那日焦子文自称因酒后伤人触犯军纪，正被押在监狱，审讯中，狡诈刁蛮，总以酒醉无知推脱责任，既不说明伤人原因，也未交代所伤何人，被害人在哪里，只因身上有血迹，承认伤人，整个一个只有他自己说的无头案。这让高柔十分头疼，只好先将其羁押，待日后有其他证据再作处理。

这只有被告供述，没有其他证据的案件，在古代"疑罪从有"的审判指导思想下，高柔没有直接判，应该算是一个相对不错的法官。

高柔突然灵机一动：这窦礼失踪之事会不会与他有关呢？

想到此，高柔待窦盈氏走后，立即传令将焦子文从牢中提出，询问前几日伤人之事。这焦子文果非善类，极尽胡搅蛮缠之能事，装混使诈，一会儿假装当时醉酒无知，一会儿又力争他人滋事在先，反正就一点，自己喝醉不知道怎么就伤了人，弄了一身血，其他均记不清楚了。高柔均笑而不语，任其滔滔不绝。

正当焦子文以为自己把这个高法官忽悠住而沾沾自喜之时，高柔突然谈锋一转，厉声问道：

"焦子文，你可曾借过人家钱财？"

焦子文突然听到这样问话，措手不及，不知这高廷尉到底"葫芦里卖的什么药"，不敢轻易回答，脸一阵红一阵白，吭吭唧唧半晌。高柔连问三次，焦子文方才回过神来，吞吞吐吐答道：

"高大人，你问我借没借钱，我，我孤单贫穷，本来一点饷银，就够填饱肚子的，哪敢借人家的钱，不敢，不敢。"

高柔追问道：

"是不敢借，还是不曾借过？"

焦子文慌忙答道：

"不敢借，也不曾借过！"

高柔已见他神态有异，完全失去前面得意扬扬的神情，心中已经明白了七八分，于是单刀直入厉声喝道：

"是吗？你曾借过同营军士窦礼的钱，怎说不曾借过呢？"

焦子文一听"窦礼"的名字，顿时脸色大变，说话变得不再利索：

"窦礼？我不曾认识啊……我们最多也就是喝喝酒，没借钱啊……一点碎银子，早还了……"

焦子文这边越说越矛盾，越说越说不清，高柔这边一直面带冷笑，焦子文一时汗流浃背，腿如筛糠，知事已败露，扑通一声瘫倒在堂上。

高柔见此，更加坚信是焦子文所为，怒喝道：

"你因欠钱还不上，杀了窦礼，我证据在手，你趁早招认，方可减罪，否则休怪军法无情！"

焦子文顿时魂飞魄散，连忙叩头：

"高大人，我招……"

原来，这焦子文乃单身军官，平日无事，常与窦礼在一起饮酒，关系甚好，一日焦子文因赌博欠赌债，遂借窦礼纹银数十两。窦礼催要几次，可焦子文嗜赌成性，身上的银子都输掉了，哪有银子还，于是一拖再拖。害得窦礼请了几次客，都被焦子文找个理由给赖过去了。

窦礼有心告发，但是顾及焦子文的情面，这样做，焦子文就没有办法在部队里面混了，毕竟"朋友"一场。于是就一直找焦子文要，但焦子文非但不还，又借了窦礼一些银子去翻本，结果如同所有赌徒一样，这个债就越垒越高。焦子文眼看窦礼这个钱是还不上了，急得不敢见窦礼。

但毕竟是在一个军营中，低头不见抬头见的，于是焦子文就想：要消

灭这个债，最简单的办法就是消灭窦礼，没人要钱就没人烦了。那么如何下手呢？这天晚上，窦礼请焦子文喝酒，于是两个人就到了一个僻静的地方，带着酒菜，推杯换盏。不一时，二人都有些晕乎乎，窦礼借着酒劲，又提借款之事。焦子文先是眼泪汪汪"兄弟，兄弟"地搪塞，随后见窦礼半醉，于是绕到窦礼的背后，一刀便结果了窦礼的性命。

焦子文见窦礼真死了，酒也就醒了一半，于是将其尸体扔于山涧之中，眼看着其消失在视野。然后模仿窦礼笔迹，写一份逃亡前给其妻的信，然后将其军服都带回军营，置于帐外，造成窦礼逃跑的假象。

反正那个时候，死一个人，跑一个人都是稀松平常的事情，找几天找不到，就按死亡或失踪处理，谁也不会去深究的。

做完这一切，天已大亮，焦子文忘记自己身上有血迹，遂装酒醉睡去。

等到其他军士叫醒他，发现他身上有血迹，便将把他带到高柔处，于是他就编出类似孟德先生"梦中杀人"的故事，企图无罪或以过失罪了事。

然而，他遇到了一个好审善"问"的高廷尉和一个不甘受辱的窦盈氏，于是真相大白。

在这件案子上，真正起着决定作用的不是高柔，他只是做了他应该做的，而是那个不甘心就这样失去自由和权利的窦盈氏。

△李惠"切"案断皮：阅历和经验很重要

在古代审判中，望闻问切，切就是推断，似乎很难懂，但运用很多，这里就说一个例子。

这是南北朝时北魏的雍州太守李惠审理的一个案子。

要说起来，这个案子和前面的薛宣分绢的案例起因有点相似。

有个盐贩子颜仁背着一口袋盐到雍州城去卖，半路上遇到一个卖柴的樵夫柴半。俩人一路走一路聊，挺开心的，于是结伴而行。

走了一段路，他们在一棵大树下一起休息，其中一人将自己用于垫肩的羊皮铺在地上，二人同坐。

歇了一会,当他们站起来准备继续赶路时,却为铺在地上的这张羊皮争执起来,都说是自己的,最后竟打了起来。过路人见状遂把他们拉开,叫他们到太守李惠那里去告状。

"去就去!"二人面红耳赤地赶到州府,找到李惠,让他评判。

至此,这个纠纷发生的情节与薛宣那个案子几乎同出一辙。

莫非李惠也要学薛宣,将羊皮割开,一人一半,然后以观后效?那么这样,可就要"东施效颦"了,因为我们知道:那个绢是要在市场卖的,价格等是可以区分的,但这个羊皮垫肩,可是个附件,无法观察其各自的外在表现。

到了州府,太守李惠平静地让他们讲讲事情的前因后果。

颜仁抢着说:

"这羊皮是我的,我带着它走南闯北贩盐,用了五年了,我好心歇息时铺着让他坐,结果他狼心狗肺,竟想把它给赖了,好一个无耻之徒。"

柴芈也不甘示弱,也嚷道:

"你好不知廉耻!竟要把我的东西说成是你的!我进山砍柴时总要披着它取暖,背柴的时候总拿它垫在肩上,也有上十年了,别说你要拿它去,就是换,用什么都不行!"

一会打证据牌,一会打感情牌,两个人滔滔不绝地讲得头头是道,不愧都是在市场上摸爬滚打数年的高手,嘴皮子那叫一个利索。

送他们到州衙的围观群众更是一个个抓耳挠腮,一头雾水,无法看出谁真谁假,甚至有人当场打起赌来。

李惠看着时间差不多了,笑了笑,对两人说:

"你们也都说完了吧,本官也都听明白了,你们先到前庭,也就是大堂外去歇一下,羊皮放在大堂之上,我要单审羊皮,等一会儿就有审理结果了。"

"审羊皮",没听错吧?但李大人已经发话了,不得不从,两人吃惊地张着嘴巴,满腹狐疑地退下大堂去。

看着他们走出大堂,李惠问左右差役:

"现在审羊皮，如果拷打这张羊皮，能问出它的主人是谁吗？"

左右衙役你看看我，我看看你，一个个心中暗笑：这个老头不是老糊涂了，就是吃错药了，羊皮还会怕拷打，招供不成？于是不回答。

李惠见都不说话，突然一本正经地喝道：

"羊皮拒不招认，来人啊，把羊皮放在席子上，重打它四十大板！"

衙役一听，简直是个糊涂官，但令牌已经落地，只有遵从，于是，两个衙役煞有介事地把羊皮拖上一张席子，噼噼啪啪地打将起来。

门外的颜仁、柴苹以及围观群众一听说太守要审羊皮，都趴在门缝想看个究竟，接着又听说太守正在打羊皮板子，人越拥越多，竟将庭门挤开。

进庭内一看，两个衙役正挥汗如雨地打着一张羊皮，个个瞠目结舌。

只见李太守坐在堂上，悠闲地喝茶，也不管旁观群众，过了一会儿，李惠约摸打得差不多了，喝令道：

"够了，差不多该招了！"

随后，李惠一步三摇地走到羊皮前，拎起羊皮抖了抖，看了看，笑着说：

"它果真吃不住打，已经招供了。"

一边上堂，一边扭头喝道：

"传他们上来！"

盐贩子颜仁和砍柴的柴苹上堂后，李惠说：

"大胆柴苹，竟然抢夺他人羊皮，你可知罪？"

柴苹一听，慌忙跪倒：

"大人，冤枉啊！小人之罪不知有何凭证？"

这边颜仁也是糊里糊涂，也是疑惑地看着李惠。

李惠严肃地喝道：

"羊皮已经招供了，说卖盐的颜仁是它的主人，你还敢抵赖？"

柴苹红着脸问道：

"大人，羊皮怎么能说话招供？"

"是啊！大人，我们都在堂前，并未听到羊皮说话啊！请大人明示。"身旁的衙役也都纷纷问道。

李惠指着散落在席上的盐屑说：

"你们自己看看吧！按他们所说，这张羊皮都跟了他们数年，其中必有他们各自买卖的成分，如是颜仁的，当有盐屑，如是柴芈的，当有柴草末，现在只有盐屑，分明就是颜仁的。"

衙役和众人一听，纷纷竖起大拇指，称李惠真是"奇判"。砍柴的柴芈见此，也只有低头认罪，接受处罚。

这是一个断羊皮的案件。实际上在我国古代，类似的"切"案是很多的，很多在影视作品、智慧故事中都有传播。比如说一个卖油的和一个买布的为一吊铜钱发生纠纷，到了县衙，县令问明情况，遂将钱丢入水中煮，看水中有无油花，来决定这钱是不是卖油人的，因为他们常常会用一双油手去摩挲铜钱。

在古代，审判案件和推论案件结果，并没有太多的规则，更没有现成的处理程序，往往更多地需要推理人的社会阅历和社会经验。

◎王羲之断酒：司法解释与风俗习惯

东晋王羲之是大书法家，大家都知道他写了个"天下第一行书"——《兰亭集序》。

他有个官职叫"右军"，是一个不小的官职。但很少有人知道，他在任太守时曾断过一件很好玩的案子。

我们今天主要来说说这个案子。

话说东晋时期，有个叫阿兴的小伙子与其父亲相依为命，他的父亲是个猎人。一日，阿兴的父亲在深山打猎，遇到了一只斑额老虎，阿兴爸爸壮着胆子与老虎周旋，但是显然他既不是武松，赤手空拳就能收拾这只老虎，也不是李逵，一把朴刀就能结果老虎全家。阿兴父亲最终没有周旋过老虎，被老虎追赶，跌下山崖，一命呜呼。

阿兴翻山越岭，终于在山崖之下找到了父亲的遗体，痛哭之后决定让父亲入土为安。

但那个时候猎户是没有土地的，土地都在地主手上，墓地也不例外。好在庄基地似乎是自己的，否则，没处安身的农民估计早就造反了。

自古以来，土地及其上面的附加值一直是财富的象征，特别是农耕时代，土地里能长出庄稼，能饱衣食，御寒冷，因此，"抢地盘"比什么都要重要，而土地也就成为很多矛盾和斗争的导火索。

阿兴是个有志气且孝顺的小伙子，没有草草地找个山洞把父亲就给埋了，一定要好好安葬父亲。

要葬好就要看风水，于是就请人看埋哪里合适。所请之人乃当地一个私塾的周先生，又兼杂家占卜风水之事，平日好行善事，就帮阿兴看了一下，很快看好了一块荒地。一打听，这是当地大财主鲁宋所有的，阿兴就去找鲁财主，看要这块荒地需要什么条件。

说来真巧，阿兴找鲁宋那天，正遇鲁财主为母庆贺八十大寿，鲁府上下，张灯结彩、锣鼓喧天，酒席上人声鼎沸，好不热闹。

阿兴把来意一说，鲁财主开始并不高兴。试想也对，人家在办寿宴，正在兴头上你跑来说家人死了要换块地埋人，人家能高兴吗？鲁财主一气之下，就把阿兴给赶了出来。

阿兴心中不快，但没有死心，就托人去说。

被托者就是周先生，那个看风水的，周先生也是被阿兴的孝心打动，答应一声就直奔鲁府，双手一拱：

"鲁员外，祝令堂福如东海，寿比南山啊！"

鲁宋一看是周先生，但未带礼品，遂作一揖以示答谢，然后"嗯"了一声就把脸别了过去。

周先生也不在乎，接着说：

"我观员外有大喜，令堂不日可增寿，这就是我给令堂带来的大礼，可喜可贺啊！"

鲁宋也知这周先生上知天文下知地理，通晓周易占卜，忙回头惊问道：

"周先生何出此言啊？"

周先生说：

"听闻'日行一善，可增百年'，当前有一善事，只需员外小施恩惠，可为员外母亲增寿数年，鲁员外这孝子之名也可远播啊！"

鲁宋一听，欣喜万分，上前一步，一把拉住周先生，按在太师椅上：

"周先生，快讲啊！管家，快上好茶！"

这有钱人实际上也苦恼，老是怕别人说自己"第一桶金来历不明"，总怕人说自己为富不仁，于是对于能够赚取名声的事，往往不惜下血本。

鲁员外也是如此，这次之所以大张旗鼓给母亲做寿数日，也是想在方圆数里给自己获取一个"孝子"的好名声。但是看着每日白花花的银子用在这酒席上，也是心疼，这"越有钱越抠"的话是真理，正在发愁如何将亏空的银子再弄回来呢。现在一听周先生说有个法子，既可以少花钱，还可以赚取名声，自然是大喜过望。

周先生品了一口鲁家仆人端上的上好清茶，说道：

"前几日，贵庄上有一猎户上山打猎坠崖而死，其子阿兴想安葬其父以尽孝心，员外可曾知晓？"

鲁财主忙道：

"知道啊！这阿兴还找过我，让我把一块荒地卖于他安葬父亲，扫了我为母祝寿的兴，被我赶将出去了！"

周先生说道：

"哎呀！员外险些酿成大祸啊！这阿兴可是孝子啊，之所谓'百善孝为先'，成全了他，你可是双孝啊，一因让阿兴成孝而博得孝名；二因善孝而使令尊延寿而获取孝质，是至孝啊！可惜啊，你把喜事给赶跑了……"

鲁财主对于周先生那些什么"孝"啊、"善"啊的不懂，但他懂这是可以博取孝名的事，于是急切地问：

"周先生，你说这可咋办？"

周先生说：

"只要那阿兴父亲没有埋葬，还有回旋余地，你可以找他说，你想了一下，愿做此善事，将那块对你来说可有可无的荒地送与他葬父即可！机会一去不复返啊……"

鲁财主那里没等周先生说完，马上吩咐家人：

"快去把昨日找我的那个小子阿兴喊来，就说我愿换地与他！"

不一会儿，阿兴气喘吁吁地来到鲁财主跟前，还没开口，只听鲁财主说：

"阿兴，你昨日找我要换那块地葬父，我念你一片孝心，那块地也荒着，就送与你去埋你爹吧！"

阿兴一听，扑通一声跪倒在地。

鲁财主接着又说：

"我话还没说完，地给你可以，但你需送一壶好酒为我母亲祝寿。"

阿兴一听，疑惑地看着鲁财主后面的周先生，周先生边点头边笑着说：

"还不谢过鲁员外，准备一壶好酒去！"

阿兴知是周先生说合，马上领会意思，一壶酒可换一块地，这是上哪里能找到的好事呢？谢过鲁老爷之后，阿兴爬起来跑回家，卖掉一张上等的狼皮，置了一壶好酒，大张旗鼓地送到鲁府为鲁母祝寿。

鲁宋见状大喜，就把那块地的地契交付于阿兴。

小阿兴唯恐有变，第二天就将父亲安葬在那块荒地上。

此事过后，大家都相安无事。

周先生此事不久就去游学去了，至于去哪里，就无从而知。东晋那会，这种无拘无束之神人到处都有，走哪吃到哪，可能去了"竹林"，也可能去寻了"乌衣"，总之，就不见了。

鲁财主的那块荒地本来就无甚作用，现在那里又葬了一个猎户，慢慢地就遗忘了，只是他母亲也没延寿多年，在四年后的"八十四"那年，就驾鹤西游去了。鲁财主又大肆铺张了一下，在自己的"孝"名声下又加了几颗星。

阿兴这边继承父业，仍以打猎为生，他吃得起苦，熬得起夜，而且臂力惊人，武艺精通，每日打猎总是满载而归，慢慢地靠着销售野味娶妻生子，组建了家庭，又在山边开了一个小小的"阿兴酒馆"，小日子过得也挺红火。

一日，阿兴在深山发现了那只曾把老爹逼下山崖的斑额大虎，于是设计将这只大虫给猎杀了。阿兴此举不仅为父亲报了仇，而且这老虎全身可都是宝啊：虎头可以吓人，虎皮可以御寒，虎肉可以食用，虎骨可以泡酒……阿兴遂将此老虎卖了，这一次竟得了数百两纹银。

阿兴为人一向十分仗义，有了这意外之财，也不独享，在自己小酒馆置办酒菜，与乡邻吃肉喝酒，好不快活。

这酒席之上，自然少不了说起这只老虎，也就自然说到了老猎户，说起那块坟地，大家都说老猎户埋得好。于是，阿兴就借着酒劲，把当年如何找周先生看地，说服鲁宋，如何用一壶酒换得此荒地的事讲了一遍。

这喝酒的乡邻中有人与鲁宋相好，遂借大家酒酣之时，溜出去告诉了鲁宋。

鲁宋一听，肺都气炸了：

好你个阿兴，串通别人把我的地给诳了去，看我不讨要回来。

大喝一声：

"来人，与我将那地抢回来！"

管家忙上前制止：

"老爷，使不得，当年您以一壶酒换荒地的事，是家喻户晓，还落得'孝财主'的美名，现在去抢地，可是毁了名声了啊！"

鲁宋一想：是啊，我辛辛苦苦积攒的名声，如此毁掉，着实可惜，但难道就这样忍气吞声，让人家笑话？

管家看到鲁宋咬牙切齿，说道：

"老爷莫着急，我有个招，可以让阿兴有口难辩，只有乖乖地把地给

退回来!"

然后走到鲁财主旁边,贴近着耳朵如此这番一说。

只见鲁宋面部表情从阴转晴,最后竟一拍大腿,竖着大拇指:

"绝!妙啊!就这么办!哈哈哈……"

随后,他一喝家丁:

"大家随我去找阿兴讨酒去!"

一众家丁呼啸着直奔阿兴的小酒馆。

阿兴酒馆这边大家正喝得酒酣耳热,突然看到鲁宋凶神恶煞地带领家丁站在跟前。

阿兴见状,忙招呼收拾几张桌子:

"鲁员外,您来得正好,我最近刚猎杀一只猛虎,得了些散碎银子,请您等上桌喝酒。"

鲁宋一摆手:

"阿兴,我今天来不是来喝酒的,是来要酒的,你不会是忘了吧?"

"要酒?"阿兴笑着说,"员外莫非是在开玩笑,我与员外素无钱财往来,当初员外好意,给我一块荒地葬父,小的已依要求孝敬了一壶好酒,此事已经了清。自从开了这个小酒馆,只有人赊我酒账,并不曾借过员外酒啊?"

鲁宋厉声说道:

"开玩笑?谁和你开玩笑?看来你还记得那块地之事,当初我要的是'一湖酒',你只给了'一壶酒',如何就算了清?想我那块地系风水宝地,岂是一壶酒就能买下的?"

"一壶酒?一湖酒?"

阿兴和大伙都看着鲁宋傻笑着,丈二和尚摸不着头脑,问道:

"有区别吗?"

鲁宋恼羞成怒,喝令:

"管家,给这些人解释一下,让他们死个明白!"

管家上前,用手蘸着酒在桌子上写了"湖"和"壶"两个字,然后说道：

"老爷说用'一湖酒'来换，是这个'湖'字，而非此'壶'，而阿兴只给了'一壶'，尚欠一湖的酒啊！"

"哦！竟有此事！"明白过来的阿兴当场就和鲁宋争执起来，众乡亲也作证说当初讲明的是一壶酒，还有周先生也能作证。但无奈鲁宋财大气粗，加上周先生不在，管家又巧舌如簧，阿兴说他不过。

到最后，鲁宋命众家丁将酒馆乱砸一通，说从酒钱中扣除。以后三天两头找阿兴要酒，弄得阿兴难以招架，本想把地还给鲁宋算了，但想到老爷的坟在那里，又不可能迁坟，于是就苦苦地扛着。

这一日，他听众人说府衙新任太守清廉爱民，就到太守府去告状。

王羲之接到诉状，一看便知是鲁宋恃强欺人，但自己刚刚上任，怎么裁判才能让他心服口服呢？他想了想，没有立即作判，让阿兴回家静候消息。

当天，王羲之带着自写的一幅《乐歌论》来到鲁宋家中。

只见鲁宋家深宅大院，院前小河连通村外大河，河内鹅鸭嬉水，鱼虾浅游，果然富甲一方。

鲁宋见太守微服来访，忙迎进客厅。

王羲之说道：

"员外真是好兴致，门临绿水，背靠青山，那白鹅更是惹人喜爱。"

鲁宋早知道新任太守喜欢白鹅，遂顺水推舟："是啊，白鹅冰清玉洁，敝人尤喜养之，院前小河之中均为敝人所有。"

"哦！如此甚好！"王羲之笑道，"我对员外的土产颇为喜爱，我这里正好有一幅刚书就的《乐歌论》，愿以之换一活鹅，不知员外意下如何？"

王羲之是有名的书法大家，一字能值千金，且当时要求王羲之一幅字是何其困难。如今不仅送上门来，还是一篇《乐歌论》，那可谓是价值连城啊，别说一只鹅，一车鹅又何足道哉？鲁宋对此岂无耳闻，求之不得，如天上掉下金砖，自然乐呵呵千恩万谢。

王羲之当即便将《乐歌论》留了下来，让鲁宋第二天拿着活鹅到府衙来。

一夜未眠，鲁宋一直以为自己是在做梦，把管家问了几百遍：

"王大人说的是'一活鹅'，是一活鹅？真是一活鹅？难道是一活鹅……"

管家都快逼疯了："是的！老爷，我听的千真万确，一活鹅，一只活鹅，一只活着的鹅……"

管家还理智地帮鲁员外分析道：

"外界皆道这王羲之嗜鹅如命，尤其对白鹅如醉如痴，今日一见，果然不假……"

第二天一早，鲁宋命家人选一洁白无瑕、健壮俊美的大白鹅，亲自端着来到太守府。见到王羲之，鲁宋忙说道："王大人，您昨日用于换《乐歌论》的大白鹅我已选好送来，请您过目！"

王羲之看了看，笑道："鲁员外开玩笑了，我的字幅价值几何，想必你也知道，岂止值一只活鹅？我要的可是'一河的白鹅'啊。"

鲁宋"啊"了一声，扑通一声跪倒在大堂上：一河的白鹅啊，那得多少啊？他理理头绪，正想争辩，只听王羲之吩咐道："将阿兴传来，本太守要审问他的案子。"

不一会儿，阿兴来到府衙，只见下面跪着鲁宋。王羲之高坐大堂，呵斥道："鲁宋，一河鹅可否能交出？"

鲁宋急道："大人啊，没听说用河来论鹅的啊！"

王羲之一听，哈哈大笑："鲁宋，鹅既然不论河，酒岂论湖？本大人有意以'河、活'论鹅之谬来说明你以'湖、壶'来论酒，你难道不明白本大人为的就是严惩你等这样的刁蛮奸赖之徒吗？"

说着他把阿兴的状纸丢给鲁宋。

鲁宋一看，这才知道自己已经成了被告，这恶霸虽然一贯欺压乡民，但毕竟不敢在朝廷命官、堂堂太守面前逞凶霸道，只得连连磕头，说自己财迷心窍，愿意赔偿因砸烂阿兴家东西而造成的损失。

王羲之当堂下令，将这个仗势欺人的恶霸杖责四十大板，并令其将《乐歌论》交还。

鲁财主聪明反被聪明误，结果名利两亏被人耻笑。

此案审判似乎没有讲什么证据，也没有高深的理论，却审得清清楚楚、明明白白，现代的法官，面对这样的案件，又该如何？

可能我们会看证据，但当时众多的鲁宋家人的证词，似乎会一边倒地朝向鲁宋，那我们的结果能让人信服吗？也可能我们会认定鲁宋耍赖，但裁判的理由能有公信力吗？

王羲之用类比的方法，以其人之道还治其人之身，把人们的习惯解释融入进了审判之中，说理到位，让大家均心服口服。当然，这里的习惯应当为老百姓所普遍认可的主流观念，不然，像南京彭宇案中的依习惯推理，则是走向了反面。用主流习惯作为一种判断标准，这也是一种审判方法，当为现代法官学习。

◎张敞宴盗：社会能容忍的结果正义

经常在做讲座的时候被问到一个问题：在我国，到底是程序正义重要，还是实体正义重要？对此，我只有不厌其烦地解释程序与实体，过程与结果，效率、效益与效果等关系。但是，只要是了解我们古代审判的朋友，就会知道，在中华民族的传统上，都有着对结果正义的不懈追求。从汉代的硬脖子张宣到唐朝的神探狄仁杰，再到宋代的黑脸包公，以及明帝国的倔老头海瑞，清官情节往往携裹着结果正义的判断标准。也就是说，对老百姓而言，对一件事正义与否，并不看你如何按照法律在办事，而在于你处理的结果是否更符合大多数人的主流观点，除非你的过程过于邪恶，为公众所无法容忍，因此，在很多时候，欺骗和诈骗之术在审判中层出不穷，甚至有利用妖魔鬼怪的。比如大家都耳熟能详的《杨家将演义》中寇准审判潘仁美一段，在时过境迁，证据多被销毁、无法取得的情况下，寇准假扮阎罗，演绎了一出"阎罗殿夜审潘仁美"的好戏，提取到了

潘仁美的重要口供。这里的程序是否正义，老百姓并不关注，关注的是潘仁美能否被最终处理，这就是一种社会容忍，一种对程序瑕疵的容忍。我们且把这种传统称之为"能被社会容忍的结果正义"，也正是有了这些正义的结果，在我国法律传统中才有了许多能为司法所容忍的程序。这里，如果讲戏曲、演义之中的故事，恐怕难以让人信服，我下面就讲两个历史有记载的故事。

汉朝，有个叫张敞的出任京兆尹。

当时长安城内小偷很多。

这小偷和大盗不同，俗话说"大盗好挡小偷难防"，大盗多了大不了我不去那里，官方要组织"打黑除恶"也方便，往往这些都是"冤有头债有主"的，搞几个阶段的运动，估计也就差不多了，效果明显，人心大快；但这小偷就不同了，一方面你根本不知道哪里有，无法防，另一方面，其破坏性更大，指不定兴高采烈地逛完超市，一条新买的百儿八十的裤子就被划拉一个大口子，让人添堵闹心，回到家又发现被人锯了防盗门，破了防盗窗，家中一片狼藉，那才闹得人心惶惶。因此，我们看到的就是打黑往往是一阵子，但打击扒手小偷，却是一件长期而艰巨的任务。

当时的长安城就是如此。小偷猖獗，已经严重影响了社会治安、人民生活，乃至政府在国际上的影响和声誉。老百姓晚上尽管密窗紧门，但无济于事，就连西域外宾的财物也时常失踪，被"老外"指为"盗国"，就是小偷之国，这就不是一件小事了，而是直接影响了汉帝国的伟大形象。这皇帝闻听自然很生气，后果自然很严重，长安府尹张敞自然难逃干系，被叫到宫中一阵乱训，然后皇帝下旨：

不管你采取什么办法，限期捉拿小偷，治住偷盗。

张敞领命后十分发愁，这个圣旨有两层含义：一要限期抓着小偷，不能搞搞活动，到处贴贴标语"天天防火，夜夜防贼"，大张旗鼓折腾一番，然后进行分析，发现盗窃发案率、发案数较以前明显下降，就行了，得有抓住的现行，当然人数越多越好，数字往往是成绩的具体表现；二是要治住偷盗现象，还不能象征性抓些恶徒流氓充充数了事，要有效果，要让小偷小摸有明显减少才行。

这个的确很难！

张敞想，假如我堂堂京兆尹，大张旗鼓地指挥"反扒队""便衣"去到处抓小偷，那些小偷可以暂避风头，那么这个限期内能捉得几人可就难说了。而且小偷能耗得起，我可耗不起，小偷可以饿几天肚子，我可是要面对上面那个不讲道理的皇上呢。思前想后，张敞终于想出一个两全其美的办法。

第二天，张敞微服私访，比如坐坐公交、逛逛超市、转转市场，反正哪里小偷多他就钻哪里。

好在那时宣传工具也不发达，微博也没那么先进，要不然，这边一露头，媒体马上会出现如此头条：

"张市长暗访交通、超市、市场，我市打击盗窃犯罪活动拉开序幕。"

估计这么一弄，这个行动就成了"作秀"，后面的一切行动都要泡汤。

要说，不访不知道，这张府尹在交了不少"学费"之后，也摸出了这小偷世界的奇妙之处。

原来这些小偷屡禁不止的原因竟在于他们都有自己的头领，也就是说，他们都是集团作案，有组织、有计划、有窝点。这些头领靠不义之财，筑高楼、建亭树、置美器、纳丽妾，尽情享乐，俨然一群有头有脸的人。

张敞再接再厉，继续深挖，竟按照线索把这些"丐帮"头领全部理出来。看来，什么事不是说搞不好，而是不认真，只要认真去办，没有弄不好的。这个张府尹在短短的两周时间之内，就弄清楚了这些盗贼的头领名单，下一步就是开始治理了。

按说，抓贼最简单的办法就是"擒贼先擒王"，把这些头领悉数抓了，似乎就万事大吉了。

但是事实并非如此，我们知道，小偷是松散型的，抓几个"丐帮首领"，其他跟班的小偷则四散而去，或重新组合，继续从事偷盗事业，因而对整个社会消除盗贼毫无用处。况且大多数小偷都是"挂靠式"管理，

也就是说小偷是交管理费，而这些头领只是依靠这些高昂的管理费用来生活和维持其帮派活动，因此，这些头目本身并不去偷盗，即使抓了，也没有偷盗的证据，无法定罪。

这么一分析，张府尹就没这么做，而是按名单将这些头领召集到市府开会，估计也是一些关于社会治安综合治理内容的会议。

突然收到新任府尹的会议邀请函，这些头领们很是恐慌，抓了一天后脑勺，不知这葫芦里卖的什么药，只好硬着头皮按时来到府衙会议室。

一进会议室，这些头领就感觉不对，一看左右，都是府衙官吏，正中坐着张敞，前面放了一条长桌，几条长凳：

这哪是开会啊，简直就是审讯！

待这些首领战战兢兢地坐好，张敞突然一声怒喝：

"你们可知罪？"

这些头领本来就不知道怎么回事，张敞这一声，犹如晴天一声霹雳，立即一个个腿一软跪倒在地，浑身如筛糠，连呼：

"知罪知罪，请大人开恩，小人情愿将全部家产都交给大人处置。"

这小偷的首领的确没见过什么世面。

张敞见状，哈哈大笑，边捋着胡子边说道：

"哈哈，本官想治你等的罪，极其容易，何须请你等前来，直接捕获就可以了，既然请你们来，就不是要治你等之罪，只要你等能协助官府捉拿众贼，立功自赎，非但既往不咎，而且还可补为小吏，当差。"

头领们听罢张敞的话，一个个惊喜不已。

这下可是因祸得福，遇难成祥了，抓下面的小偷，还不容易，直接招来捉了去，唾手便可得乌纱一顶，简直就是天上掉馅饼的事。可头领们转念一想，一旦这些小偷们知道是自己供出他们，刑满释放后，还能给自己好果子吃？就算不直接报复，天天骚扰也很烦人的。

这样一想，这些头领个个面露难色，无人领命。

张敞一看，心里就明白个七八分，他稍顿一下，说道：

"你们的顾虑我知道，你们看如此这般做如何……"

随后让师爷给每位头领方案一份,并做了一番交代和说明,头领们一看,皆言一定按方案行事,遂各自离开府衙回家。

头领们回到家,马上吩咐准备酒宴,各自在同一日邀请本门所有小偷聚餐,并称将开"盗贼代表大会"。

小偷们听说有好酒喝,一个个洗肠涤喉,准时赴宴,无一缺席。

觥筹交错,杯盘狼藉,酒酣近醉,小偷们吆三喝四,个个自诩起窃技高超,赃物颇丰,于是拼酒斗酒,划拳行令,直喝得个个醉态百出,东倒西歪。

见此情景,这些头领们吩咐心腹神不知鬼不觉地用红土染在小偷们的衣襟之上,等到喝得醉醺醺的小偷们离开头领家后,即被早已在外等待多时的张府尹的吏卒们包围起来了。

由于小偷们本来酒醉行动就不便,加上衣襟上染的红土成了明显的标记,跑到哪里都被捉拿,仅一日,张府尹和他的吏卒就捕获小偷数百人。更重要的是,让盗贼首领做了衙役,盗贼也很难遁形,于是这长安市上警鼓稀鸣,偷盗几无。

张敞宴盗也成了这次长安治盗事件中最亮丽的一笔。其中的许多做法尽管存在瑕疵,但在长安最终平安的结果面前,也为世人所容忍。

无独有偶,北周时代,北雍州在今陕西界内,经济不发达,但盗贼很多,时常发生大案。古时多以刀客、响马聚啸于野,久而久之贼盗便成了气候。前面我们说过,这贼盗成了气候,往往不但影响生活,还影响经济和形象。这北雍州刺史韩褒上任后,自然把心思首先放在了治盗上面。

他和张敞一样,也深入民间,秘密查访,发现许多大案竟是当地一些豪强富户干的,而前几任刺史虽然也知道此事,但均因惧怕这些地头蛇,不敢治盗,致使盗风益长。

韩褒弄清楚了问题的根本,但也感到此事棘手。治吧,自然就要灭了这些富户,可全州的经济就靠这些富户,本来这个州的经济就不好,这么一折腾,估计此州就更荒凉了;不治吧,这些贼盗扰得老百姓生活难以安定,也不好交代。这样思前想后了几天,韩州长终于想出了一条妙计。

一天，韩褒发出请柬，宴请当地所有豪门富户。

州长宴请，豪门富户自然准时赴宴，酒过三巡，韩褒站起双手作揖道：

"我这个刺史是书生出身，新来乍到，请各位多帮忙。听说此地盗贼案很多，可我对于督查盗贼一窍不通，全靠你们这些人和我共同分忧啊。"

富豪们个个敷衍道："请刺史大人吩咐！"

嘴上这样说，心里却说，你查不了就别查了，现在这样不是很好？有吃有喝也少不了你刺史的。

韩褒看大家没有什么积极态度，便双手连拍几下，只见厢房内又走出几十个年轻人，豪门富户见状诧异。原来这些年轻人都是平常危害乡里的凶顽狡诈之徒，大家顿时提心吊胆起来，不知刺史葫芦里卖的什么药。

这韩刺史要作甚啊？怎么和这些人混在一起，莫非要做更大的"黑老大"？

韩褒并不理会这些豪门富户表情的变化，却对这帮年轻人笑脸相迎，并请他们入座用餐。

安顿毕，韩褒又道："今日宴请有一事安排。从即日起，本官将按地区划分分管地段，每一段设一主事，主事由该地段的豪门富户担任，而你们在座的年轻人担任捕头，按住所划分小组。统统实行包干制，凡划定的界内发生盗案，必须负责破案，包括几起大案，倘若不能破案，本刺史就以故意放纵盗贼拿你等论处。"

当即，一个官吏持书上堂宣读了各个豪门富户及地痞流氓的分工及任命。

众人大惊，不想当任刺史如此厉害。

交头接耳之后便有人诚惶诚恐上前对韩褒耳语了一番。

韩褒微微一笑，不出所料，此招很灵。原来那人代表所有作过案的豪门富户招供，前些日子的大案是他们作的，并保证以后不再犯。韩褒取出纸笔，叫他们将作案的同伙写上，然后列册。

第二天街上贴了一张很大的布告，说："自知行盗的人，赶紧前来自首，当即免除他的罪过。本月内不来自首的人，本人斩首弃市，妻子儿女没入奴籍，赏给先行自首的人。"

十天之内，众盗全部自首完毕。韩褒取出名册核对，毫无差异，一律赦免了他们的罪行，允许他们改过自新。从此群盗惊恐畏惧，不敢再胡作非为了。

如果说前面张敞"以盗治盗"只是有程序瑕疵的话，那么后面韩褒则是更加违法，他随意对法律进行修改，对犯罪人员进行处置，既有越权行为，也有滥用之嫌，然而，由于治盗有力，民众安定，其程序的问题、权力的滥用也就成为了"可容忍"的正义。

也许在古代中国，司法的正义只是表现为惩恶扬善的结果，表现为让老百姓能够感到生活的安宁，可能正是这种低级的实体结果的需求，才成就了传统司法中程序正义和权利界限的被忽视。事实上，现代司法已经不允许甚至无法容忍这些违法的存在，但是，从结果来看待，甚至考核考量司法的公平和正义，似乎仍然是我们老百姓一直不变的一个标准，当然，也是一种情结。

◎请君入瓮：古代司法惯用的破案之道

古代司法，往往和行政、公安等权力在一起用，所以破案就成为当时司法的一项主要工作，在科技、信息不发达的时期，古代司法官除了勘察现场，推理论证之外，以心理学为主的很多方式便成了惯用的破案之道。除了前面我们讲的"望闻问切"的方法外，以悬赏式的"请君入瓮"也是一种主要方法，这里我讲两个这样的故事。

第一个是五代时期，罗际任吴县县令。吴县，应该在现在的江苏省苏州市内。

一天，有个老人前来报案说："我的马昨夜被偷了。"

罗际见老人急得满头大汗，同情地问："你的马长得啥模样？"

老人叹息着回答道：

"唉，都怪我马虎，才让偷马贼钻了空子。那可是一匹好马呀，四岁口，个大脊宽，四蹄雪白，身上红得像火炭一样，跑得可快呢。"

罗际又问他夜间听到什么动静。老人略一思忖，说：

"就听到半夜时分，一群马叫了一阵，听声音是马贩子赶着马从我村上经过。"

罗际问毕，安慰老人说："你回去吧，等马寻到了，我再请你领回去。"

老人半信半疑：这就问完了，能破案吗？但既然县令说了，那就回去吧，于是叹口气离开了县衙。

第二天，罗际叫人在城门口贴出布告，上写："本知县奉朝廷之命，出白银千两，买一匹个大脊宽、毛如红炭、四蹄雪白的四岁口的大马，望养此马者，速送县衙。"

一匹马就给千两白银，这政府采购就是舍得花钱！百姓看了布告后，一时议论纷纷，不到半天，全城人都知道了。

虽然大家个个眼睛被这份布告诱得红红的，可都摇摇头走开了，因为毕竟是有条件的，马是有，但符合条件的倒真不多。

也有一些大户人家送来几匹红马，但是都与布告上的模样不相吻合。

不久，有个马贩子探头探脑地送来一匹马，这马与布告上所说的一模一样。罗际一边推说去取银两，稳住马贩子，一边叫那老人前来相认。

那马一见到老人，两蹄腾起，鬃发竖起，咧嘴长啸，并挣开马贩子手中的缰绳，亲热地舔老人的手。

老人高兴地说："就是这匹！"

马贩子这才大惊失色，恍然大悟，知道中了罗县令的计。

事实上，要让偷马贼自投罗网，并非那么简单，需要符合下面这两个条件：

第一，马的特征必须鲜明，避免其他马冒充；第二，偷马贼偷马为了赚钱，不是为了吃马肉，否则，马被偷后立即会被杀，哪有献马的可能。

本案中，罗际详细了解了马的特征和马贩子盗马这样两个事实后，才实施悬赏找马，其中技巧绝非东施效颦，什么案件都可以用的。

第二个故事发生在五代时的后汉，郓州主帅慕容彦也干过同样一件事。

当时郓州城内有一家规模较大的当铺，生意兴隆，信誉甚好。

一日中午，烈日高悬，天气炎热，街上行人稀少。

当铺内伙计熬不住瞌睡，眼皮耷拉，昏昏然闭目养神，只闻铺外传来一阵脚步声，睁眼一看，一位衣着华丽的青年直奔柜台。

只见他急匆匆从衣兜里取出明晃晃两锭大银道："在下因急需现钱，不知此地可否暂典兑付，不多日便可前来赎取。"

伙计一瞧那两锭大银，吓了一跳。乖乖，好分量！估摸一下，起码可当十万钱。这么大的数目不敢擅自做主，便呼唤老板出来定夺。

老板问明缘由，便欣然答应。命伙计将两锭大银当即过，价值二十万钱，开出当票，兑付十万钱。

青年取钱后道谢而去，并留言道："不出十天便来赎银。"

青年走后，老板很高兴，认为这笔生意很合算。一是当了十万钱，即使十日后赎银，利息也得不少；二是二十万当十万，假使不来赎银，也是一个"天上掉馅饼"的买卖。

要说，这也就应了那句老话："利令智昏"，在利益面前，再聪明的人也会变成傻子。这里有个很大的漏洞，既然有如此大银，且十日内必有钱财，为何不直接抵给他人，十天内付款，而要多此一举的去当铺？

回到后房跟老板娘一讲，老板娘就到店里取银观看，不慎手滑，竟将一锭银子跌落地上。捡起一瞧，目瞪口呆，只见那银子表面脱落了一块，里面黑乎乎的根本不是银子。老板大惊，立即前往官府报案。

慕容彦听完典当铺老板叙述后，便对老板如此这般地交代了一下。

即刻，郓城街头出现了一张布告，说是某当铺因不慎遭盗，一些值钱的抵押品都被抢走，吁请各界人士协助捕盗，发现疑迹立即告官。

数日后，持假银骗典的那个青年出现在当铺内，取出当票要求赎银。伙计立时高呼擒拿骗子，众人拥上将他捉拿至官府，此人当即服罪。

原来，他曾用此伎俩在多地作案均得逞，这次在郓城再次诈骗成功，当他从街头看见布告，得知那当铺被盗的消息，心中大喜，认为可再敲一笔钱财。因为假银被盗，无证可对，当票上写明原价二十万钱，而他只兑付了十万钱，另外十万钱不怕当铺不赔。没想到竟中了慕容彦的计，自投罗网。

◎魏复智斩恶霸：这样的正义直教人无可奈何

隋朝时期，泉县有一个恶霸冯弧，说起这恶霸二字，往往都是靠两个东西的，那就是权与贵，有权自然就霸道，权力这个东西常常会让人失去自我，总觉得自己能摆平任何事情，这霸道就自然而然了。还有一个就是有钱，倒不是说有钱的人就一定恶，但是恶的人，多数因为有钱，毕竟有钱就会觉得自己高人一等，恶一下，展示一下自己在金钱方面的拥有量，也是自然现象，而且这种恶霸自古以来都是如此。

这个恶霸冯弧，就是一个有权的主，而这个权本非自己拥有，是有一个靠山，还挺高大的，那就是他的姐夫，朝廷内的吏部侍郎。

这可是一个掌管各地官员乌纱的官，可不小！

于是，这个冯弧，仗着有这个靠山，在县里偷鸡摸狗，打架斗殴，调戏妇女，欺行霸市，总之无恶不作。

县里的人都知道这是吏部侍郎的小舅子，加上他也就是一小混混，也没捅出什么大娄子，也就没人和他计较，当然，这就更助长了他的嚣张气焰。

一个人，如果没人约束，就会膨胀，这冯弧看他横行县里，也没人管他，于是就更加肆无忌惮。

一旦一个人开始疯狂，就离灭亡不远了。

这一日，冯弧与张生下棋。说实话，在泉县，敢和冯弧下棋的人还真不多。

这并不是说冯弧下棋水平高，恰恰相反，他简直就是一个臭棋篓子，能和他下棋，原因很简单：冯弧是个泼皮，迫不得已而为之。

跟地痞下棋，哪能有好？

下得好了，会被他臭骂、殴打；下得差了，也会被他羞辱、殴打。横竖都不好，谁见了他还不躲着，即使被碰上脱不了身的，也大多说："冯公子棋艺精湛，哪是我辈能敌，自愿甘拜下风！"然后迅速溜之大吉。

这倒好，这冯弧便以为在泉县是"棋王"，无人出其右。

可是，这哪里都有这"愣头青"，不怕事的主，这张生便是这样一个倔人，偏不信这个邪。

这天，冯弧见张生在那里和其他人下棋，就带着家丁凑了上去。

众人一见是冯弧，都借口家里有事，作鸟兽散，唯独这张生痴棋，还在低头思考，抬头一看，对手跑了，迎面一个凶神恶煞的脸，只见这张脸一声冷笑："哼哼，这种臭棋水平也敢在冯爷面前卖弄，还不陪爷下几盘？"

张生一听，这人好生无礼，要和人下棋，还这么霸道，于是鄙夷地说："你是何人？口出狂言，如此无礼！"

"连冯爷都不识，活腻了吧！冯爷要和你下棋，是抬举你。"家丁们立即上前搭腔，并挥舞拳头。

"且慢！"

冯弧喝止家丁。

"爷最近手痒，就罚你陪爷下下棋，赢了有赏！"

说完一屁股坐在张生对面。

这张生也不含糊：

"好！不许耍赖，不许悔棋！"

"好！认赌服输，赌十两银子！"

说完，冯弧把银锭往棋盘上一戳。

张生也不言语，二人随即整理棋盘，厮杀起来。

要说这张生和冯弧棋艺本来就不在一个层次,加上冯弧刚愎自用,又久不训练,没遇到什么高手,没下一会儿,冯弧就只有招架之功,失去了还手之力。

冯弧一时急得冷汗直流,这越急错招就越多,结果很快便被张生杀得连还手之力也没有了。

棋局胜负之势变得十分明朗。

冯弧一看回天乏术,心想,十两银子输了倒没什么。这要传出去我冯弧输给一个无名小卒,丢不起这个人啊!

于是就想在气势上压倒对方,只见他把张生的棋收了回去:

"刚才那一步不算,重来!"

这张生也是个认死理的:

"说不准悔棋的,不行!"

冯弧一看硬的不行,就来软的:"张生,银子你拿去,这盘棋算我赢行吧?"

张生一听,连连摆手:"不可不可,赢了就拿银子,不赢缘何取银?"

整个一个软硬不吃。

冯弧一听,你这简直是敬酒不吃吃罚酒!大喝一声,将棋盘掀翻,冲上前去,扭住张生便打。

家丁一看,也都一拥而上,围住张生一阵拳脚。

冯弧抽出身来,走到路边,捡起一块石头,返回张生面前,朝着张生头顶砸去。

"咔嚓"一声,张生应声倒地,脑浆四溅。

冯弧还在高声叫骂,有家丁见张生半天没动静,上前一摸,气息已绝,死了。

"张生死了!"

冯弧、家丁顿时都傻了眼,以前就是为非作歹,也没直接弄死过人啊!

于是一群人迅速作鸟兽散。

人被活活打死了，且有人证。张生家人自然不依不饶，于是一张状纸告到里长那里，里长自知冯弧的背景，一面对刑事拖延不理，一面组织双方和解，让冯家出钱消灾。

出钱对于冯弧自然不是问题，但张生家人却不同意：钱可以不要，但一定要给个"说法"。

里长一看没法，就继续拖延。

张生家人得知，就去拦轿喊冤，也就是现在的"上访"。

可这冯家也不是省油的灯，四处拦截张家。

几经周转，张家人还是在一日凌晨，敲响了泉县衙门前的鸣冤鼓。

这事都皴到一起了，泉县新任知县魏复倒是个清明的官，听得鼓声，立即升堂。

拿来状纸，讯问了证人，再将冯弧传进堂来，一问，冯弧伤人致死案件事实十分清楚，铁证如山。

那时候，杀人和伤人致死在量刑上并无太大出入，"杀人偿命，欠债还钱"，天经地义，不过，这冯弧也是一时兴起，属于一些教授理论上的激情杀人，处极刑似乎重了点。

但魏县长从证人口中听说这冯弧一贯鱼肉乡里，无恶不作，再从张家口中听说竟然告状无门，却是火从胆边生，还是准备判处冯弧死刑。

判死刑的令箭一拿出令盒，师爷看在眼里，自然心知肚明，急忙走上前去，对魏县长附耳道：

"老爷，不可啊！"

"哦？"魏复哼了一声。

"老爷，这冯弧可是有背景的，您来泉县时间短，需谨慎啊！"师爷接着说。

"哦？这冯弧一贯作恶，罪孽深重，莫非就这样放了他？"魏复狐疑地看着师爷。

"冯弧只此一次伤人，其他尚无证据，要办此事应从长计议，切莫莽撞。"师爷回道。

魏复低头一想：也对，仅凭这一次伤人，也难治冯弧死罪，到时反咬一口，岂不因小失大？另外，这冯弧到底是何背景，也需了解。于是把令箭塞回令盒，换一道令：

"将冯弧暂且羁押，稍后判决！"

这个情景被台下的冯弧看得明明白白，他冷笑一声，大摇大摆地跟衙役走了。

看着冯弧被押解下去，魏复并未退堂，而是下了第二道令：

"本县闻冯弧一贯鱼肉乡里，罪行累累，现将其羁押，望本县乡民凡有证据证明其罪者，皆可在五日内到县衙鸣冤。"

什么意思，就是收集冯弧的犯罪证据。

此令一经张贴，大家听说冯弧被抓了，又要收集罪证，这到县衙告状的人便络绎不绝，有告冯弧欺行霸市的，有告其欺男霸女的，有告其蓄意伤人的。

一桩桩事实都足以对冯弧治罪。

魏复这里没闲着，一边和师爷看状纸，一边商量对策。

冯家更是没有闲着，一看这种架势，那还了得！立即派人带重金到京城，找冯弧的姐姐，也即是当朝吏部侍郎的老婆。

五日已过，魏复看冯弧的罪状差不多了，于是按照当时"内审"的规定，写了判处冯弧死刑的案卷，并火速呈报京城，待秋后处斩。

按说，这承接案卷的部门是刑部，可这个案件一到京城，吏部侍郎就知道了。其中奥妙，自不用说。

在那时的官场，这本不是什么问题。

你说吏部侍郎给大理寺打了个招呼，说他小舅子的案子可能要上来，你到时知会一声，大理寺自然要给这个吏部侍郎面子，毕竟大理寺除正少二卿外，其他人等的考核使用权可全在人家吏部那攥着呢。但问题是：这个吏部侍郎还要审查这个案子，还可以批复这个案子，这可就有点太明目张胆了，不回避也就算了，还涉及越权啊，可见当时隋朝官场秩序是多么的混乱！

这吏部侍郎在案卷中批道："此案不实，请魏县主另议。"并将案卷退回。

与此同时，这个冯弧的姐夫真可谓"仁至义尽"，还暗暗地给魏复写信捎话，说明冯弧是他小舅子，让他从轻处理，将来保举魏复晋升高官。

冯弧家里托人送来了许多金银古玩、玉帛绸缎，请魏复网开一面。

高官、金钱摆在魏复的面前，这在当时该是多么诱人啊！而这只需魏复笔头微微一转。

但这魏复却是个与张生相同性格的人，认死理。

面对高官利禄的引诱，他十分愤慨，不但痛责送礼之人，而且又把案卷呈报上去。称："本案应由刑部批复，吏部并无权插手。"

结果自然可想而知，刑部拖了一些时间，仍以同样理由退回。

魏复又恨又恼，恨的是自己权小难以为民平冤；恼的是官场黑暗，徇情枉法。

他看着被退回的案卷，气愤难平：难道我就这样屈服，让老百姓戳我的脊梁骨嘲笑我？不行，我得计取。

一日夜深，魏复看着卷宗上冯弧的名字，忽然大腿一拍，计从心生，立即动手写呈报材料，看着呈报材料无误，魏复自语道：

"冯弧呀冯弧，休怪我出此下策，只怪你作恶多端；吏部侍郎呀吏部侍郎，休怪我让你有苦说不出了，只怪官场黑暗，民怨难申！"

案卷第三次送到京城。吏部侍郎这次却没有审阅，由于已过秋审，刑部只有书面审查，只见卷宗材料众多，也没细看案卷的内容，挥笔批了"同意秋后斩处"四个字。

批复一到，魏复急令衙役把冯弧就地处决。

等冯家再派人进京，那边吏部侍郎和刑部才知上当，但冯弧人头早已落地，有苦难言。

原来，魏复的第三道呈报是这样写的：

"杀人犯马瓜，无故将人杀死，欲予斩首示众，特报请审批。"

既然是马瓜，不是冯弧，刑部自无须告知吏部侍郎，也就没有"特别

关照",于是就按正常批复。

等批复回来后,魏复在"马"旁添了两点,"瓜"字旁加了"弓"字,变成"杀人犯冯弧"。

立即执行,等吏部与刑部接到冯府快马求救,冯弧已经人头落地。

这个故事出自民间,本无考证,魏复最终何归,也未表述,但我觉得,此事如真,刑部自会追究,吏部亦岂会善罢甘休?魏复官难保,命亦难保,因此弃官归隐应该是其最好的归属。

按照故事的编纂,尽管魏复最终伸张了正义,但用这种涉嫌违法、违背做人原则和品质的做法,却是正义不能容忍也无法容忍的。在人们拍手称快之时,正义的心却在泣血,那种委屈,那种难鸣,那种心的悲凉,在1500年后的今天,每每想起,仍让人无可奈何。

在后来的历史记载里,真还没有魏复这个人在朝为官了。不过,一个人在历史上能留下这么一笔,也够了!

◎智案背后:隐之不去的诱供

我们说在中国古代刑事案件侦破中,多数为刑讯逼供及诱供所为,我们经常在一些流传下来的戏曲中看到"大刑伺候""不打量你不招"等等情节,因此,那些少数几个靠推理办案的法官,就成了青天,如唐朝的狄仁杰、宋朝的包拯,还有那个喜欢验尸的提刑官宋玉,还有一些所谓靠智慧审理的案件,似乎也不刑讯逼供。事实上,在古案记载中,往往并不会记载刑讯逼供,毕竟这不是什么好事,特别是一些广为流传的智案,然而仔细观来,这刑讯逼供事还真难隐去,这里我们就看这几位办案里的"刑讯逼供"和"诱供"等违法办案。

△越权诱供:管辖竟是个橡皮筋

唐朝咸通初年,也就是公元860~873年间,江阴县,今江苏江阴地区，该县县令赵和，人极机智，以善于办案而著称于世。

一日，有淮阴县东村农民茅金大来江阴县衙告状。

赵县令问道："你们淮阴也有父母官啊，何苦舍近求远呢？"

这话说得有道理，按现在也是这样，地域管辖，而且江阴县与淮阴县是平级，更不能互相干预了。

可这茅金大也很理直气壮："只因淮阴县令不明事理，小民有冤难申啊！"

按说，这根本不是理由，你觉得淮阴县令办案有问题，可以找淮阴县的上级，也就是淮安州府，你觉得淮安府还可能官官相护，还可以向更上一级的江南巡抚告状啊，再怎么样，也轮不到江阴县管啊。

但那时的地域管辖要求并不是那么严格，加上这个理由本来就有点夸赵和的意思，于是赵和还是欣然接受案件，并不在乎管辖问题，而乐此不疲地询问起案情了。

据这个茅金大说，去年这个时候他为办事，到西村熟人黄泰龙那里借了九百钱，以地契相抵押，说好债清契还，一年内不还则要以地抵债。今年上半年，茅金大先还去八百钱，以为彼此熟悉，就没有找黄泰龙索要字据，也就是没有让黄泰龙写个收条。不久前，茅金大把余下的借款一百钱还去，要索回地契时，谁知黄泰龙竟翻脸不认账，竟说茅金大根本没有还钱，要把地契占为己有。茅金大不服，告到县衙，而黄泰龙一口咬定他是诬告，不但不想还钱，还想赖回地契。茅金大无凭无证，自然不被支持，遂被判为诬告，驳回告诉，挨了板子不说，还被判以地抵债。茅金大自然不依，上告到州府衙门，结果还是证据问题，也碰了壁。案件维持原判，钱还了，地也没了，茅金大走投无路，听说赵和是个清官，这才慕名越界到邻县告状。

听完茅金大一番诉说，赵县令心里可打起鼓来。

虽说这茅金大可能有冤情，但要去拘捕黄泰龙到庭，必定要惊动淮阴官府，是越界办案，而且此案已经经过州府，一事不再理，按说是翻不了了，如果受理，说不定会引起官场风波，自己乌纱难保不说，还可能是犯

上之罪。

再说，这茅金大也只是可能有冤，从现在看，一无物证，二无人证，即使把黄泰龙抓来，也难以定案啊！

他捋着胡须，犹豫沉思起来，堂上一片寂静。

大家都明白赵县令的难处，也都看着他。

按说，这事要放到现在，也不可能立案，你想想，已经被中级法院终审的案件，基层法院怎么可能推翻呢？而且还可能越权，因此一般只能让其找更高的部门去申诉了。

赵和开始也这么想，突然，他的眼睛定格在状纸上"黄泰龙说我是诬告"一行楷书上。"哦！"赵和若有所思地长吟一声，忽然抬头宣布道：

"好！本县接受茅金大越界告状，五天后开堂审讯。"

退得堂来，师爷和捕头立即尾随赵和进后堂。

一进后堂，师爷迫不及待地问道：

"老爷，这个案子受不得啊！越权办案，推翻上令，可是没官充军的罪啊！"

捕头也道：

"这可是件烫手的山芋，现在追上茅金大还来得及，让他撤诉算了，反正他也是撞撞大运，又无证据。"

赵和看着他们的着急的样子，慢条斯理地说：

"莫慌，原审不是判茅金大诬告吗？那茅金大为何不可以再诬告一次呢？既是诬告，何须证据？"

几句反问，说得师爷捕头云里雾里，更加糊里糊涂。

于是，赵和又与师爷捕头耳语，如此这般那般，如何？

师爷和捕头这才喜笑颜开，连连竖着大拇指称是。

随后，赵县令当即派捕头带两名公差，拿着他亲笔拟写的文书去淮阴官府。

文书上写：

"今江阴捕获一江洋大盗，犯罪证据确凿。现该盗已供出同党黄泰龙系淮阴人氏，速捕，交来人押至江阴。"

淮阴县令见此文书，还暗自庆幸，这种江洋大盗之案未发生在本县，遂欣欣然连夜将黄泰龙捉拿归案，交予江阴县捕头。

到了第五天，江阴县衙升堂开庭，黄泰龙一上公堂，高喊冤枉不止。

赵县令假意喝道：

"你所犯之罪铁证如山，还敢抵赖。赃物都藏在你家中，完全可以查明！"

黄泰龙辩白道："小人家中并未藏匿赃物啊。"

"那你把全部家产一一讲明，若无出入，方可替你雪冤，如有出入，大刑伺候。"赵县令追问道。

黄泰龙立即要来笔墨，急急将家产一一供明。

写完之后呈上堂来，赵和看了看，突然皱起眉头，怒喝道：

"大胆黄泰龙，为何你家财产与你所写尚有九百钱无法对应？是否赃款？还不从实招来！"

黄泰龙一听，扑通一声跪倒在地：

"老爷，这缺口九百钱不是赃款，不是赃款，是……是东村一个叫茅金大的赎地契交来的钱啊！"

赵县令冷笑道：

"哦，既如此，细说上来。"

这黄泰龙就把茅金大押地契借钱，还钱打官司的事一五一十地全讲出来了，末了，还说："以上所说，句句是实，请老爷明鉴，我可不是江洋大盗啊！"

赵和一听，哈哈大笑道："既然你不是江洋大盗，原先为何要隐瞒茅金大赎地契的钱呢？"

黄泰龙道："小人也是一时财迷心窍，想贪茅金大的地而已！"

"那好，可否对前面所说的画押签字？"赵和厉声问道。

"诺！"黄泰龙叩头如捣蒜。

赵和见黄泰龙画押签字完毕，当即把茅金大传上堂来，黄泰龙一见，

才知其上了赵和的当，然而后悔晚矣，刚才自己所说的一切，都已经记录在案，且已画押签字，只得认罪。

赵和见此，最后宣判：

把黄泰龙押回淮阴，并附有其堂上供词，让淮阴县依法惩处。而对于茅金大案件，则责令黄泰龙将地契交与原主。

至此，这个故事讲完了，似乎我们应该为赵和的聪明才智叫好鼓掌，但其中受案时的弄虚作假，公文上的虚构事实，特别是在庭堂之上的诱供和诈问，却严重损害了司法制度的公正性。

也许我们始终追求的目标是实体的正义，然而，当这种程序非法摆在每个可能的你的面前的时候，你还会认可他的正义吗？

△鬼神诈供：一种另类的诱供

下面这种伎俩在古代审案中较为多用，那就是借神鬼说事，其中最著名的应该是《杨家将演义》中阎王审案，但那个故事显然是杜撰的，而下面这个故事却是有据可查的。

这个故事是说五代时候苏州有个叫李喜子的商人，妻子早逝，撇下幼子李春秋。

喜子因常年在外经商，春秋无人照料，便续娶刘氏。

不想刘氏为人狠毒，对幼年的春秋百般虐待，几年后，待刘氏生下与喜子的亲子后，更将春秋视为眼中钉，呼来唤去，非打即骂，但春秋颇能忍耐，既未对其父告状，对继母也很尊敬孝顺。

光阴似流水，春秋渐渐长大，也是堂堂一个小伙子，李喜子长年在外奔波，偶尔也将一些生意交予春秋打点，刘氏看在眼里，恨在心里，就想除之而后快。

喜子体弱，一次染上重病，卧床不起，奄奄一息。

一日，刘氏突然对春秋说："你爹病成这般模样，一旦有个好歹，咱家孤儿寡母该怎么过啊？"

说着竟掉了几滴眼泪，"你到城里去买点好药，快给你爹治治吧。"

春秋见继母还算有良心，便应诺跑了几十里地到城里，买来了药。回到家中，见继母脸色好看，心中不觉很高兴，就说："娘，我把药给爹熬了吧。"

刘氏连连点头道："秋儿，辛苦你了。"

春秋从没听过刘氏说过这么客气，这么动情的话，因此，也就格外感动，心想从此家里和睦安详，自己总算熬出来了。

于是连夜熬药，由于过于疲劳，熬着熬着就在药罐炉前睡着了。

晚上，刘氏见春秋睡着，就把熬好的药端来，让李喜子喝了。

没想到一会儿，李喜子捂着肚翻来滚去，七窍流血，一命呜呼了。

刘氏见状大哭大闹，一把揪住还在昏睡中的春秋，说春秋毒死父亲，和众乡邻一起硬拉着春秋去衙门打官司。

父亲突死，继母翻脸，春秋从极度幸福的幻想一下子掉进极度的悲戚之中，大脑一片空白，别说浑身是嘴说不清楚，就是能说清楚也不知如何说，于是只好跪在大堂边哭边喊冤枉。

按说，这个案子中的证据对春秋显然是不利的，可这个苏州周县令却觉得此事蹊跷，心里就琢磨开了：

春秋杀人动机不对啊，从乡邻证明来看，李春秋幼年丧母，刘氏对春秋不好，其父对春秋却寄予厚望，如果春秋杀死自己父亲，不但失去继承其父资产的权利，也失去了这个家庭中唯一一个和自己亲近的家人，对自己只有弊，毫无利益，这不合理。倒是这个刘氏，才有杀人的动机啊。

说着，周县令用眼角瞟了正在号啕的刘氏，发现刘氏也正在边哭边察言观色，仔细一听，只有干嚎之声，并无悲伤之情，倒是春秋那边无声却显伤情。

周县令由此打定主意，嗯，就这么办！

于是他先扭头对春秋说：

"大胆刁民李春秋，你买的药，你熬的药，不是你害死李喜子的还能有谁？但鉴于你今日口涩无法审问，衙役们，速将李春秋押入大牢，日后再审！"

然后，周县令又对刘氏说："刘氏，你且暂退回家料理亡夫后事，别哭了，老爷决不会轻饶杀人犯的。"

刘氏一听，哭声戛然而止，道一声："民妇谢过大老爷！"即刻匆匆离去。

走后，周县令立即把情绪已经逐渐稳定下来的春秋带到后堂细细查问一番，心中便知这其中缘由，吩咐衙役暂且将春秋羁押，但不以囚犯安排。

话说这边刘氏回去料理完喜子的后事之后，便开始查点喜子的生意和债权债务。

这一日深夜，刘氏从外面要完账，回来的路上，正好要经过李喜子的坟地，不觉心生寒意，边走边双手合十，默念阿弥陀佛。

就在这时，突然一阵阴风吹过，刘氏两腿发软，头皮发麻，赶紧把眼睛闭上，嘴上仍念念有词。

突然，刘氏觉得前面有个声音在说话，似乎是喊自己的名字，睁眼一看，喜子坟边站着一个披发鬼来，刘氏吓得双腿抽筋，差点晕过去。

只听那鬼发出声音："孩子他娘，别害怕，我是喜子啊。那天我到阎王那里去报到，被打了出来。"

刘氏吓得身如筛糠，战战索索地说："你要回来啊？为什么啊……"

那鬼说："阎王说了，你吃什么死的都不知道，怎么给你登记上簿子？总得有个原因吧？这里不收无因之鬼，回去问问去，否则你就四处流浪吧。孩子他娘，你我夫妻一场，总不能让我死后不得安宁吧。再说我那毛病迟早要死的，即使你有什么过错，我都已经去了，也不会怪你的。"

刘氏仔细一想，说的有道理，春秋在狱中，案子也一直没定，只道是中毒，但春秋哪里知道什么毒，因此也无从招供，既然如此，就给喜子说实话吧，反正这里就鬼知道，过去了也无对证。于是颤颤地说：

"你是吃砒霜死的。"

"谁去买的？难道真是春秋买的？"鬼问道。

"不是，是我找前院二拐子家要来的，我对不起你啊……"事已至此，刘氏把她趁春秋睡着，把砒霜加入药中毒死李喜子，还找乡邻作证的经过给鬼说了一遍。

说完，刘氏的心突然轻松下来，这个压在心里很久的事情一下子卸了，也没有了恐惧，她闭上眼，对鬼说："既然你都知道了，那就来惩罚我吧，我死无所谓，只是那个可怜的小儿子，希望你能宽恕！"

"哦，既是如此，我也无话可说，那我就去阎王爷那里回话了。"鬼说完，阴风又起，等刘氏再睁开眼，四面静悄悄的，就像做了一个噩梦，那鬼从没有来过一样。

过了两天，刘氏被传到衙门，说喜子被害案件要有结果了。

周县令说："前几天你撞到鬼了吗？"

"是，老爷怎么知道的？"刘氏觉得奇怪。

周县令淡淡一笑："刘氏，那鬼是我的手下扮的，怎会不知？"

一听此言，刘氏吓得瘫在地上，连连磕头道："老爷饶命吧！我是怕老头子死后，春秋平分家产，才动心害死老头子，嫁祸于春秋。"

无须多问，案情早已大白，春秋无罪获释，鉴于刘氏与喜子小子尚幼，刘氏虽然死罪被免，但仍受到了应有的惩处。而李春秋对待继母和同父异母的弟弟却是照顾有加，由于其仁义经商，成为远近闻名的儒商仁士。

于是，这段虽然没有记载下县令名字的神鬼审判故事就随着李春秋的家史代代流传。

尽管用神鬼诱供，的确有违公正，而且我们常常说神鬼事多为人事，应当不惧，然而心中有鬼，头顶有神灵，自然也就怨不得别人用神鬼来诱供了。倘若心如明镜，形端影正，纵鬼哭狼嚎，神威鬼魅，自岿然不动，别说诱供，即使牛头马面，索命判官，又奈之何！

△ 以诈治骗：实体正义掩盖下的诱供

要说起这个故事的主人公包拯，大家肯定是耳熟能详，但这个案子，

却没多少人知晓。

话说这事发生在包拯在开封府那会儿。

一日，包公正在打坐读书，突然府前鸣冤鼓声大作，有人状告其伯母骗取合同文书、不认亲侄。

包公立即升堂，一了解，原来，在东京汴梁西关外定坊有户人家有兄弟二人。哥哥刘天祥，娶妻杨氏，这杨氏乃是二婚，带来一个女儿，到刘家后再没生养儿女。弟弟刘天瑞，娶妻张氏，生得一个儿子，取名安住。

这两兄弟家倒也和睦，相安无事，由于这两兄弟还算勤劳，因此，家中倒也殷实，由于哥哥天祥膝下无子，于是将其侄安住当儿子看待，打算百年之后将刘家财产交由安住继承，弟弟刘天瑞也知其意，遂在刘安住两岁时，就给他与刘家邻居李社长家的小女儿定了娃娃亲，也好日后照顾伯父伯母。

大嫂杨氏得知此事，心生愤恨，原打算待女儿长大后，招个女婿，多分些家产，现在看来是竹篮打水一场空，但迫于女儿本非刘家骨血，因此，也只能作罢，虽数次作梗，但均未能成功，只好暗自寻机。

小安住两岁半那年，东京地区大旱，颗粒无收。为减轻当地财政压力，官府发下明文，让居民分户减口，往他乡逃荒。

尽管刘家尚能支撑，但官府规定，家家都有任务，因此，兄弟二人必须有一人全家逃荒。毕竟逃荒并不是什么好事，出去了能不能回来还是个问题，况且并非逃荒就一定能活命，在那个时候，逃荒的真实情景远非现在的难民，在没有组织的情况下，沿街乞讨是其唯一的方法，而客死他乡、遗骨荒野是很多逃荒者的结果。因此背井离乡往往是走投无路被逼无奈之举，官府也只好下任务，采取骗、抓、押、运等方式进行人口的强制性迁徙，这也就有了"大槐树""背剪手""解手"等被押解离乡的典故。

刘家兄弟情深，弟弟天瑞照顾哥哥天祥上了年岁，不宜远行，于是决定自己携妻儿离乡背井。天祥听说，为了确保日后侄儿继承遗产，就请邻居李社长写下两张字据文书，把所有家产全部写在上面，以做日后见证。

兄弟俩各执一份，洒泪分别。

刘天瑞带了妻儿，来到了山西潞州高平县下马村入户，房东姓张。

这张员外夫妻在当地有许多田产，却为人仗义疏财，虽有几房妻室，却无儿无女，见年方三岁的刘安住眉清目秀，乖巧聪明，就收为义子，对天瑞夫妻也像骨肉兄弟一样看待，刘天瑞一家在张员外处如上宾般。日子过得倒也逍遥自在。

然而好景不长，在一次大的疫情中，天瑞夫妇双双染症，并在几天内相继去世，天瑞临死前掏出那张与哥哥天祥写的字据，将儿子托付给张员外。

张员外把安住更是当儿子收养，教他读书识礼，做人做事。安住本来就聪明伶俐，转眼一晃，十八岁的安住成了知书达理，远近闻名的仁义少爷。

尽管刘天瑞夫妻去世时，小安住年仅三岁，但这张员外夫妇也没瞒着刘安住，等他一满十八岁，就将其父母的事及其身世一五一十全都告知了安住。

安住在其父母坟前独守七日，便来拜谢张员外，向义父辞行。

张员外很是奇怪，安住就说了，在给父母守坟期间，父母托梦与他，想回老家看看。他为了让父母尸骨归乡，叶落归根，决定回老家安置一下再回来。

张员外一听，大喜过望，此等孝子何处去寻？于是就把当年的字据文书交给他，让其先找伯父认亲，确定刘家祖坟，然后安顿妥当再回来动迁，如其伯父年迈无人照看，也可接来一同生活。

慈父仁子，彻夜长谈，自不赘述。

第二日，刘安住立即启程，直奔东京汴梁，一路问到刘家门前，只见一位老妇人站在那里。

安住上前询问其可否认识刘天祥老人一家。

这老妇人其实正是安住伯母杨氏，她见一个后生问天祥，就冷冷说道："认识啊，我就是天祥的内人，你找他有何事？"

安住一听，早按耐不住，忙上前施礼，叫声"伯母安好"。

这边杨氏开始也觉得这个后生有点面熟，心想莫非是安住，但又一想，这天瑞逃荒十五年，音信皆无，应该不是。现在这么一说，还真像，正要起身相认，突然，她意识到，这个安住莫非是回来继承刘家财产的，天祥身体一天不如一天，自己的女儿女婿又不争气，难以持家，倘若家产真被这个安住继承了，恐怕我们老死何处，还不知道。且慢！待我问清楚再说。

"你说你是刘安住，有何凭证？回来干什么？"

刘安住这就将家父母病故，自己回乡只为他们魂归故里的事原原本本地告诉了杨氏。

杨氏一听，更是火冒三丈：什么？死了还要埋回来，连祖坟也要占？可转念一想，这刘天瑞死得早，不知那份合同是否丢失，如果丢失，那就是死无对证，我死活不认，他再怎样也没办法。于是假意问道：

"安住啊！你父亲去世时，可否有个与你伯父写的字据与你？十五年哪，不知那个字据还在不在？"

安住一听，对啊，十五年了，物是人非没有证据如何认得，连忙从怀中取出那张字据："伯母，在，在！字据在此，请伯母过目！"并将字据文书双手奉上。

杨氏接过一看，果然是真的，大喜过望，自己一心想独占的刘家家财原来在此，这样一想，立即将字据藏于袖中，厉声喝道："大胆狂徒，竟敢冒充他人，骗亲骗钱，还不给我乱棍打出！"

安住正在纳闷，这老妇人的脸为何变得如此之快，却见几名家丁挥舞棍棒，将其打得头破血流。

刘天祥和邻居李社长闻声赶出，问刘安住："你既称自己是刘安住，可有那张字据文书？"

杨氏抢话道："就是没有，才是骗子！"

安住回道："有的，只不过被伯母刚刚拿走了！"

天祥不相信他，于是和杨氏返回家中。

李社长却将安住拉到其家中，问道："那字据既被她骗走，你可记得上面写的什么吗？"

安住对那字据早已烂熟于心，于是一字不差地背了一遍。

李社长一听，果然是安住，流着眼泪说："安住啊，我是你的岳父李社长，孩子你受苦了，我带你到包青天那里告状去。"

于是，也顾不得安住头上还流着血，当下他写了状词，带着安住直奔开封府。

包拯接了状词，便传令拘刘天祥夫妇到了公堂，责问刘天祥："你是一家之主，为何只听老婆的话不认亲侄子？"

刘天祥回答道："小人侄儿两岁离家，一别十几年，实不敢贸然相认，凭字据文书为证。而今他和我妻一个说有，一个说无，我一时委决不下。"

包公一想，也是，没有凭证，还真不好认，那时也没有DNA检测，天祥说的在理，问题是杨氏不认就是了，也不该把人家打伤啊。

于是包公又问杨氏，杨氏一口咬定从未见过字据。

包公突然对安住说：

"安住，既然你伯父伯母如此无情无义，打得你头破血流，这样算了，人家也不认你，大堂上，本官替你做主，你尽管打他们，且消消你这口怨气，然后回山西吧！"

刘安住一听，这哪里是什么青天，简直是一个"泥瓦匠"和稀泥的，想想认亲不成反被打，葬亲未果字据丢，心生悲伤，于是流泪道：

"虽然他们不认我，但我知道他们就是我的伯父伯母，岂有侄儿打伯父伯母之理？小人是为认亲葬父行孝而来，又不是争夺家产，绝不能做出为出气而责打长辈的事。"

包公听完此言，自有几分明白，却对刘天祥夫妇说："本官明白这小子果然是个骗子，情理难容，鉴于其头部有伤，改日定将严刑审问。今你们夫妇先回去，而将刘安住看押治疗。"

第二天，包公一面让衙役四处散布"刘安住得了破伤风，活不了几天

了"的话，一面派差役到山西潞州接来张员外，于是真相大白。

几天后，包公传来一行人到公堂。张员外所言句句合情合理，杨氏仍然胡搅蛮缠死不认亲。

于是，包公传令带刘安住上堂。不料差人却来禀报："刘安住病重死在狱中。"

众人听罢大惊，只有杨氏喜形于色。

包公看在眼里，心中更加坚定，于是给师爷使个眼色，吩咐差人即刻验尸。一会儿，差人回报："刘安住因太阳穴被重物击伤致死，伤口四周尚有紫痕迹。"

包公说："本来是一桩骗钱骗亲的案件，这下人死了，成了人命案。杨氏，这刘安住可是你吩咐人打死的，如果他是你家亲侄，论辈分你大他小，纵然是打伤致死，不过是教训子侄而误伤，花些钱赎罪，不致抵命。如果他不是你的亲侄，你难道不知道'杀人偿命'吗？如今你身犯律条，按罪当斩！来人啊，且将杨氏拿下，送到死囚牢中。"

说完，便抽出一个令箭就要投下堂来，闻听此言，杨氏吓得面如土色，身如筛糠，头如捣蒜，急忙承认刘安住确是刘家的亲侄。

包公忙故作惊讶地问道："哦？既如此，他是你家亲侄，可有凭据？"

杨氏一看，事到如今，也顾不得那么多了，只好交出那张骗得的字据文书，并将那天所作所为全部供出。

包公看后，哈哈大笑，立即让差人请刘安住上堂。

刘安住从后堂转出，接过包公手中的字据文书，连连称谢，并请求包公轻判伯母杨氏。而这边杨氏才知中计，但为时已晚。

包公最后提笔判决此案：

第一，表彰刘安住的孝道和张员外的仁义；刘天瑞夫妇遗骨葬于刘氏祖墓，刘安住为张员外养老送终。

第二，杨氏本当重罪，但鉴于年事已高，加上刘安住愿意奉养刘天祥夫妇，特准予罚钱赎罪，并予以通报。

第三，刘氏家产，判给刘安住继承。

此判一出，大家争相传诵，"包青天"之名远近闻名。办案中的以欺诈的方式获取口供的做法，也因"智慧"而为老百姓所宽容。

△ "双牛案"：审案的智慧与事物的规律

说到包拯，就不能不说他办的另一起案件，那是一桩牛案，之所以说这件案子，一是因为这个案件在史书中确有记载；二是这起案件还是一件调解案件。这在当时，应该还是比较特别的。

这件事发生在包拯在天长县刚任县令时。

那是春耕时节的某一天，该县东村农民王某和张某家住邻居，地也相邻，各自牵着自己的牛在田里耕地。

中午时分，王某招呼张某一起休息，称自己从家中带来好酒，张某也不客气，于是二人便坐在田岸边闲聊，边饮酒边吃各自带来的干粮，而让两头牛在坡上吃草。

一会儿，两头牛不知因为什么缘故，抵起角来。

王某和张某也没当一回事，非但没有上前拉开，反而在一边看起热闹来，还乐呵呵得打赌，哪家的牛能赢。

边说边笑间，突然张某发现情况不对，两头牛并非嬉闹，而是红了眼，且愈抵愈烈。

张某疾呼王某，王某也觉得不对劲，两人急忙上前拉牛。

可是这牛脾气上来了，人哪里拉得住，拉开又抵到一块，再拉开又抵到一块。

突然，王某的牛一个猛扑，竟将张某的牛抵翻在地，而张某的牛立即血流如注，倒地而亡。

在这个农耕时代，牛作为最重要的生产工具和生产资料，其重要性不言而喻。

一头牛死了，相当于家里一半的资产没有了。

以后这地如何耕，资料如何运输？张某家的生活质量面临明显下降的风险，张某自然不愿意，于是就找王某，想让王某赔偿。

王某也不是不知道这个道理，只是觉得如果赔偿，自己也很亏，毕竟牛之间打架，自己也拉了，但无能为力，牛死也不是他的原因。于是说自己也没办法。

这样一来二去，怎么也谈不拢，于是两个好朋友就翻了脸。

这张某一生气，就告到县衙，要王某赔牛。

那时包公还没上任，前任白县令审案时想：判赔，王某吃亏；判不赔，张某吃亏。

这白县令左思右想，也没法把案子判得公平合理。

按说，这事放在现在也不能按他这种判法，动物致动物损害，应该按公平责任，适当补偿即可，可他这种判法，非此即彼，当然没办法一碗水端平。

判不了，就拖！

这也是司法无能的表现，但无能也有无能的办法，拖就是一个方法，直到把所有的当事人都拖得没有脾气了，对正义公平的追求程度也就降低了，再怎么判，怎么处理都好办了。

可那个时候，不仅要拖，还得关起来，于是就把两人收在监里。

可这一收监却麻烦了，碰上了新旧县令交接，于是一关就几天。状没告成，反而被关，两人都觉得憋屈，就在监舍天天以互骂度日。

过了几天，包公上任，听说有两个农民在监里骂人，很是奇怪，于是提出来一审，知道事情的原因，就笑哈哈地对他们说：

"你们本是一对好朋友，只是漫不经心使牛抵角死亡，以致朋友反目成仇人，这实在是不应该的。今天本官劝你们言归于好。"

说罢，提笔写了四行字：

"二牛抵角，不死即活；活牛同耕，死牛同剥。"

你别小看这四句话，却是一份精炼的判决书。

前两句是案件基本情况，后两句是判决内容。

"二牛抵角，不死即活"，是说明这个案件起源于两头牛之间的抵角，同时，他指出，这两头牛抵角，必定有一头活，一头死，这是事物发展的规律。为什么要说这个呢？包拯这里隐含了一个意思，那就是：这牛抵角而死，是非人力所为，两个农民都没有过错，因此，按理是不承担责任的。

但是，这里就有问题了，那么这个原被告都没有过错的案件，按照在现在的侵权民事责任归责原则，除非有特殊归责，应当原被告都对损害结果不承担侵权责任，最多也就是一个公平责任，适当给予补偿，假如按照这个思路，让王某给张某补偿个牛的大腿价钱，不说张某不依，王某也会觉得自己太冤。

这显然和前面那个知县的做法并无二致。而包拯的判决内容则更显人情味和现实操作性：

"活牛同耕，死牛同剥"则是一个没有责任但责任共担的判决解决方式，一方面，活着的那头牛由两家共同使用，这样就解决了在农耕时代，牛作为一个重要的生产资料和财产的问题，这样两家的牛似乎都在，不影响耕牛的使用效益；另一方面，对于死牛，其肉、皮也是一笔不小的财产，对此包拯判决由两家共同享有，也解决了为死牛肉而产生的纷争。应该说，这个结果可以解决因这两头牛抵角所产生的一揽子问题，是一个比较合适的处理结果。

两个农民纠缠了这么久，今天一听此判决，如醍醐灌顶，都说这样处理公平合理，也符合实际，于是二人谢过包公，握手言和，携手走出公堂，俨然又成为了一对好朋友。

谁知那两人刚走，又来一人报案，而且更加蹊跷的是，这也是一个"牛案"。

那是西村农民，名叫刘全。今天早晨他正要牵牛下地干活，来到牛圈时大吃一惊。

原来他的大黄牛满口血淋淋，牛舌头不知给谁割掉了。

他心疼得哭了一场，急来县衙门要求破案。

包公看了状子，事实很清楚，牛舌被割。心想：这很可能是刘全的仇人干的。理由很简单，和前面我们说的一样，在当时，对于一个普通农民

来说，一头牛就相当于一个家庭一半的资产，把牛舌割了，牛无法咀嚼食物，难以存活，自然就失去了财产。而从另一个角度看，这人并非见财起意，偷盗耕牛，说明他仅仅与刘全有仇，而并非要夺取其财产。因此包拯由此判断：割牛舌之人是刘全的仇人，且有一定资产。

分析如此，方向也肯定，但范围却大的很，牛又不能说话，与刘全有仇的人，刘全自己也说不清楚，于是包公心生一计，就对刘全说：

"看来，这头牛是活不长了，你干脆把牛宰了，肉可以卖，我再资助你一些钱，这样你又可以买一头牛了。"

刘全一听，这话也在理，于是感激地叩头谢过包拯，回家宰牛去了。

刘全前脚刚走，包公立马出了一张禁杀耕牛的布告：

"本县晓谕黎民百姓：为确保春耕春种，保养好耕牛，严禁私自宰杀。如有病牛，须请牛医诊治；诊治无效的，先报呈县衙，经查验后，方可宰杀。未经查验，擅自杀牛的，一律严惩不贷。有人捕捉到杀牛者，官府赏银三百贯。此布。"

此告一出，这旁边的师爷衙役坐不住了，心想：

这新来的县令是什么意思，这不是坑人吗？一方面让刘全去杀牛，一方面却布告禁止杀牛。但转念一想，这刘全的牛不是残废牛吗？而且也报告了县衙，经县衙同意了的，应该没事，于是就将布告当天就贴了出去。

布告发出的第二天，一个自称是刘全邻居的人前来举报说，刘全擅自宰杀耕牛。

包公想：村中的人一定都知道，刘全宰杀的是残废牛，且得到县衙认可的，可以宰杀的，难道这个自称是刘全邻居的人却不知，明知杀残废牛不违反禁令而来告他，不就是诬陷好人吗？其心思显然是想致刘全于死地，如此看来，这人肯定和刘全有仇。

于是包公立即升堂问案，一审问，知举报者叫李安。而在前一天调查中，刘全曾告诉包公，李安和他有仇，看来此人必定是偷割牛舌的人。包公顺势询问李安"牛舌"一事，这李安一看，事情败露，只得供认了自己割牛舌而又来诬告的罪状。

也许是这样两个看似简单却接地气的"民生"案件，让包拯成为办案的"包青天"，事实上，包拯在朝为官时，办案并不多，他更多的时候是作为监察御史、谏官，负责弹劾官员的。但老百姓记住的却是他那仅有的几个案件的断案如神和执法如山，恐怕这"执法如山"还是来自于他作谏官连宋仁宗他老人家都会被飞溅一脸唾沫，连天王老子、仁宗的"老丈人"都不放过的精神，而断案如神则反映的是他的审案技巧和对事物规律的判断。前面我们说了他巧用"欺骗"的方式审了"牛舌案"，但别人想用欺骗的手段骗他，可就难了。

嘉祐元年，即公元1056年12月，辗转监察御史与地方官的包拯终于被擢升为右司郎中、权知开封府。此时的包拯已经五十八岁了。

第二年，包拯实施诉讼制度改革，一改过去"凡诉讼不得径造庭下，府吏坐门，先收状牒"的做法，实行"开正门，径使（诉讼人）至庭，直言曲直"。

怎么回事呢？就是说，在过去，要到开封府告状，不能直接进去把状纸递交府尹，而要通过守门的府吏，再由府吏转呈，是否受理，都需要府吏通知，如此，府吏便可借机敲诈，久而久之，给守门府吏使"牌司钱"就成了潜规则，于是有理无钱之人则难于伸冤。包拯此举就是敞开府衙大门，告状者可以直入公堂交纳状纸，面陈冤屈。

此项改革不但打破了守门府吏的潜规则，如同一丝清风从开封府吹出，而且让一些恶霸流氓无处遁形，经过一段时间治理，很快，京都治安大为好转，百姓高兴，但地痞流氓们却怀恨在心，伺机捣乱。

一天晚上，开封一条闹市街发生火灾，疯狂的火浪向四周扩散，酷热的火舌不住地盘旋上升，把京城的上空照得火红一片。

包公此时正带领一班公差在街上巡视，见此情景，马上吩咐府衙分头召集百姓挑水救火。

作为开封的首脑，他自己也立即到了现场。

不一会儿，人们一个个挑着水桶从四面八方赶来了。

那时没有消防队，更没有抽水泵，救火的水需要从附近的河里或水井中取。

最靠近失火处的两眼井，分别在东西两条巷子里，说来也怪，这相隔不到百步的两口井，打出来的水，居然一个甘甜无比，一个苦涩难喝。现在想来，应该是水中的矿物质、重金属或微量元素的缘故，但那时候自然难以解释，于是人们为了区分，就将一个叫甜水巷，另一个叫苦水巷。

包拯正在组织大家有序地挑水救火，突然听到人群中有人高声问道："哎……是挑甜水巷的水，还是挑苦水巷的水啊？"

大家一下子懵了，都愣在那里。

这时忽听另一个人高叫道："甜水巷的水甜，苦水巷的水苦，救火当然用苦水巷的水。"

哦……

一听此言，人们正在慌乱之中，哪里还顾得细想，就跟着那一问一答的人涌向苦水巷。

小小的巷子一下子涌入那么多人，别说水打不上来，就是打上来了，也挑不出来，一时间，苦水巷子被人塞得满满当当，混乱不堪。

说起来，这开封府还真是巷子窄，即使现在的开封市，有很多遗留的街道也是仅够一辆车通行，加上此处民风悠闲，一条街不管是南来的还是北往的，统统走中间，那份逍遥自在，这可就苦了开车人，一不小心转进小巷，那可得费点周折才能出来。在那个时候，那种情况下，一条巷子被挤满，是一件极正常的事。

包公正在指挥救火，忽然见挑水救火的人少了许多，急问衙役缘由。

衙役将其所闻速报了包拯，包拯沉思少刻，立即让衙役听令："速将刚才一问一答的两个人抓起来，他们就是纵火犯！"

很快，那两人被抓到包拯面前。

包公不等他们辩解，让衙役立即给老百姓传话，就说纵火罪犯已经归案，这两个就是！大家上当了。苦水巷留下一半人挑苦水，另一半人到甜水巷去挑甜水救火！

闻得此言，大家又重新恢复了秩序，人们分别从甜水巷、苦水巷挑来水，很快，就灭了火。

灭完火，大伙听说包知府在救火现场就抓获了放火贼，于是纷纷招呼着就涌到开封府去看。

这包公也不辜负大家的期望，连夜开堂问案，好让大家过过瘾。

一进大堂，大家看到包拯神态自若地坐在大堂之上，面前跪着的就是晚上捉住的那两个人。

这两个人一看来了这么多街坊邻居，胆子突然大了起来，大声喊冤："老爷啊，我们冤啊，我们也是救火的人啊，我们只不过是想到甜水救火太可惜了，万一挑完了怎么办啊？您老正大光明，怎么可以以一句话就认定我们是纵火犯，冤枉啊……"

旁听群众一听，是啊，就根据一句话就判断是纵火犯，这事有点悬啊。

于是人群也开始躁动起来。

包拯似乎看出大家的心声，微微一笑，环视四周，看看人来得差不多了，突然将惊堂木一拍，厉声问道：

"你们说是救火，那么救火最需要什么？你们一句话，把人们都引入苦水巷，让水难取，是救火还是不想救火？

"对救火来说，甜水和苦水有啥区别？另外，甜水岂会因一场火而取完，显然是一派胡言！"

大家一听，对啊，包公说得有理啊。

看来这公开审判需要的不仅仅是勇气还得有底气。

那两人再会狡辩，也经不住包公的审问，一时语塞，哑口无言，不得不老实招供了纵火的事实。

大家见此情景，都啧啧称奇。

押下犯人后，有人问包公说："大人，您怎么在刚才救人时就已经知道他们是纵火犯呢？"

包公解释道:"救火是十万火急的事,挑水怎么还分什么甜水、苦水呢?可他们一问一答,居然就把慌乱之中的人们都引到了苦水巷,这不是有意要让火越烧越旺吗?由此我断定他们的问话是事先编排好的。"

"再说,这两个人很面熟,当时我一想,他们的父兄曾被我判过刑,看来对我是怀恨在心,因此有破坏社会治安、与我过不去的动机。凭这两点,我断定他们是纵火犯。一审问下来,果真如此。这就是玩火自焚吧!"

旁听的人听完包公的解释,更加佩服他了。

◎米芾办案:要的就是那个文化劲儿

在宋朝时,多为文人当官,特别是北宋,著名的欧阳修、范仲淹自不待说,王安石、司马光都是大文豪,也轮换着做宰相,至于苏轼就更不用说了,当时书法界的"苏黄米蔡"四大巨头,也就是苏轼、黄庭坚、米芾和蔡襄四人,都做过官。

这里我们不说苏轼,只说那个在书法界被称为"米癫"的米芾。

你还别说,这文人审案还真和别人不一样,前面我们说了王羲之审"一河鹅",米芾在安徽无为县任县令时也巧断过这样一件案子。

有一天,米县令正在县衙大堂写字,有个做买卖的李老汉,一身褴褛跑到县衙,一见米县令,扑通一声伏地大哭要米县令为他做主。

这李老汉米芾认识,是本县较为有名的富户,既有不少财产,还有几家店铺,按现在说,就是不仅有存款,而且还开有几家连锁超市。现在却一身破破烂烂,米芾甚为诧异,莫非有什么蹊跷之事?

就说:"李老汉别哭,起来说话。"

李老汉这才哭诉着讲清了缘由。

原来是李老汉三家邻居先后赊欠了他的货和款,但都赖账不还,他如今是货和钱两空。

其中一个邻居叫侯山,说要进一批山货,将李老汉的银子全借走了;另外两个邻居叫马有德和朱进城,说要帮李老汉换货,将他店里的货物悉数拿走了。但银两有借无还，货物有出无进，搞得他身无分文。

米芾马上升堂，一声令下，把侯、马、朱三个邻居找来对质。你说也怪，瞧这三个邻居的姓，怎么那么别扭。

这三人一到，便异口同声：

"生意人讲究的是货银两讫，即使赊欠，也有凭证，他无凭无证，纯属诬告。"

是啊，没有凭据，要打赢这样的官司，在古代不易，在现在也很难。

李老汉一听，连声叫屈：

"大老爷明鉴，这三个恶邻欺小人目不识丁，所立借据都是伪证。幸亏我早作防备，记下账目，请大老爷审查。"

原来李老汉不识字，米芾心想，那不识字，如何记账呢？于是半信半疑地说道：

"李老汉，你说你记下了账，呈上来！"

李老汉慌忙从怀里拿出几张皱巴巴的纸。

米芾一看，是一卷画，一时半会儿也看不明白。

三个邻居一听，也很诧异，心想，从来没听说李老头会写字啊，哪来的账呢？于是就说：

"县老爷，请把账本拿来我们看看，如果真有账本，我们就认！"

米芾一想，也是，就让衙役拿给他们看。

三个邻居一看那卷纸，哈哈大笑：

"李老头，你这种瞎涂乱画算得了什么账目？糊弄县老爷，诬告我们，你可要反坐啊！"

一时在大堂之上，对着李老头大吵大嚷，十分嚣张。李老头身单力孤，在一旁气得瑟瑟发抖，一句话也说不出来。

米芾拿过画卷，见几幅画虽然画得都很粗糙，但形象可辨，正琢磨间，看到此情景，很为烦恼，大喝一声：

"侯、马、朱，不得在大堂之上喧哗！"

转念一想，侯、马、朱……对了，我明白了，转眼他再看那几张画，

顿时频频颔首，若有所思，端详了一会，他说道：

"侯、马、朱，你们三人抵赖李老汉货与钱，这画卷，可是真凭实据，铁证如山，你们还敢抵赖！"

三个邻居想想，刚才看那个画，没有什么异样啊，这是诈我们的啊，于是硬着头皮说：

"请县老爷明示！"

米芾指着一幅画说："你们真是不见棺材不落泪啊！本官这就给你们说清楚！"

"这第一幅画里，有只猴子背靠着一座大山在吃山货。难道不是你侯山赊欠他银子做山货生意吗？"

侯山一听，顿时默不作声。

然后，他指着另一幅画说："这幅画有匹驮货的马，蹄下有个婴儿，但是马屈着腿没有往婴儿身上踩下去，这不就是马有德行吗？这马驮的货正是你马有德搬走李老汉的货物。"

马有德也像一只霜打的茄子，蔫了！

米芾又指着一张画说："看这幅画，一头猪在城门内拱食，这些食物都是人们吃的东西，明明指出你朱进城从李老汉店中搬走的货物。"

朱进城一看，果然如此。

米芾一看心里有了数，就将此事通告李老汉的街坊邻居，要知情者到县衙举报、作证。

李老汉的街坊中，也有一些不乏心存正义感的人，以前他们觉得李老汉拿不出账目，又讲不出画中的内容，所以有话也不敢说。现见米芾一眼看透了事实的真相，也就纷纷出头作证，说他们曾耳闻目睹过三人向李老汉借过银两，搬过货物。而三人生意越做越兴旺，李老汉却变成了个穷光蛋。

经过几个月的调查，米芾就将这个案件搞得清清楚楚，明明白白。

侯山、马有德、朱进城三人见抵赖不过，只得如数将钱和货物本息归还给李老汉。李老汉收回本钱，重整旗鼓，生意又兴旺起来。

几幅画查清了一起无头案，这除了明察秋毫，对文化的底蕴要求也是相当高的，假如主审官不是米芾，恐怕也会得出和三个邻居同样的结论。看来，这审案啊，文人还得有点文人的那个劲儿。

◎程戡看孝服：审判中的观察很重要！

当法官要有一定的社会经验和社会阅历，这是几乎所有国家的一个惯例。一个法官在判断是非的时候，往往更多地需要对事物进行观察，对一些常情常理进行判断，从而得出一个合理的结论。下面，我们就来看这样一个法官，他是如何做的呢？

宋朝有个叫程戡的人，从小就发愤读书，后来中了进士，及第甲科，接着又有补缺，做了泾州观察推官，随后又担任秘书丞，做过许昌、蕲春、赣州等三个州的通判。结果因为正直得罪了权臣，坏人到皇上那里嘀咕了一下，程戡就被一纸调令流放到虞州。

大家可能会说，不是虞州吗？原来也不就是州通判吗？现在让你去做个州长，那不是升官了吗？怎么还说是流放呢？这里有个误区，实际上，这个虞州和那些州是不一样的，这个虞州是山西运城的安邑镇，叫州，实际就是一个镇，说白了，这个虞州州长就是一个镇长，这么看，的确是属于流放了。想当年，苏东坡几首诗，就从一个知州一下就去黄州团练报到了，和这个情况差不多。

且说一日清晨，程戡在这个破烂的州衙院子里正在晨练。

忽有衙役慌慌张张，急急忙忙飞奔而入："程老爷，可了不得了，我们这里出了命案，而且还是群体性事件。"

程戡一听，收住拳脚，问道："莫要惊慌，慢慢道来！"

衙役这才一五一十说清楚事情经过。

原来一大早，这虞州东街李家有兄弟几人就披麻戴孝跪于州府门外，号啕大哭，说要告西街的陈家，因为陈家人杀了他们的母亲。

一时间引起街坊很多人围观。

一是命案，二是群体性纠纷。这可是影响稳定的大事啊。

程戡自然不敢怠慢，马上到了州衙门口，见李家兄弟正在痛哭，即上前询问道："你们说陈家人杀了你们的母亲，可有凭据？"

李家兄弟异口同声道："老爷，我们母亲的遗体就在陈家门前，老爷可去现场查验，为我们做主啊！"

程戡即奔西街陈家门口，果见李母尸体横于台阶旁。

察看一番后，程戡命将陈家所有的人带往州府，立即升堂审案。

程戡问陈家人："你们家和东街的李家是否有仇？"

陈家人答："祖上便和他家有仇，一直至今未了。"

程戡问："近日可有争端？"

陈家人支支吾吾答不出所以然，过了一会儿陈家大儿子方吞吞吐吐道："前几日，为了乡下的几亩地划界，我家弟兄几人和李家发生争执，将李家小儿子打伤了。"

程戡突然大怒道："打伤了他家小儿子，为何又要杀他老母？"

陈家因李母尸首在他家门口，人证物证俱在，有口难辩，众人皆无语，只是痛哭不止。

程戡见状，命衙役先将陈家人全部收容，另择时再审。

陈家人离去后，程戡思忖了一下，问僚属们："你们对此案有何看法？"

众僚属答："证据确凿，陈家杀人事实明显，此案可断。"

程戡微微一笑，摇摇头说："不，我看并非如此。"

说完又命将原告李家兄弟喊上。

程戡道："你们是何时发现母亲被杀的？"

李家人答："今天早晨啊。"

程戡又问："那你们身上的孝服，又是何时所做的呢？"

李家兄弟一听，脸色顿变，一会儿白一会儿红，你看看我，我看看你，就是说不出话。

程戡喝道："此案可断，你们诬告！你家老母昨夜未归，做儿子的不思寻找。今晨报老母已被害,然后立即来衙门,身上已着孝服,这不是早有准备的吗?"

李家兄弟顿时失色,严讯之下终于吐出实情:

原来前几天,他家被陈家兄弟所欺,新仇旧恨交织起来,便想找个办法报仇。

这时,他们母亲说道:"我年老多病活不长久,你们把我杀死之后将尸体放于陈家门口,就说他家杀人,便可报仇。"

李家兄弟果真实施此计,没料到被程戡识破。

僚属们感到惊叹。

程戡道:"杀了人把尸体放在自家门口,难道不可疑吗?"

原来,不仅仅是穿着不合理"出卖了"李家兄弟,而且一个不合理的尸体摆放地点,也被程戡这个老法官看得清清楚楚,明明白白。

也许,在一个案件的审判中,证据很重要,但是,缺乏了常情常理、社会经验的证据,是经不起推敲的,而这些推敲的资本,却来自于细致入微的观察和阅历。

◎证据与口供:太过巧合必有蹊跷

△张公谨查凶:一个包袱的破绽

都说这判案讲证据,可这证据要是来源有问题,比如证据太巧合了,问题也就大了。

我们在很多冤假错案的案卷中,经常会遇到这样的问题:一是发现受害人陈述与被告人的供述出奇得一致;二是多数定案依据为刑讯所得。当然,在很长一段时间内,在"一对一"证据面前,我们宁可相信受害人、相信物证,也不会相信被告人、犯罪嫌疑人。事实上,太过巧合的证据往往预示着这案件的蹊跷,古代很多法官断案就是沿着这样的线索去判断

的，以下起便是一例。

公元1190年~1196年间，我国北方景州，今河北省境内被金控制，史称明昌年间。

景州城里有一个过门不久的少妇，因其丈夫做生意常年在外，又无子女，仅与一老婆婆住在家中，耐不住寂寞，便跟一个隶卒马全勾搭成奸。但这马全显然也有家有舍，无法满足这名少妇的需要，于是这女子又和一个叫王二的游手好闲之徒一来二去，也有了那么个意思。

这王二本无所事事，经常借机来这少妇家中，帮忙做做活计，这妇人的婆婆心里明白，但也无法，只好睁一只眼闭一只眼。

不过，这少妇和王二做事倒也巧妙，于是这一妇二"夫"的事神不知鬼不觉地过了好些时候，婆婆、王二和马全均不知晓。

有一天，那妇人要回娘家，因回去时间较久，就偷偷与王二约定，走之前夜在城外树下相见。

谁知王二在去约会的路上，被马全邀去喝酒，酒后吐真言，说了此事。

马全一听，怒火中烧，醋性大发，咬牙切齿，心想：这妇人竟敢玩弄于我，这王二竟敢与我同享，真恨不得杀了这两人。

可是，马全转念一想：我杀了他们，不但要承担杀人之罪，通奸之事亦会败露，那时不但性命休矣，连名声也败坏了，不行，我得想个万全之策。

突然，马全想到晚上不是王二与那妇人要去约会吗？而王二已经酒醉，我何不如此这般……

于是马全提前赶到约会地点，等在那棵树下。

那妇人一到，正在寻王二的时候，马全忽地从大树背后闪出，刀光一闪，就把她杀死了。

这王二却是回家酣睡到了天明。

说来也巧，第二天，少妇的父亲有事进城，顺便去看望女儿。

来到少妇家中，却不见女儿，便问妇人的婆婆。

妇人的婆婆说:"你女儿不是昨日夜里已经回娘家了,怎么还来这里看她?"

妇人的父亲大吃一惊,连忙四下寻找,在城外回家路边的树下找到了女儿的尸体,马上奔到官府,声泪俱下告状。

景州府尹审理此案,便拘来婆婆问道:"你儿媳可与何人有冤仇,常和谁来往?"

婆婆寻思道,这可是个机会,这妇人不守妇道,我忍了很久了,我让你王二陪她去死,以解我心头之恨!

于是这样想了一会儿,答道:"我儿媳在家很少出门,在这城里并无仇家,也未与他人发生过纷争。不过……"

府尹一听,忙追问:"不过什么,快快道来!"

婆婆支支吾吾说:"也没什么,我儿媳几乎不与他人讲话,只与前街的王二说过话。"

府尹一听,忙问:"可是那个游手好闲的王二?"

"正是!"婆婆答道。

府尹哈哈大笑:"此案破矣,这王二与你家儿媳,孤男寡女,难免生出些纷争,且这王二一贯四处游荡,没有正业,难免有杀人越货之嫌,来人啊,将王二捉拿归案。"

很快,王二就给拘捕来,开始王二还不承认,只说自己昨日饮酒醉卧家中,忘记与那少妇约会之事,也并未到达现场。

但经不起府尹一阵威吓,就交代了与那少妇有私情,但绝未杀人。

府尹哪里肯听,一通大刑,王二这个混混哪里能经得起这种折腾,早已魂飞魄散,招供自己酒后杀人。

但这府尹仍不罢休,还要其交代物证。

是啊,人是怎么杀的,那刀呢?不能王二说把刀丢进河里,就认定是王二杀人了,应该还有什么物证能证明,比如血衣,比如那妇人的什么物品,等等。

在严刑拷打和诱供提示之下,王二心想:

我没杀人，刀肯定没有了，血衣也没有，妇人的东西，唉，先胡乱编一个吧，免受皮肉之苦。

于是交代道："那妇人回娘家所带的包袱埋在另一棵树下。"

一夜无事，第二日，府尹派人循迹摸索，果然在那棵树下起获了一个包袱，也果然就是那妇人的。

拿到公堂，一辨认，王二叫苦不迭，惊骇而自言自语道：

"怎么真有？莫非那妇人显灵，但我也没有杀她啊，为何如此对我？看样子，我命绝矣！"

府尹一看，物证确凿，口供吻合，立即取下大笔，准备签上四个大字：

腰斩，结案。

这边王二最后战战兢兢地自言自语，府尹自然没听见，而在一旁参与审讯的推事叫张公瑾的，却听得明明白白。

张公瑾是一个很有独立见解且负责任的法官，他见府尹提笔，心中已经明白几分，急忙上前一步，小声对府尹说："大人且慢！此案必有蹊跷！"

府尹道："哦！怎讲？此案不但有口供，还有物证，蹊跷何在？"

也是，人家府尹都已经准备签署判决书了，这时说案件有蹊跷，不是扫人家兴吗？

张公瑾再进一步，几乎是耳语：

"大人，卑职以为此案杀人者另有其人，原因有二：其一，是那妇人约的王二，并非王二约那妇人，因此，王二没必要杀人；其二，既然王二杀了那妇人，为何将其包袱掩埋，杀人的刀都可以丢弃，包袱为何不一起丢掉，这些都不合逻辑。"

这话当然不能让王二知道，也给了府尹诸多面子。

这府尹本是武将出身，平时对张公瑾办案能力还是比较佩服，于是低头想了想，顺手将笔放在笔架之上："嗯，张大人说得也有几分道理。"

张公瑾一听府尹松了口，忙说道："请大人现将王二押入死牢，给我三天时间，保证将此案查个明明白白。"

府尹点点头："也好，就给你三天时间，到时候可要给我一个合理的解释。"

于是对衙役喝令："且将王二打入死囚，容本府日后处理。"

张公谨见王二被押下，立即招来昨天夜里值班看门的役卒，问道："昨日夜里本府审讯王二时，可有人在墙外偷听吗？"

役卒们抓耳挠腮半天，答话："大人，没有什么人偷听啊！"

可不是，要有人偷听，肯定被抓起来了。

张公谨接着问："这样，你们再想想，当时有无人在附近逗留？"

役卒们一听，乐了："这个倒真有，本府隶卒马全就在墙外站了很久，我们问他有什么事，他还打听里面审谁，那么大声。"

张公谨低头不语，沉思一会儿，立即赶往城门口，询问看守城门的役卒道："昨晚后半夜是否有本府人出城？"

看守城门的役卒回道："回大人话，确有一人出城，是本府隶卒马全。"

张公谨又问："好！他可携带什么东西？"

役卒道："好像带着一个包袱。"

张公谨一听，立即下令拘捕马全！

一番审讯，马全只能如实招认。

还有一个发生在清末时期的案子，同样是让人难以置信的一致证据，却被复核的官员看出了端倪。

△邓廷桢核案：卖馒头的记性

清末，陕西西安府汉中兵营有一名士兵刘仁忽然中毒身亡。

这可是一个涉军案件，有一定的社会影响力。

当地政府自然不敢怠慢，立即组织专案组进行侦破，经认真排查，收集到了一个线索：死者刘仁生前与一个叫郑魁的兵士不和，而且通过调查，发现郑魁在事发前曾买过一包砒霜。

这条线索太重要了，你想啊，士兵刘仁是中毒而死，而这个和他不和的郑魁又正好买过毒药砒霜，这简直就是天设地造的犯罪与结果联系。

知县不假思索，立即下令将郑魁拘至大堂。

郑魁刚到县衙，知县劈头盖脸地问道："大胆郑魁，你可知罪？"

郑魁糊里糊涂，说："卑职不知罪。"

知县问道："你与刘仁可有过节？你在刘仁死前是否买过砒霜？"

郑魁一听急了："知县大人，我的确与刘仁有矛盾……也确实买过砒霜，但我的确没有毒害刘仁啊……我……买砒霜是毒老鼠的……"

知县一听，马上打断郑魁的陈述，呵斥道："既然都已是事实，还在抵赖，不动大刑，量你不招！"

一声令下，几名衙役按住郑魁，噼里啪啦一顿大板。

这郑魁尽管是兵士，耐打，但也经不起一遍遍肉刑，一咬牙一跺脚，认了算了，免得遭受这无休止的痛苦。于是，他一横心，把供词改了：

"知县大人，我认，我买了砒霜，又买了几个馒头，将砒霜夹在里面，刘仁吃后死的。"

知县一听大喜，但转念一想，不对啊，这里怎么又出来个馒头啊，证据不是很扎实啊，就进一步逼问道：

"在何处买的砒霜和馒头？给死者吃馒头时，又有谁看见？从速招来！"

这郑魁反正是铁了心赴死的，就随乱说道："在仁和药店买的砒霜，在十字街口买的馒头。给他吃时兵营隔壁大嫂看见了。"

"来人！"知县向衙役发令，"速将这几位当事者证人传来！"

不到一刻，几个证人到齐，当堂对质，几名证人证词竟出奇得一致，都说是郑魁买了馒头、砒霜，给刘仁吃了。

大堂上的郑魁一听，只觉得晕晕然如在梦中，差点连自己都相信自己就是杀人凶手了，心中叫苦不迭。

知县却是异常高兴，立即写好"证据确凿，事实清楚，拟处死刑"的呈文速上报西安府。

西安知府邓廷桢核查此案，他看了案卷，发现证据出奇得一致，这反而让他心中犯疑：

其一，这两人既然平时关系不好，死者怎么会轻易食用郑魁的馒头呢？

其二，既然要毒害刘仁，为何还会当着兵营隔壁大嫂的面给刘仁馒头？

其三，这馒头……

如此分析，此案应有假，他决定重审。

邓知府先找证人核实，他先和卖馒头的证人聊起来：

"你一天接待多少人？"

"一百来个。"卖馒头的轻松回道。

"哦，那我这里大约有四五十人，每人让你看一眼，你可否记住他们的样子？"邓廷桢王顾左右而言他地问道。

"回大人，你笑话小人了，我哪里能记得这么准！"卖馒头笑着说。

"这样的话，你每天要和一百来人接触，他们的样子，你都能记住吗？"邓廷桢接着问。

"不记得，肯定记不得了。"卖馒头急忙回道。

"那么，你怎么记得郑魁呢？"邓知府突然厉声喝道。

卖馒头的人，一时无话可说。

邓廷桢继续呵斥："要知道作伪证是犯法，而且可能反坐的。"

"邓大人，"卖馒头一听，头皮发麻，连忙跪倒在地，"这事与我无关。是捕役对我说有个杀人犯已经招认了，缺一个卖馒头的证人，叫我作证。我想他招了，作证就作证。其实我真不认识他。"

邓知府问道："你今天说的可是真话？"

卖馒头慌忙道："今日之言，千真万确。"

邓廷桢随后又问那兵营隔壁的大嫂，一番仔细盘问，大嫂也说自己是被捕役硬拉来当证人的，根本就没看见郑魁给刘仁什么馒头。

于是，邓廷顿又去复核仁和药房的老板……

复审的结果：除了郑魁买砒霜毒老鼠是真，其余都是假的。

邓廷桢令知县和捕役立刻来府，将复审经过细说一遍，并训斥一顿说："不能只凭板子办案。回去重新审理，速将结果报来。"

知县埋怨捕役道:"你怎么给我弄来的全是假证人啊?"

捕役无奈地说:"老爷已定案,我不这样做,岂不摔饭碗?"

上行下效,投其所好,两人心中自明,一时无言。

经过再次审理,原来那当兵的是被疯狗咬后患狂犬病而死的,故呈中毒状。

如此看来,这刑讯逼供的证据不可靠,这太巧合的证据的也不靠谱啊,作为法官,无论什么样的案件,都当慎思、慎断啊。

◎ 审案艺术:多元的技巧与计策

△ 偷梁换柱:周新验明伪凶

明成祖朱棣时期,即公元1403年~1425年期间,周新在朝廷做官。

时间久了,明成祖就派他到浙江做按察使,主管该省的司法工作。

上任不久,周新就碰到一桩事情。

杭州府监狱一个关了好几年的老囚犯,一天忽然向主管官员提出,他要检举立功。

立功减刑一说由来已久,一般来说,只要能够检举并成功者,都会得到不同程度的宽大处理,有的甚至会得到特赦。

这个囚犯就说有个叫范典的乡民,当年曾同他一起做过强盗,杀人越货,强奸民女,罪恶十分深重。

监狱官略作调查,还真有这么个叫范典的,就在这个囚犯的原籍,不过此人系当地一乡绅,素以仁义闻名乡里。

这样的人做过强盗?还是这范典确有原罪?监狱官拿不准,就把状纸转呈给按察使周新,让周新定夺。

周新即令将那老囚犯的案卷调来细阅,发现这个囚犯虽然和范典系同乡,但这个囚犯仅仅是原籍与范典同,几乎没有在该籍生活。不过他们是否曾有可能一起在其他地方做强盗，而各自在不同地方生活，从而掩人耳目呢？

经过一番思考，周新还是决定先传唤范典到衙门问问再说。

范典被带到堂前，"扑通"跪在台阶下，大声叫道：

"青天大老爷啊，小人一贯以良善对待他人，并未做出什么扰民强盗之事啊！不知所为何事被带至大堂？"

周新问道："范典，你可曾有和他人合伙杀人抢劫？"

范典回道："老爷，我从不和强盗来往，更不会做合伙杀人抢劫之事。"

周新仔细观察范典的言语神情，断定范典是清白无辜的，便好言抚慰道："既如此，你别着急，一切由本官做主，你且按照我吩咐的方法去做。"

范典连连称诺。

周新于是叫范典同一个差役相互调换衣服和头巾，让其站在庭下，默不作声，然后对那个差役耳语几句。

一切就绪，周新命人将那个老囚犯押送至官厅，令其一旁跪下，听候审讯。

周新突然对那个穿上范典衣服的差役喝道："范典，你的同案犯已到，还不跪下！"

假范典忙"扑通"跪在老囚犯之旁。

周新指着囚犯喝道："你告他是同伙，他却不认账。你看是不是他？"

老囚犯望了望假范典，一口咬定说："周大人！千真万确是他！他跟我一起抢劫杀人，烧成灰我也认得！"

假范典低着头，却是一言不发。

周新又故意问囚犯道："你看仔细了，莫非不是他？"

老囚犯又看了看假范典，斩钉截铁地说："是他！他叫范典，我们住在同村，那年与我同在一家南货店做店员，我们一起抢劫杀人……"

周新打断他的话，冷笑道："呔！你与范典何曾认识？这个范典是假的，是我的差役装扮的。另外，你在狱中，并不认识范典，又如何对范

典的基本情况了如指掌，其中必有隐情，哼，肯定有人指使你诬告范典，快快从实招来，免受皮肉受苦！"

老囚犯吓得浑身冒汗，一股脑儿将实情相告：原来是范典乡里一个小吏想从范典产业中获得利益，被范典拒绝，怀恨在心，便用重金买通囚犯，以立功为名陷害范典，达到借刀杀人的目的。

审理一个企图立功检举的案件，反而侦破了其中的诬告陷害案，真可谓是：自作聪明借刀杀人，偷鸡不成反蚀把米。

△欲擒故纵：李铁桥智审立嗣案

清乾隆年间，李铁桥赴广东某县当知县，遇到了一个争立嗣子的案件。

这个案件本在前任知县处就应该解决，但前任知县发现这个案件是左不得，右也不得，于是一拖再拖，直到卸任也没定夺，就遗留下来了。

当时在农村，立嗣是一个家庭非同小可的事情，既关乎一家，往往也关系到一个家族，虽然有法律规定，但是因为其涉及人身、财产，因此经常引发纠纷。

这起案件的告状者是位老妇人，她说她丈夫早就去世，没留下儿子，她丈夫的哥哥却有两个儿子，为了占有她的产业，大伯想把他的小儿子过继给她，作合法继承人。

按说这是法律规定的，也合情合理，所谓"肥水不流外人田"，可是，这个小侄儿的品行很坏，挥霍无度，经常辱骂顶撞婶母，因此，婶母十分厌恶他，便收养了另外人家的一个孩子，并欲立这个小孩为继承人，为其养老送终，继承遗产。

这个大伯很生气，就以"按法律应由我这个儿子继承"为由阻止老妇人立嗣。而老妇人也不让步，她认为"立谁为嗣是我的事，我爱立谁就立谁"，就是不接受这个大伯的小儿子。

双方在县衙僵持了很久，互不相让，县里调解了很多次也没有办法。按这个老妇人说的吧，可当时有不成文的规定，应优先立叔伯的儿子，除非大伯不愿意过继小儿子给老妇人；按大伯的意见吧，老妇人又不肯立嗣，看着老妇人年事已高，自然会造成更多矛盾，于是都拿不出一个万全之策，拖了几年也不能判决。

新任知县李铁桥刚上任，双方便又来告状。

李铁桥了解了基本案情，略微沉吟一下，就说："明天就办！"

第二天，双方齐集于公堂，李铁桥询问双方的最后意见。

大伯坚持说："我有两个儿子，按法律规定，应过继一个给我弟弟家，我小儿子可以过继，作为她的继承人。"

李铁桥说："对！你说得很有道理。"

于是问妇人："你有什么理由来告状？"

妇人说："照规定是应立他小儿子为嗣，可是，他小儿子浪荡挥霍，来到我家必定败坏家业；而且他性情凶顽，经常顶撞我，我已年老，怕靠他不住，不如选我称心如意的人来继承家产。"

李铁桥一听，突然大怒道："公堂上只能讲法律，不能徇人情！怎么能任你想怎么样就怎么样呢？"

那大伯一听赶快叩头称谢，旁边的人也齐声说对。

老妇人还没弄清楚咋回事，李知县就让他们在结状上签字画押，心想：这个糊涂官，就这样了结案件了，也太草率了吧。

老妇人这边正在想着如何应对，李铁桥已把大伯的小儿子叫到面前说："你父亲已经与你断结关系，你婶子就是你的母亲了，你赶快去拜认吧。这样一来，名正言顺，免得以后再纠缠。"

那孩子立刻向老妇人跪下拜道："母亲大人，请受孩儿一拜！"

老妇人这才反应过来，边哭边骂道："要立这个不孝之子当我的儿子，这等于要我的命，我还不如死了好！"

李铁桥说："你说这个儿子对你不孝，你能列举事实吗？是否要告知？"

老妇人一听，泪水涟涟，说："要告，一定要告，要告他十恶不赦，不敬不孝……"随后便一五一十一件件地叙述，说得清清楚楚。

李铁桥对那大伯说:"按照法律规定,父母控告儿子不孝,儿子便犯了十恶大罪,应当处死,现在这个孩子也应该按法律处治。"

于是立即对差役喝令道:"用棍棒打死那个儿子!"

那个大伯一听要打死自己的小儿子,慌忙苦苦哀求,旁边的人也纷纷跪在李铁桥面前请求免刑。

李铁桥沉默许久才说:"这事就难办了,前面立嗣过继的案件已经结案了,这是母亲告儿子的案件,你们不是当事人啊!况且,我怎么敢不依法办事呢!"

那大伯心里明白,但也是哑巴吃黄连,有苦难言,只好叩头如捣蒜,求知县大人想想办法。

李铁桥说:"现在只有一个办法,那就是你们要撤回过继儿子给婶母的请求,这样,你小儿子不是她的儿子,她也就无从以不孝重罪来告你小儿子了,你儿子的小命也可以不死在棍棒之下了。不过,此案已结,还要看老妇人是否愿意。"

大伯及众人连称请知县大人做主。

于是李铁桥又询问老妇人,老妇人本是明白人,见此情景已明白知县在帮自己,于是,也就同意撤回过继和告子请求,李铁桥立即做出判决:

由老妇人立她所选中的人作嗣子。

一起复杂的立嗣案件,在李铁桥的巧妙审理和逻辑下,最终妥善解决。

◎海瑞断案:推理和内心确信是关键

海瑞在就任淳安、兴国县令期间,曾亲手断了大批民事案件和刑事案件。

海瑞断案如有神助,在当地有很大影响,而其最关键的是在审案过程中,大量使用推理和内心确信,其合理的推理,最终也为公众所折服。下面我们从两起案件来看海瑞断案的推理技巧。

△菜园石板案：投毒还是服毒？

遂安县有一农妇名吴阿伊，不是吴阿姨，与其侄吴万相邻而居。由于相邻，难免发生摩擦，因此两家常常发生一些纠纷，关系并不好。

吴阿伊家中有菜园一方，紧靠着吴万的住房，菜园外有一个水坑，人们在水坑上搭了一块石板为桥。

吴阿伊家雇了一个女工，虽然有个相当清秀的名字叫青香，人却长得五大三粗，性格也相当粗野。

一天，青香姑娘到菜园去挑粪浇菜，到水坑边却发现石板不见了，挑粪难行，于是在水坑边破口大骂起来。

吴万听到有人叫骂，认为这是吴阿伊存心和自己过不去，于是叫义子法才将青香教训了一番。

这法才也是个愣头小子，上去不分青红皂白就对青香拳打脚踢。青香倒地后被众人扶回家，本来拳脚也不重，正当大家认为就此了结时，不料四天后，青香竟气绝身亡。

尽管事出蹊跷，吴阿伊还是告到府里，说青香被吴万打死。

而这吴万也前来告状，说青香是被毒死的。

吴阿伊这边得知吴万告状说有证据证明青香是因毒而死，于是又加一条控诉：吴万毒死青香。

又是打架，又是投毒，受理此案的县令顿感棘手，便将案子交到州府。

州府先将此案指令寿昌县审理，寿昌县县令审理后，又转到海瑞手中复审。

海瑞最终给的结论有二：

其一，吴万指使其义子打人，应承担打人的责任。

其二，青香并非被投毒，而是青香自己服的毒。

海瑞的推理是这样的：

首先，青香确实是被打了，因为有验伤结论，打人者系吴万义子，吴

万指使，这又有当时在场的群众作证。但这个打人不足致命，因为，根据验尸结果，青香确实系服过毒死亡。

其次，说青香被吴阿伊毒死不合情理，吴氏孤身一人在这里生活，其儿女都远在他乡，自己岁数也大了，只有青香相依为命。她不可能以毒死青香去陷害吴万。何况，青香不在了，对吴阿伊本人的生活会带来许多不便，因此，她不可能干出这样的事。因此，吴万告吴阿伊毒死青香，不成立。

其三，说吴万毒死青香也没有充分的理由。吴万家距吴阿伊家有十五丈远，青香被接回时，自己还能步行，四天后才死去，说明当时的伤并不太重。吴万要害死青香只有一个理由，就是要灭口，防止青香到处告状，给自己带来麻烦。但青香本来伤得不重，吴万对此非常清楚。仔细掂量，害死青香，只会给自己找来更多的麻烦，吴万不至于连这一点都不明白。因此，吴阿伊告吴万毒死青香，与事实不符。

其四，从证据上来说，说青香被毒死，主要根据是一个名叫冬莲的姑娘提供的证词。这冬莲在最初的审理时一直没有出现过，而后来寿昌县令进行审理时，她在重刑之下才招出了此说（证据来源存疑）。她说，拌毒用的是豆腐花，这违背常识。当地农家存有砒霜和断肠草，一般人下毒或服毒，可以直接下到食物或饮水中，没有必要用豆腐花拌和的。因此，冬莲的证词站不住脚。况且，冬莲说吴万下毒，试想，如果吴万下毒，青香刚被打，定会有所察觉，不可能轻易得逞。

综上，海瑞认为是青香自己不慎服毒而死的。

海瑞在审完此案后，还有一句特别有名的感慨。他说对于普通百姓的案子来说，主审的县令们"当以罪疑惟轻之义推之"（《海忠介公全集·吴万人命参语》），就是说，当罪有疑问的时候，应当以对当事人有利的解释来推理。

应该说，这样的推理，放在现在，也是极好的一篇判决书说理主文。

△三两白银案：一个凶手还是三个罪犯？

离淳安不远的桐庐县，有个人叫戴五孙。

有一天，他的尸体被人从河里发现了。算一算他失踪前的那天晚上，刚好戴家来过两拨人。一个是戴五孙的大舅子，也就是戴五孙老婆徐氏的哥哥徐继，另一个则是县衙里的一个书记官潘天麒。

话说潘天麒前一天正好到戴家村去公干，因为天晚了，赶不回来了，就借宿在了戴五孙家里，而戴五孙正好就是这天夜里失踪的，然后过了几天，大家就在河里发现了他的尸体。

案子交到桐庐县衙，桐庐知县想都不想就审出了结果，说很简单嘛，这肯定是戴五孙的老婆徐氏和潘天麒勾搭成奸了，然后徐氏等到潘天麒来了之后，在潘天麒的帮助下谋杀了亲夫。要不然怎么会那么巧呢？潘天麒刚好就借宿在了徐氏的家里，而潘天麒一来，戴五孙当夜就失踪被杀了。

所以桐庐县判定的结果就是徐氏和潘天麒勾搭成奸，然后合谋杀死了戴五孙，两人因此都被判了死刑。

虽然都是死刑，却还有不同。潘天麒因参与谋杀，所以被判处斩，而徐氏同样是谋杀，却被判了凌迟处死。

凌迟是古代一种非常残酷的刑罚，就是一刀一刀地剐。按明代的规定，要剐将近三千刀之后，一个人才会死，所以这种刑罚是非常恐怖的。这是明朝的发明，一般是对谋反、谋逆、奸淫杀人等罪大恶极的犯罪适用。

按说，这个案子在桐庐知县看来，应该没什么问题，因为那个时候办案几乎都是刑讯逼供，刑讯之下，没有什么样的口供得不到，因此，一般是先由审判者想一个较为符合逻辑的犯罪过程，让犯罪嫌疑人按照这个过程招供就是了。

本案也是如此，拿到徐氏和潘天麒的口供之后，桐庐县令就把判定结果上报到了杭州知府。

杭州府负责刑律的推官复查这个案子的时候，也基本上同意了桐庐

知县的判定，只是在上报大理寺的时候提出一点疑问，就是徐氏看来跟潘天麒似乎是有奸情，但问题是两个人的奸情缺少证据，仅有口供是明显不足。

在明朝，大理寺就是中央司法机关，所以还是比较谨慎的，大理寺复文说既然两个人的奸情缺少证据，那你们还得重审。

于是，又把这个案子发还给了浙江。杭州府就召集了桐庐附近的几个县进行会审，审了几轮下来，发现这个徐继当晚也在戴家出现过。

这就麻烦了，又多了一个嫌疑人，这样原来的推理就有点不合理了，按说，奸情是知道的人越少越好，而这个徐继又是徐氏的哥哥啊，怎么说合理呢？

几个县令一合计：得，听说这个徐继喜欢钱，这样就是他知道妹妹与潘天麒的奸情，然后为了从未来妹夫那获得更多财产，于是和徐氏、潘天麒一起谋杀戴五孙，这样不就合理了？

这样也行啊？但那个时候，大家一拍大腿，就这么定了，徐继是杀人帮凶，也判死刑。

继续逐级上报。

这一下，虽然多弄出来一个凶手，但徐氏和潘天麒所谓的奸情还是没有证据啊，关键问题没解决，所以大理寺那里还是通不过，还是发回重审。

不过，这样一折腾，这个案子一拖就是十年。

徐氏这边也一直不服，一再喊冤。

新任浙江巡按御史崔栋又接上手了这个案子，再次提审徐氏。徐氏哭诉说自己已有二子一女，且夫妻二人平时感情很好，没有理由谋杀自己的亲夫。崔巡按觉得徐氏说得有理，决定重新审理此案。

这崔栋折腾了十天半个月，也没理出个头绪，一看刚好淳安那儿出了个"青天海瑞"，正好，就让他去大显身手吧。

案件于是就指定到了淳安县，海瑞自然不敢怠慢，除了看案卷，还要求将罪犯全部押解到县衙。

很快，一干人犯押解到了淳安，而海瑞这会儿又不着急了，他先不开堂审案，而是先聊天。

由于古代历史记载的局限性，很多人对海瑞有一个非常大的误解，就是觉得海瑞作为一个非常刚直的清官，脾气执拗，甚至有些不近人情，跟谁都处不好关系。

事实上，传说中不近人情的海瑞，只是官场上面对官僚的海瑞，并不是面对普通百姓的海瑞。面对普通百姓，尤其是有可能身有冤情的弱小百姓的时候，海瑞是极有耐心、也极有同情心的。

他看徐氏和潘天麒因为戴五孙这个案子被折磨了十年，还是非常同情的，尤其是在这个案子还未结案、还有疑点的时候，也就是不能判定这两个就是有奸情的时候，海瑞对他俩并不抱有成见。所以他作为主审法官，不是急着先开庭，而是到狱中跟他们聊天。

一番接触下来，海瑞对两个人有了一个初步的印象，他觉得不论是徐氏，还是潘天麒，都不像是那种很轻佻、很不检点的人，尤其是两个人都各有家室，各有儿女，原来的家庭生活也都算不错，而潘天麒平常住在桐庐县城，离徐氏住的村子还有不近的距离，要说两个人早有通奸，怎么看，也不像。

当然，海瑞也不会轻易以自己的主观印象来断案，他还是在案子的材料上下工夫。不久，精明的海瑞就看出一个小小的问题。

原来，桐庐知县最早初审的结果，就是徐氏和潘天麒勾结，谋杀了亲夫。后来，三县会审的结果又找出了帮凶，就是徐氏的哥哥徐继。也就是说，当初判案推理的依据就是，谁当天夜里在戴家出现过，谁就是凶手，徐氏是，潘天麒是，徐继是，而且都是围绕徐潘二人的奸情展开的，但是现在又出来了一个新状况，那就是还有一个人那天夜里在戴家出现过，那就是潘天麒的仆人潘小毛。

潘小毛是跟着潘天麒一起下乡公干的，当夜也借宿在了戴五孙的家里，只不过第二天因为事还没了，潘天麒留了下来，而潘小毛先回了县城。

这就有个问题了，如果徐氏与潘天麒之间确有奸情，那么，徐继和潘

小毛就应该是他们找来的帮手。但如果这俩人确实是帮手的话，又不对了，哪有找了帮手来通奸杀人的呢？也就是说，通奸这种事本来就是极见不得人的，本来在当时就是要被定成重罪的，哪有带着帮手来宣扬的呢？

海瑞因此断定，原来审判的思路是错误的。潘天麒既然会带着仆人潘小毛住到徐氏家里，而当天夜里徐继又能出现在徐家，这就说明徐氏与潘天麒之间就不应该是通奸幽会，这也就排除了因为通奸被戴五孙发现，从而杀害戴五孙的可能。

那么如果不是因为发现奸情而被杀，戴五孙又会是被谁所杀的呢？

海瑞审案的原则是，要靠事实和证据说话。案卷上明确可以推理出的一个结果是，最后一个见到戴五孙的人是徐氏的哥哥徐继，所以海瑞在了解了基本情况之后，重点提审的就是徐继。几轮审问之下，徐继终于架不住海瑞的盘问，一点点露出了马脚。

海瑞带着徐继等人亲自到桐庐县指认十年前的凶案现场，几经努力，终于使这十年悬案大白于天下。

原来，当夜潘天麒借宿在戴五孙家纯属偶然，而徐继当晚来到戴五孙家也纯属偶然。

徐继到妹夫家来是要钱的。徐继的母亲曾经借了三两银子给女婿戴五孙做小生意，可戴五孙这个人比较憨，生意没做成，还赔了钱。而这个徐继好赌，听说母亲借了妹夫三两银子，一直都没还，正好手头比较紧，就自作主张到妹夫家来要钱。

他夜里来到戴家，还没进家，正好就在门前遇见了戴五孙。戴五孙一听大舅子是来要钱的，就拉他到村子外去喝酒，打算喝完了酒，喝个七八分醉，就把大舅子给糊弄走。两个人喝完了往家走的时候，为这三两银子又争了起来。

戴五孙原以为喝完了酒，徐继就不再提钱的事儿了，哪知道，越是喝得有点醉了，徐继还就越惦记着这个钱。后来戴五孙也火了，说这钱也不是我向你借的，我凭什么还给你啊！

两个人言语不和，就在河边扭打了起来，徐继一失手，用块石头就把戴五孙给砸死了。后来徐继想想挺害怕的,就在戴五孙的尸体上绑了块石头,把尸体沉到河里去了。

徐继打死了戴五孙,酒也醒了一大半,想想这时候走,一定会被人怀疑的。所以他把身上弄干净,居然大模大样又到妹妹家住了一夜,天亮才走人。

因为他当夜还见过戴五孙,但他只是说醒来之后,也就是天亮之后才没见过戴五孙的,所以桐庐知县想当然地就把戴五孙的失踪时间定在了第二天。到第二天,徐继也跑了,潘小毛也走了,当然谋杀戴五孙的就只能是徐氏和潘天麒了。这一下,也就坐实了二人通奸杀人的罪名。

其实,我们回过头来看,这个案子本来也不算难,个中原因是这些官员们,闭着眼睛,先入为主,想当然地断案。

如果不是海瑞明察秋毫,严密推断,三两白银,就错送了两条性命。

◎袁滋智断汉金案:"侦查实验"的一次尝试

说起"侦查实验",就是现在的公安机关也很少使用,但20世纪90年代,法院经常去做的。我自己就曾参与过两次。

昨日偶翻《旧唐书》,竟见那里也有一件,不妨也讲给大家听听。

唐德宗贞元年间,有个叫袁滋的文化人德才兼备。武昌镇守何士干就把他聘过来,作为顾问。

有一年,武昌下辖的一个县的农民在干活时,挖出一个陶罐,这农民急喊大伙来看。

当时地里干活人多,大家伙围上前一看,打开一看:满满一坛金子!

"宝贝啊!"

这还了得,仔细一看,全是西汉时期的东西,那时离西汉不太远,大家也都认得。

这农民想占为己有,但见众目睽睽,只好说:

"大家搭个手,送到县里,说不准还能蹭顿饭吃!"

于是大家七手八脚地把坛子抬到乡里，再送到了县衙。

由于路途较远，到了县衙，已是黄昏。

县长正准备下班，出来一看，只见一坛金子直晃眼，心想：国库这个钟点已经快下班了（这点和现在的银行差不多，提前要盘点），不办理现金业务，让老百姓再抬回去，明天交，又怕累了大家，可放在县政府，没有个保险柜，况且那时县衙也没有保安，晚上没人，丢了不好交代！不如放到自己家里，有家丁护院看着，应该没问题。第二通知国库来验收就行了。

于是让大家再辛苦些，给搬到自己房里，然后安排那些农民去吃饭，叫家丁做好夜间巡逻。

一夜无事，第二天，县长立即通知国库来人验收。

国库主管一听，一坛金子！于是大喜过望，立即亲自前往，到了县长家里，在大家的见证下，打开坛子盖，还是金灿灿的晃眼，国库主管就让吏卒进行清点，当把上面一层清点完时，大家傻眼了：

原来坛子里只有上面一层金块，下面全是土块。

大家面面相觑。

按说，也就此罢了，国库把那几十两金子收进国库造册也就是了。县长当时也没看下面，没准下面本来就是土块，埋的时候就那样呢。

这事就这么放下了，县长发布布告，说某县某农民向国家捐献一坛金子，有几十两，通令嘉奖。

这布告一发，这些农民坐不住了：

不对啊，当时挖出来的时候，我们都清点了，都是金子，没有土块啊，在乡里也查看了啊，怎么在县长家一放，就成了土块了？

这事一传十，十传百，有好事者就传到了州府。

知府一看，得问问，就让御史把县长找来谈话。

这县长本来是个读书人，一看这阵势，哪里顶得住，一时结结巴巴，虚汗直冒，说也说不清，道也道不明。

于是县长被御史"双规"了。

一"双规",县长就"吐了":说自己偷换了金子。

州里一听县长"招了",即令追查金子下落。

这县长说偷换金子容易,但要编造金子藏在哪里就难了:这金子可是汉朝的马蹄元宝,不是哪里都能找出替代品,于是支支吾吾,说不出来。

州御史一听,这么顽固,给我搜查。于是把县长家里搜了个底朝天,还是没有找到。

这里我想,是没找到换下来的金子呢,还是这个县令廉洁,压根就没有多少金子在家?

记载没说,但我考虑,应该是两种情形都有!大家没看到许多贪官事发都是小偷的"功劳",或者是无意中的"搜查"的结果,没有那种汉代的金子是正常的,如果有其他金子,那市里肯定也不会轻饶县长。

好在他还是个清官!

于是这个案件就出了问题:没有物证、赃物,难以定案啊!

最关键的是:赃款查不出来,办案经费都无法保障。

案件就报到知府何士干这,何知府大怒:这个县令,偷换金子不说,还不说下落,可恨!

这天,何知府在一次会后宴会上,提起此事,大家都觉得奇怪。

按说,已经交代了犯罪事实,但为什么不交代赃款,难道放在阴曹地府,准备下去花?没道理啊!

这时,何知府看到袁滋沉默不语,就问:"袁先生有何高见?"

袁滋说:"这个案子御史办得有点问题!"

一听这话,何知府高兴了:"好!从现在起,你是此案专案组组长,查清此案!"

袁滋领命后,他让人把那个坛子抬来,取几个真汉代马蹄金,看看坛子一共能装多少金子,再看看一块金子多少斤,一切了解清楚后,袁组长又去问问证人那天把金子抬进县长家的有几个人,当得知是两个人时,他说声:"我明白了!"

他招呼大伙都过来,说:

"我做了个试验，先通过估计，这个坛子可以装这样的马蹄金二百五十个左右，而一个金子大约为三斤，就是说，如果装满金子，应该总重量达到七百斤左右，而那天抬到县里的却是两个农民，一根竹扁担，这怎么可能，而且从乡里到县里，路还那么远，很显然，坛子里的金子还没到县里，就已经'偷梁换柱'了！"

大家一听，是啊！

于是袁组长命令州府捕快立即追查偷换之人。

案件办得很顺利：

原来是里长见钱眼开，串通几个农民换走了金子，当然，金子也如数追回，里长也被正法。

这就是唐朝袁滋的一次"侦查实验"，不过，这里他运用的逻辑更缜密些。

◎刘成丢状纸：这样办案有点冷！

办案需要逻辑推理，更需要技巧和经验，在我国古代，就经常有依照逻辑推理巧破案件的故事。

这个故事发生在唐初高祖李渊时期，一日，唐高祖在朝中审阅批文，忽见有一份密告，赫然写着歧州刺史，就是歧州的军政首脑李靖欲图谋反，而且列举罪行数条。唐高祖似信非信，觉得自己一向将李靖视作亲信，况且李靖政绩显赫，忠心耿耿，怎会忽然谋反？

历史上的唐高祖虽然还算英明，但多疑，况且我们前面说过，谋反这一罪名是比较大的，这直接威胁到他老人家屁股下面的椅子，因此往往是宁可信其有不可信其无。另外，这个写举报信的也是一个官员，如果没有个交代，这样谁还信任、依靠皇帝，皇上还怎么对底下这些官吏进行监督呢？于是想来想去，一边是自己的爱将，一边是臀下的位置，还是查查再说，当即选定一名能干的御史大夫刘成前往歧州审理此案。

这里我们要说一下，在唐初，御史大夫有侦查、起诉的权利，还有监督举报弹劾的权力。

我们再说这个谋反罪，就是说行为人有谋反的意图，不一定有行动，因此，调查起来很难认定，往往证据方面也很含糊，如果真搜出龙袍，有反叛的言语，倒也罢了，但有时诸如手握重权，拥兵自重，镇守一方，可能威胁朝廷，也会作为将来可能谋反的证据，这就难怪很多开国元勋曾独霸一方，后来都因谋反而被除，其原因盖在于此。

这刘成倒也是个有正义感的官员，他知道李靖没有谋反之心。古代的御史就是监督各地方官吏的，底下潜伏着大把的"余则成""巩向光"，谁有个风吹草动的，他们还不最先知道！因此，当他接到这个任务后，觉得惊诧，按他平时掌管各要员的动态，从没发现过李靖有谋反的蛛丝马迹，相反一直认为李靖是朝中数得上的忠臣之一。

临行前，刘成请求唐高祖，为方便审案，希望与告发李靖的那位官吏同往，以便作证。

唐高祖一听，好啊，当面对质，水落石出，不错的主意，准许。

于是，这刘御史便带领随从，日夜兼程，前往岐州，到了目的地，御史却命众人先不要惊动地方，住在不为人注意的驿站，还真有点查案的架势。

第二天天刚亮，御史就传唤随从将该案状词呈送上来审查。但一班人马翻箱倒柜，东查西找，就是找不到状纸。

丢了钦定大案的状纸，这还了得，刘司长火冒三丈，下令将担夫及一名掌管文件的典吏捆绑起来，重重惩处，那两人吓得面如土色，直喊冤枉。

但是，捆也好，打也好，丢失的状纸还是杳无音信，找不回来。

状子失落，如何交差，众人目瞪口呆。那状纸可是皇上所交的东西，上面可有御笔所批，后果是不堪设想的。刘成审问了好一会儿，搜查了好一会儿，都毫无结果，只有怏怏地步入房中，唉声叹气，自认倒霉，直呼此去必定乌纱难保，恐怕这戴乌纱的项上之物也难存啊！

师爷进屋，笑曰："大人，这事也好办，您不是带着那个举报者吗？

何不让他重写一份，然后仔细调查，也许会挽回一下！"

刘成一拍大腿，是啊！不愧是师爷。于是，他将那密告李靖的官吏唤入道："本官不慎将你的状子失落，此案难以办理不说，叫我如何向皇上复命？只得劳驾你重写一份了。"

那官吏面露难色，毕竟时间过去较久，那时也没想着复制一个，要想写得一模一样，难啊！本想拒绝，但抬头一看，刘成那里一边哭丧着脸，一边看着自己，心想，这也是个惹不起的主，监察御史啊，哪天落到他手上，还可以因此落得个人情。这么想着，于是就低头答应了。

反正是告谋反，反正原来的状纸已经遗失了，告状人心想，也没必要一定和前面的一模一样，于是大笔一挥，很快重新写了一份状词，并交到一脸感恩戴德的刘成手上。

写完状纸，这告状者就等待御史凭此惩办李靖。

让他万万没有想到的是，御史的手下报告说，原来的状词找到了，并呈到御史案前。

事实上，这点他应该想到。没想到，只能说他没脑子或者脑子进水了！您想想，这么重要的资料，怎么可能让挑夫和保管员拿着，另外，为什么别的没丢，独丢了状纸，这事本来就有点蹊跷。

但状纸已写，钻进笼子的狗，任打任杀随人家了！

刘成接过两份状纸，对比一下，顿时脸色大变，勃然大怒，拍案而起，喝道：

"大胆狗官，居然敢诬陷李大人。来人！给我拿下。"

那官吏丈二和尚摸不着头脑，浑身发抖，但仍嘴硬说："我犯何罪？请大人道明。"

刘成反问道："这两份状词可都是你亲笔所写？"并让随从手拿状纸让告状人辨认。

告状人看过状词后说："没错啊，的确都是我亲笔写的！"

刘成一听，哈哈大笑："你仔细看看，两份状词所写谋反行为为何截然不同？凭你的本事能瞒过我的眼睛？你前后所写的两份东西有这么多不同，分明是你在胡编乱造！"

这名告状的官吏一看，是啊，两份状词所写的谋反情节截然不同，可以说是风马牛不相及。

这时，他才猛然醒悟，自己上了刘成的圈套，原来刘成所谓的"丢失状纸"不过是编造之辞，是为了让自己露出马脚。因为诬告陷害是信口雌黄，第一份状词又没有底稿，御史让告状人重写状词，他只得挖空心思，重新编造，两份状词的内容当然是牛头不对马嘴。

但此时醒悟，为时已晚。

告状者顿时哑口无言，后经审讯，果是诬告。

依据唐朝法律，诬告陷害实行反坐，诬告他人谋反查证不实的，要以诬告的谋反罪处罚，最终这位诬告者被依法处死。

在我国古代历史上，诬告陷害案很难侦破，诬告陷害的谋反案尤其难以平反，致使很多谋反案最终都成了无头案。但本案中，御史刘成竟然假装丢失状词，轻轻松松地识破了诬告陷害人的伎俩，故而常常为后人称道，并被人们广泛流传。

然而，这起案件之所以成功，还有很多侥幸的成分：其一，御史刘成和皇上李渊都怀疑李靖谋反有假，这样，刘成在没有调查的情况下，就断定是诬告，有点"先入为主"。其二，这个告状的两份状纸写得不一致，这倒还好判断。假如这个举报的老先生记忆力超强，写得一致，又该如何判断？其三，还有一个问题，可能刘成没有想到，举报人如果不重写，又能如何？这个风险显然太大。其四，也是最关键的，谋反与否是要调查的，而在没有调查的情况下，就从告状人身上下工夫，这是否符合办案程序？另外，仅从两份举报信不一致就推断是诬告，也太牵强了！

好在，那家伙还真是诬告，李靖老先生也的确没有谋反，因此，这些办案中的瑕疵也就被掩盖了。

但仔细琢磨一下，我们就不难发现：这个办案方式还真是有点"冷"，至少无法复制，也不值得推广！

◎武亿丢官：秉公执法斗恶卒

武亿（1745－1799），字虚谷，号小石，又号半石山人，清代偃师县城人。父武绍周，雍正年间进士，任知县、大理寺右丞、吏部掌印郎中等职，是个干练清廉的循吏，居官三十年死后"家无儋石之储"，深受时人赞美。

武亿幼承家训，也成为刚直不阿、清廉爱民的好知县，但因得罪被乾隆皇帝宠爱的权相和绅，受诬陷免职，被誉为当世强项令。然而，武亿的主要贡献是在学术方面，对经学、金石学和方志学都有精湛的研究，有杰出的成就，并有丰富的著作，是清代的著名学者，被列入《清史·儒林传》。

武亿自幼秉承父教，勤奋好学，八九岁时就学老师的样子，把明代著名文人的文章拿来批批点点，评出恰当的等第，得到父亲的喜爱。12岁就熟读了儒家经典、历史和先秦诸子著作，能写上千字而且有自己见解的文章。不幸的是，他17岁上就死了父亲，19岁又死了母亲，家本清贫，又遭大水灾，住房全被淹塌，他就在废墟上搭个窝棚来住，仍然勤奋读书。冬天，他砍废木料烤火取暖，因手被冻僵，斧子从手里掉下来，砍伤了脚踝，血流不止，但他稍作包扎，就又读起书来。21岁参加童生（明清科举考试合格，得入县学称为生员，即秀才；在此之前，无论年纪长幼，都称童生）考试，知县王垂绪非常赏识他的文章，认为他以后一定会为国家做出大贡献。第二年就考上了秀才。26岁时，参加乡试（科举时代每三年秋天在各省省城集合秀才举行考试，谓之乡试，中式者称举人），成为第6名举人。1771年~1775年，武亿三次会试都失利了。期间，他边教书，边学习，但因缺名师指教，进步不大，而他又是非常强烈追求进步的人，于是1776年进京求教于当时既有学术成就又肯奖掖后进的翰林编修朱筠。直到1786年，除因糊口曾短期就教于乐亭外，多数时间都在北京朱家住。由于得朱筠的教导与指点，又与同门学友（皆一时英俊）相切磋，更主要是因为他刻苦勤学读书，深入钻研思考，几乎读遍了朱筠和程雪芳两家的丰富藏书，学问从而大进，并得到众学友和许多前辈学者的赞誉。他的读书笔记就记录了这一阶段的学习成果。

1780年武亿得中第110名进士，但直到1791年才被任命为博山知县。这时已经47岁了。

博山产煤，烧制的琉璃工艺品（也叫料器）更是驰名的特产。前任知县为巴结上级，年年无偿供应府里甚至省里大量煤炭，还得老百姓翻山越岭地运去。武亿认为劳民伤财，多次申请上司，才免除了这项供应。青州知府要无偿平调博山料器，送给省城和京城的大官作礼物，甚至进贡到宫里，武亿认为应该免除。

有一次，府里命令武亿审讯邻县淄川一件有关煤窑的经济纠纷案件。煤窑主拿出2000两银子，通过博山县典史向武亿行贿求情。典史深知武亿清廉正直，揣着银票不敢开口。不知怎么被武亿知道了，便请典史吃便饭，武亿说："我已向天发誓，宁愿清贫一生，绝不敢贪污。"正吃着饭，天突然阴起来，打了一个炸雷，于是趁机说："你没听见雷声吗？我可怕雷把我劈了啊！"

博山有个武官，手下有个营卒，替他干了不少坏事；因为有长官包庇，他自己也干了不少坏事。有一次犯在武亿手下，武亿根据法律，痛打了他一顿。武亿上任的第二年，乾隆皇帝的宠臣、宰相兼步军统领和吏部大臣和珅违背清代律令，擅自派亲信去山东办案（按规定，只能行文到地方，由当地政府办理），为首的叫杜成德，带一伙人进入山东后，到处骚扰百姓，弄得民不聊生，地方官没人敢管。这伙人到了博山，又像在别处一样，招摇撞骗，敲诈勒索，吃喝嫖赌，无所不为，一连闹腾了三天，老百姓恨得要命，却没有办法。武亿听说了，就亲自带人去抓这伙坏蛋。杜成德蛮横得很，拿和珅的招牌吓唬人，博山差役不敢动手。武亿便亲自动手，先抓了一个，众差役这才奋勇向前，把这伙人全抓到县衙门。杜成德凭着来头大，根本不把武亿这个小知县放在眼里，立而不跪，把公文摔给武亿看，说是奉步军统领和相爷之命来办案的，想把武亿吓住拉倒。可武

亿只认理，不怕官，看了公文，心里更有底了，就命令差役打杜成德的腿，让他跪下，然后质问杜成德："我只能遵守皇帝的命令办事。公文规定，你们无论到哪里，都得先到地方政府报到，请求协助办理。你们到博山已经好几天了，为什么不来见我？再者，公文上明明说差役只有两个，你们竟来了十三个，都是怎么来的？这事，我得如实向朝廷报告！"这伙人输了理，才有点胆怯，说起好话来。

这伙人在博山吃了亏，就到青州府去告武亿。刘知府怕得罪和珅掉了乌纱帽，又去省里添油加醋说了武亿一大堆坏话。巡抚也怕得罪和珅吃不消，改判武亿"滥杖平人"（无故打好人），接着撤了武亿的职。武亿穷得没有回家的路费，博山人纷纷接武亿到自己家里住，送粮送钱的更是络绎不绝，武亿不忍心拖累山东百姓，就叫儿子送眷属回偃师。

武亿罢官之后，先后就教于山东东昌、临清、安徽亳州等地，一边讲学，一边潜心研究学术。

1793年，他回到故土偃师，曾主持两程书院讲席。1794年~1795年之间武亿曾到济南考订山东的金石文字。1795年又回故乡，与在金石文字研究方面有一定成就的知县王复结为好友。

1796年，应鲁山知县董容之聘，修《鲁山县志》，又修了郏县、宝丰县的县志。1798年应老友赵希璜的邀请修《安阳县志》，这部县志修得很有特色，被《四库全书》总裁纪晓岚誉为志书之楷模。浚县知县熊宝泰也约他修志，他已初步答应第二年就来，但年终到家之后，邓州方面两次派人来请他去主持春风书院讲席，他只好谢绝了浚县的邀请，于1799年去了邓州。至邓州后不久就得病，到七月病重，由儿子接回家中，至十月二十九日溘然长逝，逝世前犹以"读书励品"谆谆教子。

研究金石（铸在钟鼎、刻在碑碣上的文字）学，是武亿从小养成的爱好。在家乡读书时，常到各处寻讨古碑，不能打拓片的就手抄。听说有新出土的墓志，无论远近，都要去看，有价值的，不惜花大价钱买到手。有次听说杏元庄出土了晋人刘韬的墓志，石长二尺多，重一百多斤。买到手后，徒步肩扛回家。就这样，他成了当时著名的金石学家，被公认为与大兴翁方纲齐名。他罢官之后,如前所述,1794年~1795年曾到济南,帮助著名学者阮元考订金石文字。对于他的劳绩,阮元给予充分的肯定,在《武虚谷君遗事记》中说:"余于甲寅(1794)已卯(1795)间在山东获交于偃师武君虚谷,时武君方落职居历(济南)……余在山左集碑本于小沧浪亭,邀武君校之,武君钩考精博,系以跋语,余所修《山左金石志》中,考证出武君手者三之一,并记之,不敢昧君善也。"1788年,翰林院编修孙星衍受偃师知县汤毓倬之邀编纂《偃师县志》,武亿负责《金石录》的编纂工作,便把平时的研究成果《偃师金石遗文记》贡献了出来。后来他参与编纂的诸多县志,金石部分均出自他手,都得到很高的评价。

武亿的晚年,是在贫病交迫中度过的,去世时年仅五十五岁。次年正月,嘉庆皇帝处死了和绅,下令昭雪被他诬陷的人,武亿也被举荐。嘉庆皇帝下诏,令武亿到吏部办理复职手续,而他已在一个多月前去世了。地方官员只好在他的灵位前宣读了诏书。

武亿平生著书甚丰,计有《经读考异》《三礼义证》《授堂札记》《金石三跋》《授堂金石续跋》《读史金石集目》《授堂文钞》《授堂诗钞》等数百卷,只是生前刊出的不多,直到他过世很久后才大致出齐,综名《授堂遗书》。有一部《钱谱》,惜因遗稿散失,未能印行。还有一部《新唐书索引》已经大致写好,未及手订成书,因而未能行世,时人深为惋惜。

武亿有两个儿子,一个出继给四哥,另一个叫武穆淳,任江西信丰县知县,为百姓鞠躬尽瘁,死于任上,当地人民把他列为名宦,建祠纪念。

◎陈襄"摸钟辨盗"与胡长孺"掌麦当芽":流传千古的测谎术

现在在破案中经常会用到测谎仪。

对于测谎,可能大家都会觉得很神秘,感觉那些神奇的导线,就把一个个犯罪分子像套"老鼠"一样,套了出来。

实际上,无论测谎设备再如何先进,都是对当事人的心理的一种测

试,如果心理素质好,什么仪器都测不出来,相反,如果是心理素质差,那么就有许多方法可以测试。

在古代,就有一种办案方法,叫测谎术,就是利用犯罪心理学进行的,今天我们讲两个流传较广的案例。

一个是发生在北宋神宗年间。

有个叫陈襄的官员,当时担任县主簿,代理县令职务。一天,有户人家夜里遭到偷窃,天明报案到县府。陈襄问明案发的前后经过,并带差役亲赴现场勘察,发现是熟手作案,而且初步判断是附近的人员所为。

于是,陈代县长发布命令,将附近街弄里游手好闲、犯有前科的小偷等作为嫌疑犯,都带到县府大堂,进行审查。

这些嫌疑犯一到大堂,就哭天喊地地叫开了。有喊冤的,有痛哭的,有哀求的,有发誓的,就是没有一个承认是自己干的,或揭发别人干的。

陈代县长朝嫌疑犯们扫了一眼,笑了笑,说:

"你们不说,我也知道,盗贼就在你们之中,为了不冤枉好人,我不得已委屈你们全部来县里走一遭。最近我发现了一个神奇的东西,想拿你们来试试。"

这些混混一听,都鸦雀无声。

陈代县长接着说:

"这个神奇的东西就是一口大钟,就在附近的一座庙里,这口钟有一个特异功能,它能明辨是非、识别好歹。谁如果做了坏事,一摸它,它就会发出敲击声;如果没有做坏事,任你怎么摸它,它也不会发出声。谁是贼,你们只要到那里一摸就知,据说很灵的。"

说完,不等他们答话,陈襄挥挥手:

"大家去试试吧!"

于是让差役押着嫌疑犯前往古庙。

到达古庙,陈襄让差役在大殿上的香炉里置好香,自己领着下属朝大钟三跪九拜,装出一副恭而敬之、虔诚求问的样子。

祭祀的同时,他却暗地安排人将墨涂在钟上,完毕后,又叫人用帷幕将大钟严严实实地裹护起来，好似一帧硕大的帷帐，而帐子里面漆黑一片，好让摸钟的人看不到钟上的墨。

一切安排停当后，陈襄命令道：

"好，现在你们依次进入帷幕，每人摸一下钟，摸一个出来一个，我好听到谁摸的时候钟响。"

一行嫌疑犯不敢怠慢，一个个鱼贯而入，又一个个鱼贯而出。

钟没有任何响声，这帮混混很得意地看着陈代县长，心里想，看来，这钟也不灵啊，要不就是，我们这里真没有盗贼。

全部摸完后，大家正闹哄哄的，只听陈襄大喝道：

"好，站成一排，现在我知道谁是盗贼了！"

"钟没响啊！"有人嚷嚷道。

"摊开手掌让我查验。"陈襄边说边让嫌疑犯们列着队，摊开手掌，有秩序地从陈襄面前走过。

结果，大部分人的手掌上都有墨迹，唯独一个人手上没有。

陈襄一声怒喝：

"把他抓起来，打入监牢听审。"

那人大叫道：

"您可别冤枉好人！刚才根本没有发出钟声，有什么凭证说明我是盗贼？"

陈襄冷笑道：

"你偷了别人的东西，做贼心虚，害怕大钟发声，所以没有去摸它。"

那个人又叫道：

"我摸了，我摸了。我在幕里，您在幕外，怎知我没有摸？"

陈襄哈哈大笑：

"我早安排人在钟上涂上墨。别人摸了，手上有墨，你呢？"

那人看看别人的手，又看看自己的手，低下了头。

这个故事记载在《宋史·陈襄传》，就是著名的"摸钟辨盗"。

陈襄利用小偷做贼心虚的心理，巧妙地用钟响、涂墨等方式，把一个

说谎的心理状态用一种客观的形式展现出来，显示了他的大智大勇。

还有一件事发生在元朝。

公元1308年，胡长孺转任台州路宁海县主簿。

宁海县里曾有一群老妇人，经常聚集在佛寺诵经祈祷，一次，其中一位老妇衣服丢失了。

在寺庙里丢东西，大家很是恼火，按说，这里是诵经祈祷、吃斋行善之地，应该没有什么贼盗，但衣服的确丢失了，于是都想知道个究竟。

这天，恰逢胡长孺主簿在乡下巡视，失主老妇便向他报了案。

胡长孺一想，和尚尼姑不可能盗窃老妇衣服，一则没有用处，二则很难实施盗窃，那么偷衣贼肯定在他们这群诵经人中。

如果让他们承认，肯定很难，而且没有证据，很难确定。

不过，胡主簿还是眼珠一转，计上心来。

他对那个老妇说："请你告诉我你们什么时候又要一起聚会诵经?"

老妇告诉了他最近的聚会时间，胡长孺记在心里，说："你放心，我会尽快查出谁偷你衣服的!"

到了聚会那天，胡长孺来到佛堂，说道："今天我要看看是哪位盗窃了这位老妇的衣服。"

说完，他让办事人员给这群老妇合起的掌中每人放一粒大麦粒，让她们仍像原来一样，双手合十，绕着佛像诵念经文。

并且说道："我已让神灵来监督你们了，偷了别人衣服的人走几圈，她手掌里的麦粒便会发芽的。到时候，我一看谁手掌中的麦粒发芽，就知道她是盗贼了!"

说完，胡长孺闭目叩齿，装作集中精神的样子。

这群老妇便聚精会神地诵经，而胡长孺则暗地观测各个老妇的神态，转了几圈，他发现，有一位老妇多次打开手掌偷看掌中的麦粒。

胡长孺大喜，马上吩咐把她抓起来。

那人百思不得其解，说道："我手中的麦粒没有发芽啊! 为何抓我?"

胡主任说："如果你心中没有鬼，为什么多次打开看麦粒?"

那老妇一听，知道暴露，只好承认是她偷的别人的衣服。

这事就是"掌麦当芽"的故事。

同样，也是利用了做贼害怕的心理，将心理状态显现出来了。

这两个故事，都是对说谎心理的测试，但不知大家发现没有，他们都有共同的特点，处理这事的都是县主簿，就是县政府办主任了，由此可见，要实施这个心理测谎，必须具备两个条件：一个是发生在小地方，老百姓没见过大世面，相对比较愚昧，且都是小事，偷鸡摸狗，鸡毛蒜皮之事；另一个就是都是非法官处理的，不用法律思维，可谓是"民愚，官不法"。不过想想也是，犯事大、见过大世面的，心理素质好，这招也不管用啊，处理的人依法办事，那就要证据。那时科技不发达，也没有个监控录像之类的证据，恐怕这两个案子都是"无头案"，因此只有把法律先放在一边，祭起了神灵的威慑力，制造了一些不可能发生，但一旦发生，就显现无疑的事情，使贼盗暴露。

应该说，这些故事是一种智慧，但是，这样的智慧只能用一次，因为主观性太强了，否则，一旦被利用，就会犯错误。

◎胡长孺办案："审不厌诈"的断案艺术

侦查案件需要侦查技术，审判调查也要技术支持，也就是说，侦查、调查案件往往和科技手段分不开，像现在的笔迹鉴定、指纹鉴定、录音录像甚至测谎等。

但在古代，这些技术几乎没有，那么我们的先人如何查明案件真相呢？这的确是个问题！

这就是审判的艺术了，关于我国古代的审判艺术还真的很有意思，在史书中记载的就有好几种，这里我们看看其中的两种。

说断案艺术，就要说它的缔造者，首先我们要说的是元朝的胡长孺。我们在讲测谎术的时候，说过这个元朝的官员。

胡长孺出身官宦之家，自幼勤奋好学，博学多才，南宋时与名儒高彭、李是等人号称"中南八士"。宋亡后隐居永康中山。至元二十五年，

也就是公元1288年，朝廷下诏求贤，胡被召入京，任翰林修撰、扬州教授等。

公元1308年，胡长孺以将仕佐郎身份任宁海主簿。上任之时，正当灾后大荒，春无麦，百姓饿死无数。

这时，有个路总管脱欢察，就倡议赈灾捐款。

如此看来，这赈灾捐款也不是今人的创举，早在元朝胡人那时就知道利用社会力量。不过那时和现在一样，也是有自愿的，有指标的，这个脱总管就勒令辖区各地豪富积极捐赈款，估计也是搞搞"捐款光荣榜""捐款排行表"，结果，捐者踊跃，一路过来，竟得一百五十万缗。

这脱总管也还不错，边捐边赈，但都是捐出得少，收到得多，等到宁海县时，赈灾款还有二十五万缗没发放。

脱专员一想，这个神不知鬼不觉，大家也没个数，就想把这笔款留给自己，不过一想，自己带着也不方便，就让这个新来的县办主任胡长孺先收藏起来。

这招是很绝的。可谓进可攻，退可守！

怎么理解呢？笔者原来办过一个受贿案件，就是这样的一个翻版：

某县长把每年收受的贿赂，统统放在县政府办主任那里，当然这个办公室主任（又称秘书长）是县长的绝对亲信。等到事发，涉及这笔钱了，县长可以说，我已经交给办公室进行造册退还，但没有涉及的钱，则名正言顺的为其使用，办案人员拿他没有办法。

可能当时脱总管就是认为胡长孺先生是他的心腹。估计这个老胡做得也很像，从后面办案来看，这个老胡"骗人"可是一愣一愣的，假话说得比真的还像。

但老胡这人城府很深，一看就知道老脱有匿款贪污之意，便假意答应妥善保管，还信誓旦旦："脱总管，您就放心吧，放在我这里，就像放在保险柜里，什么时候用，随时来取！"

呵呵，就不知那时有没有保险柜。

于是，老脱就十分放心，有时还取个千儿八百的使使，倒也得心应手。

一次，脱欢察要巡行各州一月，就是想出去公款旅游，走时又交代老胡注意那笔钱，老胡又表了一次忠心。

表忠心归表忠心，该怎么干就怎么干，可以骗别人，但不能骗自己，这就是胡长孺一贯的作风。

看到老脱高高兴兴地游山玩水去了，老胡干了一件绝事：

就是赶在老脱回来之前，赶紧把那笔余款全部发给灾民，并一一造册。

一月之后，脱欢察返回宁海县，哼着小曲来找老胡："小胡啊，那个钱我准备拿出去赈灾，你准备一下，我这就带走！"

这种情况，还说假话，也够虚伪的。

老胡故作惊讶地说："您说的是哪笔捐款啊？"

老脱也很惊讶，心说，你装什么傻啊，别的私房钱能放在你这里啊，就没好气的"嗯"了一声。

"那笔钱我已经替大人发下去赈灾了！"说完，胡长孺还把早已准备好的赈款簿册交上。

"什么？"脱欢察腾地一下拍案而起，一巴掌打掉账簿，"胆大包天！你怎么能擅自做主？不想活了？"

此时的脱专员，完全可以用气疯了、气炸了、抓狂来形容。

老胡不慌不忙，还在编："总管啊，您不知道啊，您走后，老百姓饥饿难耐，连一天都撑不下去了，您又没留下您的行程和联系方式，我根本来不及也找不到您啊。"

脱欢察一想，也是！在外面玩哪能都留下联系方式和路线图啊，况且，这里的确是灾区，我去公款旅游也不太合适，这要硬扯出来，对我也不利啊，这么一想，怒气也不敢发太大。

看着老脱面色缓和，老胡又说："您募集的这笔款不就是赈灾的吗？迟发早发不都得发，我帮您发了，也免得您麻烦！"

老脱一听，这话也在理，这钱本来就是救灾的，拿这笔款说事，还真

说不出口，只好打断牙齿往肚子里咽，自我解嘲说："主任也是为我在布扬德泽，看来我还得感谢你啊！"

这个事件虽然不是审案，但已经足见胡长孺的"诈骗之术"的高明。当然，这种欺骗具有一定的正义性。

而下面这三起案件，则更能展示他审判中的诈术。

宁海县西有个桐岩岭，那里常有歹徒拦路勒索，朝廷多次去治理，都不能禁止，搞得很多商人不敢从那里走，这直接影响到县经济。

胡长孺决定解决这个事，于是他伪装成商人，让仆人担着货物走在前面，后面安排十名衙役偷偷尾随。

到了岭上，还故意弄出很大动静，歹徒如期而至，向其勒索。

胡长孺见状，故意和歹徒讨价还价，争来让去，拖延时间，一会要见"黑帮老大"，一会要和歹徒"拜把子"，凭着他老先生那个骗术，把这帮歹徒骗得团团转，让他牵着鼻子走了半天。

这时，吏卒赶到，把这伙贼人统统抓获，岭上盗患遂告平息。

骗贪官、骗歹徒，情有可原，这老胡对当事人也骗。

一日，县里有个老农，早上担着粪桶去地里上肥，一路上边走边吆喝让路。

一个军士偏不让路，老农在避让时，一不小心，粪具碰到了军士的衣服，也没有弄脏衣服，但军士大怒，挥拳殴打老农，打了老农还不解恨，这名军士还把老农的粪桶也一并打破，扬长而去。

老农被莫名其妙地打了一顿，粪桶也被打破，捂着伤痛之处爬起来到胡长孺那里告状。

老胡一问："你可知是哪里的军士，姓甚名谁？何等相貌？可有证人？"

这老农被蒙头蒙脑地打了一顿，加上老眼昏花，既不知军士之名，也不知所属番号，更没看清相貌，清晨之时，哪里找证人。

胡长孺一听，惊堂木一拍："胆大老翁，一问三不知，竟敢诬陷我堂堂大元军士，企图破坏我县军民关系！拉出去，绑在闹市示众两天，让全县军民引以为戒！"

老农还在傻想之中，就被绑在了县中心的石柱之上了。

把老农拉出去后，老胡立即安排全县衙役都乔装改扮，去街市暗中留心观看行人的神态语言。

一时间，全县炸了锅，大家纷纷议论，说这个胡主簿也是昏官一个，袒护军人，残害百姓，无论军民，对老农也都同情叹息。

第二天，街市来了一名军人，看到老农被绑示众，竟手舞足蹈，连连称爽。老胡派出的暗哨，很快就告诉了老胡。

老胡高兴地说，得，就是他了，立即命令把这名军士抓来。

这位军士被带到大堂之上，一讯问，果然是打老农的人。

老胡立即放了老农，而打了这名军士四十大棍之后，责令其赔偿老农粪具一副，精神损失费若干。

直到这时，全县百姓才知道，原来开始绑老农示众是胡主簿的妙计，就是要把罪犯骗出来啊。

刑事案件这么办，民事案件也可以。

温州有兄弟两人在宁海县做生意，有一年，弟弟因借贷一时难以偿还，就向哥哥借钱，哥哥当然义不容辞，弟弟为了表示诚意，把自己的一串宝珠项链交给哥哥作抵押。

哥哥拿回家，他老婆见状，十分喜欢，常常佩戴以显尊贵。

后来，弟弟生意好了，就把借哥哥的钱还了，并找哥哥要那串宝珠项链，但哥哥的老婆为了长期霸占珠串，就对弟弟称，不慎被盗，无可奉还。

弟弟也很喜欢那串宝珠，就不相信被盗之事，找了哥嫂多次，都被拒绝。

弟弟一气之下，到官府告状，但当时既未打条子，也没有旁证，宝珠项链也没有照片，无法确定，因此，打了几次官司，都因证据不足而被驳回。

胡长孺在宁海主政后，弟弟又来找胡长孺告状。

老胡一听其口音为温州人，而这个案件如果按部就班，的确只能驳回，而再以证据不足驳回的话，那在他任上就不能再起诉了，因此，老胡故意以其弟弟非本地市民，驳回起诉。

驳回之后，弟弟十分失望，逢人便说，这个老胡是个糊涂官。

他这么说，老胡可不糊涂，他在等待机会。

不久，机会来了，老胡辖区抓住了几个盗贼。

胡长孺就授意要盗贼诬陷温州的那个哥哥是同伙，而且说他们一起作案一起，盗窃了宝珠项链一串，言之凿凿。

那还不凿凿，有老胡给他授意编造，死人都能说活。

老胡一听，马上派人到那个哥哥家去搜查，当然不费吹灰之力，就得到了那串宝珠，并将那个哥哥押到大堂。

有物证，又有人证，人赃并获。

那个哥哥只好力辩："胡大人明鉴啊，这可不是赃物啊，这可是我弟弟当年借钱的抵押之物啊！"

老胡故作惊讶地问："那你为什么以前不承认有这回事呢？"

那个哥哥说："都是老婆喜爱，不想归还！"

至此，真相大白，老胡哈哈大笑："我知道了，立即把珠串归还你弟弟就是了。"

两兄弟一见面，才知道这原来都是老胡设的套，把他们都给设计了。

在真相无法查明的情况下，使用一些审判艺术来寻找事实真相，是一种智慧，而胡长孺使用的就是一种"诈骗之术"，还屡试不爽，真可谓"审不厌诈"啊！

◎观音奴办案："神灵在上"的析狱心理艺术

前面说了胡长孺办案以欺诈为主，是一种审判艺术方式，还有一个人，他办案却是另一种审判艺术。

这人就叫观音奴，字志能，不是汉族人，是唐兀氏人。

此人名字比较怪，前面是"观音"二字，应该是姓，现在似乎这种姓很少了，是否绝迹，没有考证，不过，从他的名字看，此人似乎应该和佛有关。

你还别说，他的审判艺术还真是与"神"有关，这也无愧于他这个姓。观音奴于泰定四年（也就是公元1327年），经科举进士及第，由户部主事经两次迁转为归德府知府。

他在任上办案无数，主要以分析判断推理闻名于世，百姓有冤屈无处申诉者，即便积压数十年，都从千里之外赶来投诉，观音奴当场分析判决，十天之内便处理清楚。

不过，对疑难复杂案件，观音奴自有他一套审判办法，为世人称道。其中有两个案子就记载在史书之中。

观音奴下辖的彰德县有个姓任的官商，历史记载叫任甲，估计是化名，这不由得让人怀疑其真实性，因为毕竟那个时候是没有什么姓名权、名誉权的规定，因此隐去名字记载让人生疑。

任甲和朋友郄乙前往睢阳，途中乘坐的驴子死了，任甲便让郄乙把死驴宰了，注意，这里郄乙应该也是个化名。

按照当时的规矩，牛驴作为重要的生产资料，杀或者处置要进行汇报登记，因此，郄乙自然不敢宰杀。而任甲因为死了驴子，迁怒于郄乙，遂把郄乙殴打了一夜，第二天一看，这郄乙竟死了。

人遍体鳞伤的死了，这任甲也很懊悔：回去怎么给朋友家人交代，而且还有可能坐牢掉脑袋。可任甲转念一想，这天知地知的事，不说谁知道呢！把尸体一解决，不就神仙也没办法了吗？

这么一想，任甲就以郄乙得急性传染病为由，立即把郄乙的尸体就地火化处理了，回来给郄乙家人编说郄乙因病去世，已经厚葬。

人出去的时候好好的，结果就这么没了，而且连尸骨都没有，郄乙家人肯定不甘心。

郄乙的老婆王氏，还有一个小妾孙氏，两人一商量，由孙氏跑到睢阳府诉冤，属地管辖。

睢阳县县令一看，也觉得蹊跷：是啊，这事处理得不妥啊，显然有问题，于是就要拿任甲是问。任甲买通官吏，早早知道了消息，于是这人没到县衙，黄金却到了县太爷的府上，县太爷收受了任甲的贿赂，加上也没什么证据，就判定郊乙因病而死。

既然如此判定，那告状的孙氏便要反坐，一声令下，孙氏被拘押入狱，等候判决。

别人没告下来，反而把自己告了进去，郊家人更不干了。

王氏就上访到了府里，并直接到知府观音奴处诉冤。

观音奴当即赶赴睢阳县，不由分说，先打开枷锁放孙氏出狱，并叫来睢阳县县令说道：

"这事现在没有证据，不过，有个办法：我准备好文具和香火、供物，你为我将郊乙这件事报告给城隍神，让神告诉我真情。"

是啊！人在做，天在看。既然没有证据，都不知道，那只有神仙知道。

这事要放在现在，肯定不会有什么威慑力，那些作恶的哪个怕神仙，怕鬼敲门倒是真的，不是有句话吗？"神仙好欺，小鬼难惹"，神仙管的事情太多，万一疏忽了，不就不知道了。

任甲这么想的，睢阳县令也是这么想的，但有一个睢阳曾参与处理郊乙之事的干部却没这样想，他因为害怕神仙暴露其事，老是做噩梦，半夜老是觉得郊乙来索命，于是干脆一不做二不休，为求心里安宁，直接跑到观音知府那里，把接受贿赂得来的钱拿给他说：

"郊乙确实因伤致死，任甲向上下官员行贿，以隐瞒事实，我也得到贿赂，前来自首。"

至此真相大白，观音奴于是将任甲及睢阳县长等人一并治罪，而把郊乙的妾孙氏无罪释放。

另一件事发生在其辖区内宁陵县，当地有个富豪叫杨甲，很早就看上了王乙家的三顷田地，却无法得到。

这人就是贪得无厌，自己都是富豪了，还惦记着人家那一亩三分地，而且这个王乙还是个穷人，这三顷田地根本养活不了他们一家人。

正巧这年灾荒，靠天吃饭的王乙因为饥荒带着妻子到淮南讨饭，途中王乙得病死去，只有他的妻子回到家中，可田地却被杨甲霸占。

王乙的妻子向官府告状，杨甲同样向官员们行贿，伪造买卖土地的文契，说：

"王乙活着时已把土地卖给我。"

观音奴受理后，令王乙的妻子拉着杨甲，一同到崔府君神祠对质。

杨甲害怕神灵，提前送羊和酒给巫师，让巫师求神不要泄露他做的事情，王妻和杨甲到神祠对质，果然没有显明其事。

观音奴对此有怀疑，把巫师召来诘问，巫师只好说出实情：

"杨甲先送来羊和酒，要我请求神祇说：'确实据有了王乙的田地，请神祇不要泄露。'"

观音奴因此审讯出实情，将杨甲治罪，把田地归还给王家，并责备神祇，将神祠拆毁。

实际上，这些案件都没有确凿的证据，但是从当时富豪商贾动不动就用钱开路，可见当时司法黑暗和钱权交易的盛行，在这种潜规则中长大的观音奴，不可能不知道其中奥妙，因此，"神灵在上"更多的是心理暗示，是一种他"内心确信"之后的故弄玄虚的艺术而已。

也许现在的司法并不需要这样的"艺术"和"神灵"，但是有着一种对正义的敬畏，则是所有司法者和公众应当具备的品质。

◎武行德明察"栽赃骗赏"案：看来"钩子"很早就有了！

先设计将赃物置于被抓的人身上，然后抓获，这样的事情在香港警匪片中并不鲜见。

一般来说，这些都是对付那些无法起诉都又罪大恶极的人的办法之一，据说在外国也有默认这种事的。

因为法院要的是证据，而警察要的是社会安定，无法将那些制造不安

定因素的社会毒瘤绳之以法，选择主动出击，也是无奈之举。

尽管法律不允许，但对于大多数老百姓来说，如果被栽赃的是人神共愤的黑帮老大之类的，老百姓还是可以容忍的，毕竟，对于一个司法制度的破坏，其现实效果要远小于对一个社会恶魔的放纵。

我们现在也要讲证据，也要社会和谐安定，但我们追求的是法治社会，法治对于这种栽赃是"零容忍"的，至于那些利用这种容忍企图获取不当利益和存在非法目的、陷害无辜者的，则更应该排除在容忍之外。

五代期间就有这样一个案例，好在办案人明察秋毫，没有让栽赃者阴谋得逞。

故事发生在后周时期，河南尹武行德在洛阳留守。

当时国家正在实施盐业专卖法令，自古以来，盐粮一直是国民经济的命脉，特别是盐，由于南北产量供求不同，专卖则属必然。

那时，国家规定：凡能捉获贩盐一斤以上者，给予奖赏；而贩私盐者处死。

按说，这样规定就可以了，但后周政府还嫌不够严厉，于是又有规定对举报者重赏。

这样一来，举报者得重赏，而贩盐者身死。这就给一些唯利是图的人创造了条件，于是就常常有用私盐来陷害人的事情发生。

一般来说，陷害者都是将盐放置在被陷害者身上或物品中，往往人赃俱获，被陷害人除了喊冤，似乎也没有什么太好的办法。陷害者依然逍遥法外，被陷害者却多被处死。

这样一来，大家互相猜忌，互相防备，民风不睦，成年人都提高了警惕，陷害者无机可乘，于是，有人就把黑手伸到了小孩身上。

一天清晨，一个村童独自背着还带着露水的青菜进城去卖。

走在路上，遇到一个尼姑，这尼姑自称从河阳天女寺来，遂与这个村童结伴同行，边走还边夸村童菜篓子里的菜水灵。

快到洛阳城前时，尼姑称自己有急事，就先进城了。

村童就慢慢排队进城，由于每天都这样检查和进城，小村童也就没有看看自己的菜里有什么问题。

轮到村童接受检查了，守门的吏卒笑嘻嘻地走上前来："又进城卖菜啊？今天都有什么新鲜菜吗？"

村童答道："是啊，都是与往常一样的，也无甚新的！军爷，你看！"

说着，村童把菜篓子往守门吏卒跟前一推。

村童以为，这位军爷还会像往常一样，在自己头上摸一把，或轻轻拍一下自己的肩膀，大喊一声"进去吧"就把自己放进去了。

可今天，村童隐约感觉吏卒的眼神中有种阴阴的邪气。

往常从不碰自己又脏又湿的菜篮的吏卒，这次却仔细地查看他的菜篓子。

这让村童十分惊讶，而更让村童惊讶的是：吏卒竟像变戏法一样，从他的菜篓子中拿出了一袋盐，有数斤重。

吏卒一边掂着这袋盐，一边得意地说："看你这小子挺老实的，没想到你还敢贩私盐！说，贩过多少次了？"村童脑袋嗡的一下，一片空白，只以为这是做梦。

吏卒不由分说，便把村童捉了起来，送到府中，自己领赏去了。

武行德当时任洛阳留守府尹，听有人议论早上有个村童贩卖私盐，感觉奇怪，就升堂问案。

到了大堂，一听汇报，说村童贩盐，人赃并获，证据确凿，定性准确。武市长看看堂下衣裳褴褛的村童，心想，贩盐利润极高，估计相当于现在的贩毒，而这村童这样贫穷，不是被陷害，就是替他人做事。

再看证据，取过盐来查看，却见盐袋里裹着白纱手帕，而且有一股袭人的龙麝香气，武市长更加惊异，对原审法官说：

"我看这村童破衣烂衫，甚为穷困，怎么会有薰香手帕呢？一定是坏人干的勾当，栽赃陷害。"

于是审问村童："你离家进城前以后，可曾与什么人同路而行？"

村童这时才缓过劲来，就把如何与天女寺尼姑路上遇到，一路如何交谈，如何先后进城等一五一十都作了回答。

武行德一听，高兴地说："我明白是怎么回事了。这一定是天女寺的尼姑与守门吏卒串通，企图通过栽赃谋求赏金啊。"

随后就问了村童那尼姑的形貌特征，立即画影图形命令亲信去逮捕，当天就在寺庙将其捕获。

经过审问，此事果然是她与守门吏卒勾结，意图领赏。她先在路上趁村童不备，将盐偷偷放在菜篓子中，然后她又抢先进城，告知守门的吏卒。真相大白。

另外，还顺带查出一个"栽赃骗赏"的团伙，都是关卡吏卒与僧人勾结所为。

武市长释放了村童，而将涉案的数名僧人与关吏处死。

由于武行德明察秋毫，这起"栽赃骗赏"没有得逞，整个洛阳也为之肃然。

由于这个法令是全国范围内执行的，别的地区应该也有类似团伙，而没有制度的保障，仅靠类似武行德这样的明断清官，对于打击利用制度漏洞为非作歹的人，只能是"杯水车薪"！

后　记

说实在的，我一直认为自己是一个慵懒的人。

通常一部书稿往往在手里攥出水了，才会出手。如果说十年前第一本书是历经四年才得以出版的话，这一本书的经历则更加曲折而漫长。仅从本书序中范忠信老师的回忆就能看出，他初次见到书稿是在2002年，距今也有近14年，事实上，应当更久。

"酒是醇的香，书是新的好"。14年，一本书或许已经完全失去其出版的意义，但这部似乎还好，因为它更多地依赖着那些在史书中尘封已久的典故、史料和故事。也许这也是自己给自己找的"借口"吧，出版计划一拖再拖，在需要写后记的时候，扳指一算，竟吓了自己一跳。

我是一个不喜欢重复的人。作为一个业余从事写作的职业法官，在连续出版七八部法律专著、合著后，在法律博客上急吼吼地发了一篇《不想写法律书的三点理由》后，就把一大摞法律书丢进了几个纸箱子里，对出版社关于法律的约稿也一概推辞，唯有这本书稿，却成为我确定要写完的作品，因为它与法律沾点小边，饶有趣味，极易阅读。现在看来，仍不知当时的决定是对还是错。

其实，出版这本书，是一个非常偶然的事。

我有在读书时写笔记的习惯，也有时常重温笔记的习惯，总在书柜中存放着一沓厚厚的写满密密麻麻钢笔、圆珠笔、铅笔字的笔记本，可以时常寻找思想的火花。

有一天，我随意翻看时，发现这十几二十年前的字迹在南方温湿的天

气里，已经慢慢变得模糊而难以辨认。在嗟叹之余，如何将这些笔记保存下来，成了我当时非常头疼的事。

在好友的建议下，我在自己"经营"的"流云无痕"法律博客和一些自己经常参加的论坛上，以"流云"为名，发表了一些读史笔记，以免一些"胡思乱想"的火苗随着岁月风化消散。

那时候的文字还不成体系，属于看到哪儿说哪儿，想到啥写啥的随笔，略显游击而散淡。后来，这些散淡的文字，一些被当时在正义网任主编的王丽丽发在了《检察日报》上，再随后，又被人民网、凤凰网等网站转载，一时有了较大的反响，也引来一些出版社约稿，但由于当时根本没有出书的意思，于是统统被我以工作忙而婉言回绝。

而真正促使其成为体系书稿的，仍然是我一直要特别感谢的恩师范忠信教授。我在中南政法学院曾听过范老师的课，也喜欢他关于古今中西法律文化研究的书，虽然那时我们在论坛上常常"会面"，在微博上也早已"互粉"，但对这些文字，却一直不敢请教于他。作为一个初涉中国古代法制史的我，把这样的文字交给一个站在中国法制史研究巅峰的法学大家，无论那时还是现在，都是一件唐突和自不量力的事情。我不知道范老师何时开始注意这些文字，直到有一次，我看到我的一篇文章后面有这样留言：

"文采太好了，文字太感人了，何不把这类文字集中起来编为一集，以飨千万青年学子？"

也许就是这一句话，让我激动得彻夜未眠，第二天清晨，我就下定决心：一定要完成这样一部书。

也许还是这句话，让我一直迟迟不敢将书稿送予范老师，总觉得文字还显稚嫩，有些典故还没弄清，有些史料还没查准，于是，在后面的日子里，我不断修正，不断考证，力求精品。而对于这类文字，全靠我在业余时间去考证其准确性，其难度之大，远非开始之预见。加之那几年，我在为一个新部门的创建工作奔忙，书稿便写写停停，删删改改，直至数年后到杭州与范老师余杭小酌，才如小学生交作业一样将厚厚的书稿交于老师。

　　书稿有了，便涉及出版的事，尽管范老师随后多次敦促，也有意让我参与他与诸位法学大家的丛书，但我总觉得自己的文字尚嫌粗拙，需要细细打磨，精益求精，于是几番周折，直至今日方才出版。虽有辜负师意，然书成之日，范老师又欣然作序，确也使此书得以圆满，其恩其情难以回报。

　　当然，我一定要感谢我的家人，他们在我业余写作时给予的支持和理解，是我永远无法说出口的最深的感谢。另外，要感谢的是知识产权出版社的吕冬娟编辑，我至今一直不知道她是怎样得知我有此稿的，还有就是后来接手编辑本书的于晓菲、卢媛媛。她们无论是在书稿内容、封面设计还是书名选择上，都做到了精雕细琢，反复考究。正是她们辛勤的劳动，才使我终于完成了这个背负多年的任务。

　　说了这么多，尽管我很想把最好的文字奉献给大家，也很努力地去做了，但由于是对那些古老故事的衍说，也由于自己才识有限，难免有理解偏差之处，还望各位读者不吝赐教。

李君
2016年1月15日于北京